EIN REISEBUCH

ROM

ECKHARD SUPP

ELLERT & RICHTER
VERLAG

Inhalt

„Rom, deren Kenntnis gleichsam
eine besondere Wissenschaft
ausmachet, ward wie die
griechische Sprache schwerer im
Fortgang als im Anfang."
(Johann Wolfgang von Goethe)

Annäherung an Rom

Johann Wolfgang von Goethe, Romreisender aus Leidenschaft, sagte einmal, daß im Unterschied zu anderen Städten der Welt, wo man das Bedeutende suchen müsse, in Rom einfach alles bedeutend sei (und bedeutsam, sollte man hinzufügen). Ein Reisebuch, das sich mit der Ewigen Stadt beschäftigt, steht deshalb vor dem Dilemma, umfassend und vollständig gar nicht sein zu können. Im Überfluß der Skulpturen Michelangelos, der Gemälde Caravaggios, der Kuppeln Berninis, der Säulen und Triumphbögen des alten Rom, im nicht enden wollenden Wirrwarr der romantischen Gäßchen, der heimeligen (aber leider nicht immer empfehlenswerten) „trattorie", im Übermaß der Plätze und im Getümmel, das die Römer seit jeher mit Leidenschaft in ihrer Stadt veranstalten, geht jeder Anspruch auf enzyklopädische Belesenheit als erstes verloren.

Schnell wird man sich einig, daß die Annäherung an Rom immer nur persönlich und nur beschränkt sein kann, nicht zuletzt auch deshalb, weil selbst die härtesten Fußsohlen nach einer gewissen Zeit ständiger Torturen blasenanfällig werden. Wer sich der großen „Mamma" mit der richtigen Mischung aus Neugierde und Bescheidenheit nähert, wird den größten Gewinn aus seinen Streifzügen durch die Ewige Stadt ziehen.

Dieses Reisebuch will deshalb auch nicht die unübersehbare Zahl der Reise-, Kunst- und Altertumsführer um ein weiteres Exemplar vergrößern, sondern viel eher „Verführer" sein: Verführer zu Streifzügen, zu kulinarischen Abenteuern, zum Entspannen in Roms grünen Lungen und vor Roms ständig plätschernden Brunnen, zum Träumen unter den kleinen Laternen am Abend, zum Schwelgen in der ewigen und dennoch zugleich so ephemeren Schönheit der Bauten und Kunstwerke, die sich im Chaos des neuen, des alltäglichen Rom verstecken, zum Blick hinter manch eine Kulisse und schließlich zu Ausflügen ins römische Umland.

Wer Rom wirklich erleben will, muß die Synthese all dieser Momente, all der Bruchstücke und Eindrücke versuchen. Rom ist ein Nebeneinander von Pracht und Verfall, heißt es, und alle Jahrhunderte haben ihre Spuren hinterlassen, übereinandergestülpt, ergänzt, erweitert, verschönert, auch verschandelt oder gänzlich ausgelöscht.

Kultur und Geschichte Roms wurden in den letzten Jahrhunderten meist ausschließlich unter dem Blickwinkel der Antike, vielleicht noch der Renaissance betrachtet. Schon das Barockzeitalter tat sich schwer, vor dem kritischen Auge des Bildungsbürgertums – insbesondere des deutschen –

zu bestehen. Da blieb es nicht aus, daß barbarisch das Erbe großer Epochen ausgelöscht wurde: Das Rom des 15. Jahrhunderts – um die Piazza Augusto Imperatore – fiel ebenso der Spitzhacke zum Opfer, wie das Rom der beginnenden Renaissance – einst an der Via della Conciliazione – und die Kunst- und Bauwerke der späten Renaissance – an der Via dei Fori Imperiali. Der Trieb zur musealen Konservierung des historischen Erbes ist dagegen eine Errungenschaft der Neuzeit. Rom besitzt über siebzig Museen. Die meistbesuchten Kunstsammlungen sind die Vatikanischen Museen mit 1,5 Millionen Besuchern im Jahr.

Gerade auf die Museen kann in diesem Buch nicht näher eingegangen werden. Dafür gibt es eine Fülle von spezialisierter Literatur, die diese Aufgabe weit besser erfüllt. Statt dessen soll der Versuch gewagt werden, eine einheitliche Sicht des Roms der Geschichte und des Roms der Gegenwart zu geben. In diesem Sinne ist die Einteilung in „Promenaden" und in monographische Kapitel zu verstehen. Die Stadt muß dem Besucher zur Bühne werden, ganz im Sinne des barocken Konzepts: ein vollkommenes „trompe l'oeil".

„Rom für Masochisten" hätte der Untertitel dieses Buches lauten können. Denn Spaziergänge durch Rom haben immer etwas von einer Leibesübung für selbstquälerische Charaktere. Kilometerweite Touren zu Fuß, eingehüllt von Abgasen und zerquetscht vom Verkehr, können in der Tat auch die härtesten Reise-Profis abschrecken. Deshalb sind die Spaziergänge so gewählt, daß sie die chaotischsten Punkte der Stadt allenfalls streifen, besser sogar vermeiden, und statt dessen durch grüne Parks oder stille Wohnviertel führen, die kleinen, versteckten Gassen und Plätze suchen und zum Verweilen in Kirchen und Höfen einladen.

Beginnen wollen wir, im Sinne des klassischen Rom-Erlebnisses, mit dem Rom der Antike, der Stadt auf den sieben Hügeln. Vom Kapitol aus geht es in mehreren Kreisbewegungen über Aventin und Caelius bis zum Palatin und von hier aus über Esquilin und Viminal zum Quirinal, hoch oben über dem kommerziellen – und touristischen – Zentrum Roms. Der zweite Spaziergang bringt uns mitten hinein in dieses Zentrum und läßt uns erleben, wie die Päpste des Barockzeitalters und ihre Baumeister die Stadt nach ihren Ideen und Bedürfnissen zurechtschnitten.

Weiter nach Westen, im Tiberbogen, liegt das Renaissance-Viertel Roms mit seiner noch weitgehend intakten städtebaulichen Struktur und Bausubstanz. Hierhin führt die dritte Promenade. Wer schließlich einen Eindruck vom mittelalterlichen Rom gewinnen und gleichzeitig im Rom unserer Tage schnuppern will, der soll uns auf dem Zug durchs „Rione Monti”, das Viertel an den Hängen von Viminal und Esquilin, folgen. Mehr zum Lesen und nicht so sehr zum „Nachgehen” sind die nächsten sechs Kapitel gedacht, die zeigen, wie Rom von den „klassischen” Reisenden des 18. und 19. Jahrhunderts erlebt wurde, was sich unter seinen Straßen und Plätzen verbirgt, welche Anstrengungen die Stadt unternehmen muß, um ihr historisches Erbe instandzuhalten, was es damit auf sich hat, wenn die – jungen – Römer „die Füße schleifen lassen” und wie sich die Hauptstadt der Welt in die Hauptstadt des italienischen Königreiches verwandelte, gleichzeitig aber zwei souveräne Staaten in ihrem Stadtgebiet duldet. Das Kapitel über das kulinarische Rom ist vielleicht eines der wichtigsten überhaupt. Denn wer wollte schon nach den körperlichen und geistigen Anstrengungen eines Tages voll langer Wanderungen durch die „Ewige” nicht auch in geziemender Weise den leiblichen Bedürfnissen frönen, ohne sein Geld in der erstbesten Touristenfalle für eine fettige Pizza oder verkochte Spaghetti aus dem Fenster zu werfen?!

Den Abschluß bilden Beiträge, die wieder zu Erkundungen einladen: zum Erforschen der Parks und Gärten, zum Verweilen an den schönen Brunnen, zu Fahrten entlang der antiken Konsularstraßen in die meist unbeachtete und doch so faszinierende Region des Latiums und schließlich zu zwei Spaziergängen, die durch das Viertel zwischen Vatikan und Engelsburg sowie durch Trastevere und Testaccio führen.

Für all diejenigen, die es dann ganz genau wissen wollen, dienen zur Orientierung Karten, auf denen die einzelnen Spaziergänge eingetragen sind. Eine ausführliche Übersichtstabelle mit den wichtigsten Ereignissen und Daten zur römischen Geschichte aus den letzten drei Jahrtausenden bildet den Abschluß dieses Buches.

Fast alle Spaziergänge – mit Ausnahme der Wanderung über die sieben Hügel – können bequem an einem halben Tag absolviert werden, wenn man nicht allzu lange in Kirchen, Museen und Gasthäusern verweilt. Jedoch soll sich niemand sklavisch an die Routenbeschreibungen halten. Denn Rom wird erst dann zum wirklichen Erlebnis, wenn man der eigenen Neugierde den ihr gebührenden Raum zur Entfaltung läßt.

An dieser Stelle möchte ich besonders Gaither Stewart danken, daß er mir seine beiden bisher unveröffentlichten Aufsätze zur Übersetzung und Aufnahme in dieses Buch überließ.

Spaziergang I: Stadt der Hügel

Anmerkung zu den Spaziergängen: Die mit Ziffern versehenen Marginalien entsprechen den angegebenen Punkten in den Karten, die am Ende eines jeden Spaziergang-Kapitels stehen.

Sieben Hügel hatte Rom? Warum eigentlich sieben? Am Anfang waren es vier und später dann acht oder zehn. Und heute? Zwölf, fünfzehn und mehr! Oder sind der Gianicolo, Monte Mario und der Pincio, Monte Sacro und Monte Antenne vielleicht keine Hügel? Und gehören sie etwa nicht zu Rom?

Wer immer die geniale Idee mit den „sieben Hügeln" hatte, dem Kapitol, Aventin, Palatin, Caelius, Esquilin, Viminal und dem Quirinal, auf denen die Stadt errichtet worden sei – und Romulus, Roms Gründer, war es nicht –, muß sich in der Mythologie gut, in Geographie und Geschichte dafür weniger ausgekannt haben. Natürlich ist zählen immer eine Sache der Perspektive, wie man auch später noch sehen wird.

Am Anfang waren es also vier Hügel: Palatin, Esquilin, Caelius und Velia. Letzteren gibt es heute nicht mehr, weil ihn die Kaiser beim Bau ihrer Foren und später Mussolini bei der Anlage seiner Prachtstraße schleifen ließen. Auf diesen Erhebungen lagen acht Dörfer, die ihre Namen von diesen oder ihren „Gipfeln" – wenn das nicht zu vermessen klingt – „geborgt" hatten: Palatium vom Palatin und Germalus von dessen zweitem Gipfel, Velia von der gleichnamigen Erhebung zwischen Palatin und Esquilin, Querquetal auf dem Caelius, und schließlich Oppius, Cispius, Fagutal und Subura, die alle Teile des Esquilins sind. Diese acht hatten sich um 750 v. Chr. zu einem Bund, dem „Septimontium", zusammengeschlossen, ein Ereignis, welches das antike Rom noch lange mit einem der populärsten Feste im Monat Dezember aufleben ließ.

So weit, so gut. – Aber hat es nicht schon immer Städte auf „sieben Hügeln" gegeben? Konstantinopel und Lissabon zum Beispiel, um nur zwei zu nennen. Und war nicht die Sieben schon seit Jahrtausenden die bedeutungsvollste aller Zahlen? Es gab die Sieben-Tage-Woche der Babylonier, ihre sieben Flüsse, Farben und Töne. Oder die Zikkurat*, das Haus der sieben Lenker des Himmels und der Erde, jener Tempelturm, der, wie das ganze Universum, sieben Stufen hatte. Sieben Winde hatten ihren Sitz in je einer der sieben Städte: Ur, Nippur, Eridu, Kullap, Lagasch, Kisch und Schuruppak. Und sieben Planeten hatten am Himmel das Sagen: Saturn, Jupiter, Mars, Venus, Merkur, die Sonne und der Mond. Auch die Griechen verehrten die Sieben. Sieben zogen gegen Theben, Sieben Weise machten Gesetz, und es gab die Sieben Weltwunder: das Kultbild des Zeus von Olympia, die Hängenden Gärten der

* Stufenturm in babylonischen Tempelanlagen.

Semiramis in Babylon, den Tempel der Artemis, die Pyramiden von Gizeh, das Mausoleum des Halikarnassos, den Koloß von Rhodos und den Alexandrinischen Leuchtturm. Auch in der jüdischen Mythologie finden wir die Sieben: Sieben Arme hat ihr Leuchter, sieben Tage die Schöpfung. Und der Islam tat's ihnen nach: Er erfand den siebten Himmel, in dem wir noch heute gern schweben würden.
Die sinistren Aspekte der Sieben blieben schließlich dem Christentum vorbehalten. Das Buch mit den sieben Siegeln und die sieben Todsünden waren ein ideologisches Pendant zu den sieben geistlichen Regionen, in denen die neuerstandene kirchliche Macht die 14 kaiserlichen Distrikte Roms organisiert hatte. Noch bei der Krönung der römischen Kaiser „deutscher Nation" war die Sieben dabei. Sieben Könige begleiteten den Auserwählten, sie warfen siebenmal Blümchen aus Gold unter die Massen und riefen die Krönung siebenmal aus.
Aber sieben Hügel? Das nun wirklich nicht. Unter Kaiser Augustus (63 v. Chr.–14 n. Chr.) hatte der Plan der Stadt, jener Stern, der die Sonne darstellt und den Papst Sixtus V. gegen Ende des 16. Jahrhunderts aufgriff, um ihn mit seinen Obelisken zu markieren, zwar sieben Zacken, es wurden aber schon unter Nero acht.

Augustus
(63 v. Chr.-14. n. Chr.)
römischer Kaiser

Aber genug des Durcheinanders! Der Mythos war eben stärker als die Wirklichkeit. Und so blieben sie sieben, jene Hügel, die in die Geschichte eingingen: das Kapitol, der Aventin und der Caelius, Palatin, Esquilin, Viminal und Quirinal. Und über sie führt dieser erste Spaziergang, der der gemütlichste ist und einen sinnlichen Eindruck davon vermitteln soll, wie sehr Rom ursprünglich Hügelstadt war. Wer zwischen den Kirchen und Parks, Ruinen und Monumenten nicht allzu lange verweilt, kann den Weg an einem einzigen Tag bewältigen. Da aber auch Rom nicht an eben jenem einzigen erbaut wurde, empfiehlt es sich, die Tour zu halbieren: drei der Hügel am ersten und weitere vier am zweiten Tag.

*

Fangen wir in der Mitte an, im geographischen Zentrum Roms. Die Piazza Venezia ist eigentlich nur nachts zu genießen, wenn der Autoverkehr abgeflaut und das gelbe Flutlicht eingeschaltet ist, das den Palästen am Corso einen Schimmer von Historie gibt. Tagsüber herrscht hier das Chaos. Von Stadtzentrum keine Spur. Mittendrin in der Hektik ein „vigile", ein Wachtmeister-„stuntman", der mit ritueller Gestik, mit Handkreiseln und Armschlenkern die Blechstangen dirigiert, die aus der Via del Corso und vom Quirinal herunterquellen. Seine Kollegen am Eingang der Via del Plebiscito versuchen derweil mit zweifelhaftem Erfolg, nichtautorisierte Wagen am Vordringen in die Sperrzone des historischen Zentrums zu hindern. Die ganz Gewitzten, „furbi", wie man sie nennt, was vor allem ein Kompliment sein soll, schaffen es dennoch fast immer: ein wild geschwenktes Notizbuch, eine hysterische Stimme aus dem heruntergekurbelten Fenster sichern die nötige Aura von Amtlichkeit, vor der die müden Wächter der Geschichte nicht standhalten.

Michelangelo (1475–1564) italienischer Künstler

Vier so radikal verschiedene Seiten wie die Piazza Venezia hat kaum ein anderer römischer Platz aufzuweisen. Zum Corso dominieren die Fassaden der Barockpaläste. An den Flanken thronen der Palazzo Venezia, eine reinrassige Renaissancekonstruktion, die sich Kardinal Pietro Barbo, der spätere Papst Paul II., am Ende des 15. Jahrhunderts bauen ließ, und ihm gegenüber das Hauptquartier einer Versicherungsgesellschaft, das mehr schlecht als recht versucht, den Stil des Palazzo nachzuahmen. Hier stand, vor dem städtebaulichen „Erdbeben" des Faschismus und dem Bau der Versicherung, ein kleines Wohnhaus, in dem Anfang des 16. Jahrhunderts der Renaissancekünstler Michelangelo Buonarotti wohnte. Auf der vierten Seite schließlich, alles unter sich begrabend, das scheußlichste, umstrittendste und unnützeste Monument Roms, der Altar des Vaterlands, das „Vittoriano", zu Ehren Viktor Emanuels II. in den letzten Jahren des 19. Jahrhunderts gebaut, um den Einzug der Piemonteser Monarchisten 1870 noch nachträglich zu manifestieren.

„Schreibmaschine" nennen die Römer das Unding, oder auch, wenn sie ganz nett sein wollen, auf gut englisch „wedding cake", Hochzeitskuchen. Weniger respektvoll hat es vor einigen Jahren der Schriftsteller Giovanni Papini ein „enormes Luxuspissoir" geschimpft und sein Kollege Giorgio Manganelli das Produkt eines „Fieberanfalls", während es gleichzeitig nie an kreativen wie bizarren Änderungsvorschlägen mangelte: es zum Beispiel rosa anzumalen oder von Kletterpflanzen überwuchern zu lassen. Die vielleicht beste Idee war bisher jedoch die, das Monumentalwerk einfach abzumontieren und an die Amerikaner zu verkaufen. Wogegen Gabriele d'Annunzio und Benedetto Croce mit Sicherheit Sturm gelaufen wären, denn ihnen gefiel dieser Altar. Und Mussolini natürlich, der die Szenerie für seine Reden ans römische Volk gewählt hatte, welche er vom Balkon „seines" Palazzo Venezia hielt.

1 u. 2 Grab des ansonsten unbekannten Bibulo und Altar des Vaterlands „Vittoriano". Hier, an der Piazza Venezia, verlief einst die Stadtgrenze, das „pomerium". Das „Vittoriano"-Monument wurde Ende des 19. Jahrhunderts zu Ehren Viktor Emanuels II. errichtet. Von den Römern wird es respektlos Schreibmaschine, Hochzeitstorte oder Luxuspissoir geschimpft.

Auf der linken Seite der enormen Freitreppe des „Vittoriano" bezeugt ein „Mauerrest mit Fenster", Relikt des Grabmals des ansonsten unbekannten Bibulo, daß hier im 6. Jahrhundert v. Chr. bereits die Vorstadt begann. Damals durfte nämlich niemand innerhalb des „pomeriums", der zunächst symbolischen, später befestigten Stadtgrenze, begraben werden. Wir gehen rechts an der „Schreibmaschine" vorbei, bewundern von der kleinen „Empore mit Pinien" die „skyline" hinter der Trajanssäule zwischen dem Vaterlandsaltar und dem Versicherungspalast, die eine der schönsten und spannungsreichsten Roms ist, und machen einen Abstecher ins Innere des „weißen Riesen". Hier finden seit einiger Zeit regelmäßig Ausstellungen statt, und aus den Fenstern der obersten Stockwerke hat man einen schönen Blick auf die Piazza Venezia.

Nur ein paar Meter weiter überrascht eine Ruine. Lieblos in die Ecke gedrängt, zwischen Vaterlandsaltar und den beiden Monumentaltreppen zum Kapitol, stehen hier die gut erhaltenen Reste eines der typischen antiken Wohnhäuser, „insulae" genannt, die man im alten Rom mit der Bevölkerungsexplosion am Anfang der Kaiserzeit zu bauen begonnen hatte. Zum „domus", dem Atriumhaus oder Palast, gesellte sich so eine zweite vorherrschende Wohnform, die der Stadt einen für unsere Begriffe so „modernen" Charakter gab. Wenn man sich vor Augen hält, daß die Berliner Bauordnung von 1860 nur eine Bauhöhe von elf Metern – oder drei Stockwerken – zuließ, dann kann man den architektonischen Mut der Römer nur bewundern, die sieben und mehr Etagen aufschichteten. Sehr sicher und stabil waren diese Wohnsilos aber nicht. Und so mußte Augustus angesichts der zunehmenden Brand- und Einsturzgefahr ihre Höhe von Amts wegen auf 70 Fuß, das entspricht 21 Metern, begrenzen. Nero erlaubte kurzfristig noch einmal 100 Fuß, bis schließlich Trajan aufgrund der erschreckenden Zahl einstürzender Gebäude 60 Fuß festsetzen ließ. Die „insulae" waren im übrigen beliebte Spekulationsobjekte. Durch Verwendung immer billigerer Baumaterialien konnte man enorme Gewinne erzielen, denn die Mieten für das kleinste, finsterste Loch, in dem die meisten Mieter nur über einen einzigen Wohn-Schlaf-Koch-Eß-Arbeits-Raum verfügten, waren horrend, wie der römische Dichter Juvenal (um 58–140) berichtet.

Die steile Treppe von Santa Maria in Aracoeli, deren Marmorstufen vom einstigen sabinischen Heiligtum des Gottes Quirinus auf dem gleichnamigen Hügel stammen – eine frühe Art des „recycling" gewissermaßen –, führt auf den Kapitolshügel. Daß die Römer, vor allem aber die Päpste in Renaissance und Barock, in dieser Kunst der Altmaterial-Verwertung Meister waren und dabei manches antike Meisterwerk unter die Spitzhacke geriet, werden wir noch genügend würdigen können. Vorerst sei

3 S. Maria in Aracoeli. Die Kirche wurde 1250 von den Franziskanern erbaut.

Gegenüberliegende Seite: Forum Romanum, der Ort, an dem römische Öffentlichkeit stattfand, der Nabel der Welt und Startpunkt der Konsularstraßen. Hier die Via Sacra und der Titusbogen.

4 Kapitol. Der von Michelangelo gestaltete Kapitolsplatz wird vom Konservatoren- und Senatorenpalast sowie von dem neuen Palast der Kapitolinischen Museen gesäumt.

nur erwähnt, daß auch die 22 blauen Granitsäulen dieser Kirche des von den Römern verehrten „Bambino Santissimo", des heiligsten (Christ)-Kindes, heidnischen Ursprungs sind. Sie stammen vom Tempel der Göttin Juno Moneta, der hier oben thronte.

Wer die Kirche durch die Seitenpforte rechts vom Altar verläßt und ein paar Treppenstufen hinabsteigt, bekommt einen guten Eindruck davon, daß das Kapitol in alten Zeiten als zwei Hügel in einem galt, Arx und Capitolium genannt. Die Treppe, die vom Arx herunterführt, wo schnatternde Gänse im Jahre 397 v. Chr. seine Verteidiger vor den nachts angreifenden Galliern warnten, und ihr Zwilling, der auf das Capitolium hinaufführt, bilden von hier aus – zusammen mit dem Senatspalast – eine bewundernswert ruhige und harmonische Perspektive, in der das Spiel aus Licht und Schatten abstrakte Figuren zeichnet. Vor dem Senatspalast geht es nun links hinunter in den kleinen Park, der einen Überblick über die Via dei Fori Imperiali samt Trajanssäule, Torre delle Milizie und Cäsarforum bietet, und ein paar Stufen tiefer, wo wir beinahe über dem Triumphbogen des römischen Kaisers Septimius Severus (193–211), dem Vater von Kaiser Caracalla (211–217), stehen und einen guten Eindruck vom Forum Romanum bekommen.

Der Triumphbogen, 203 n. Chr. als Siegesbogen errichtet, ist dank der Tatsache, daß er im Mittelalter in einen ganzen Gebäudekomplex eingebaut und damit vor dem „Zahn der Zeit" geschützt war, erstaunlich gut erhalten. Unweit entfernt steht die Phokassäule, das letzte Monumentalbauwerk Roms, das zu Ehren jenes byzantinischen Tyrannen im Jahre 608 errichtet wurde. Ferdinand Gregorovius (1821–1891), der Historiker des römischen Mittelalters, vermutet, daß das Standbild nicht einmal Phokas selbst zeigte, den ja kein Römer je zu Gesicht bekam, sondern die „umfunktionierte" Statue eines früheren Kaisers ist. „Während der Republik", schreibt Gregorovius, „war Rom durch wenige Monumente der Religion und des Staats in anspruchsloser Majestät wie durch Tugenden seiner großen Bürger geziert; erst als die Freiheit unterging, begann mit dem inneren Verfall der äußere Glanz. – Rom ... füllte sich mit Tempeln, Portiken, Bädern, Palästen, Lustanlagen jeder Art und mit einer so großen Masse von Standbildern, daß es ein zweites marmornes Volk in sich zu fassen schien."

Auf den Fundamenten des „tabularium", des einstigen Staatsarchivs, das zugleich das besterhaltene Gebäude vom Ende der republikanischen Ära (27 v. Chr.) ist, ruht der gewaltige Palast des römischen Senats, der

einst, mit seinen vier Türmen, noch mächtiger wirkte. In der Antike waren die Bauten des Kapitols zum Forum hin ausgerichtet, heute weist die Hauptfront der Paläste in Richtung Stadt, zur Piazza del Campidoglio, die Michelangelo 1536 im Auftrag von Papst Paul III. entwarf. Es ist das einzige Gesamtwerk, das der Künstler, der in Rom auch die Stadtbürgerschaft erhielt, noch zu Lebzeiten im wesentlichen vollendet sah, auch wenn die endgültige Fertigstellung des Komplexes dann doch noch zwei Jahrhunderte in Anspruch nahm. Bereits 1471 ließ Sixtus IV. die Museen des Kapitols als erste öffentliche Museen der Stadt einrichten, und die Gebäude wurden später barock „verschönert".

Michelangelos Konstruktion des Platzes mit dem zwölfzackigen Symbol der Tierkreiszeichen verrät eine perfekte Handhabung des architektonischen Illusionismus. Der trapezförmige Platz mit den beiden schräg angesetzten Flanken verleiht nicht nur dem Senatorenpalast eine majestätische Wirkung, sondern läßt auch die Fläche größer erscheinen, als sie in Wirklichkeit ist. Hier wird, bestärkt noch durch die Statuen der antiken Flußgötter Nil und Tigris – wobei die Römer mit ihrer sprichwörtlichen Bescheidenheit letzteren später in Tiber umbenannten –, ein Herrschaftsanspruch sichtbar, den die Kirche nach Jahrhunderten von Streit und Entzweiung wieder über die Stadt und die Welt stellte. Das Kapitol, das mit Lateran und Vatikan während des Investiturstreits im 12. Jahrhundert eines der drei unabhängigen und konkurrierenden Machtzentren Roms gewesen war, sollte durch dieses „Werk der Päpste für die Stadt" wieder kirchliche Macht repräsentieren, eine Macht, die über den lokalen Anspruch hinaus aber kaum noch reale Substanz hatte.

Ein großes Pferd und dessen Reiter wurden gegen den Rat Michelangelos aufgestellt. Das Standbild nannten, wie Gregorovius berichtet, „die Pilger Theoderich, das römische Volk aber Konstantin ... Das Pferd, der Reiter ... waren reich vergoldet, aber an vielen Stellen hatte die römische Habgier einen Teil des Goldes abgekratzt, einen anderen Teil aber das Alter zerstört." Wir wissen heute, daß es sich um die Statue des Mark Aurel handelt, und auch wo sie jetzt steckt: in den Labors des „Istituto Central del Restauro", wo der zerfressene Bronzeguß notdürftig restauriert und vor dem totalen Verfall gerettet wurde.

Zur Stadt hin hatte Michelangelo dem Platz eine Treppe erdacht, die in majestätischer Größe und Breite aus dem Gewirr des mittelalterlichen Viertels zu Füßen des Hügels nach oben führte. Heute, infolge der brutalen Ausweitung der Piazza Venezia, wirkt die Treppe eher wie die

„Dienstbotenstiege am Rande eines unförmigen, unübersichtlichen offenen Raums", wie es ein römischer Kritiker einmal treffend beschrieb. Von hier oben, vor allem aber vom kleinen Park links an der Flanke des Konservatorenpalastes, bietet sich ein schöner Blick auf das ehemalige jüdische Ghetto mit seiner Synagoge, auf das Theater des Marcellus, das im Mittelalter den Familien der Fabi, Savelli und Orsini als Festung diente, auf S. Maria in Campitelli, auf die drei größten Kuppeln der Stadt, S. Carlo ai Catinari, den Petersdom und S. Andrea della Valle, und schließlich auf S. Carlo al Corso, die Spirale von S. Ivo alla Sapienza und das Pantheon.

Folgende Doppelseite: Der Blick von der Kaiserburg, dem Palatin, auf den Sitz der Götter – und später des Senats –, das Kapitol, mit dem „Vittoriano" im Hintergrund. Rechts breitet sich die Talsenke des Forum Romanum aus.

Wir verlassen das fast ununterbrochene Ballett der Hochzeitsgesellschaften, die hier vor und nach der kurzen standesamtlichen Zeremonie im Konservatorenpalast flanieren, posieren, schwatzen, lachen, weinen, sich umarmen und das alles mit „tanti baci". Über die Via di Caffarelli, die an der stadtwärts gewandten Seite des Palasts um den Gipfel des Kapitols herumführt, gelangt man zu einem kleinen felsigen Vorsprung, der „rupes tarpeia", nach der einst das gesamte Kapitol den Namen Saxum Tarpeium trug. Die Legende will, daß hier die junge Römerin Tarpea in die Tiefe gestürzt wurde, da sie den Sabinern den geheimen Weg auf die Festung erklärt hatte. Der Ort wurde später zur bevorzugten Hinrichtungsstätte für Vaterlandsverräter.

Über ein paar baufällige Treppenstufen geht es nun wieder in Richtung Konservatorenpalast, rechts an zwei, drei Wohnhäusern vorbei, bis die Via Tempio di Giove zum Forum hinunterführt.

In zwei Serpentinen erreichen wir – die Straße heißt inzwischen Via di Monte Tarpeo – die Via della Consolazione und die gleichnamige Piazza, von der aus die „rupes tarpeia" erst richtig bedrohlich wirkt. Hier befanden sich einst die Getreidespeicher der Mattei, jener reichen Familie, die nördlich des Ghettos auf engstem Raum gleich mehrere Paläste erbauen ließ und der die Stadt einen der schönsten Brunnen verdankt: den Schildkrötenbrunnen. Auf der anderen Seite des Platzes, nach einem Slalom zwischen Hunderten parkender Autos, die den Charme der einstigen Heimat der Puppentheater und die Mystik der Stätte makabrer nächtlicher Zeremonien auf dem Friedhof der nahen Kirche mit ihrem glitzernden Blech verunstaltet haben, steigt man ein paar Stufen hinauf und gelangt zur Via dei Fienili. An deren Ende, rechter Hand in die Via di San Teodoro, befindet sich die Casa Kolbe, in der, nach der Befreiung Roms aus der Hand der Päpste, im Jahre 1870 die erste Grundschule der Gemein-

de Rom eingerichtet worden war. Wir sind jetzt im Velabrum, einem der geschichtsträchtigsten Flecken der Stadt, dort, wo einst der Gemüse- und der Viehmarkt angesiedelt waren, das Forum Boarium und das Forum Olitorium, und wo Jahre zuvor am sumpfigen Flußufer, das sich fast bis zum Circus Maximus erstreckte, Romulus und Remus von der Wölfin gesäugt und von „ihrem" Hirten gefunden wurden. Die Wölfin war übrigens für den römischen Geschichtsschreiber Titus Livius nichts anderes als eine Amme, die sich unter den Hirten der Gegend mit Prostitution ihr Geld verdiente und den Beinamen „la lupa", Wölfin, bekam. Fischgeschäfte, Obst- und Gemüseläden, Wein- und Ölhändler schlugen hier Waren vom nahen Hafen um. In der Via del Velabro, die kurz hinter der Casa Kolbe nach rechts zum Tiberufer führt, steht eine der beliebtesten römischen Hochzeitskirchen, S. Giorgio in Velabro. Hier, wie auch später auf dem Aventin und vor S. Carlo auf der Piazza Venezia, entsteigt vor allem an Wochenenden ein ständiger Reigen von Paaren in großem Pomp den gemieteten Rolls-Royce, deren Fahrer die langweilige Wartezeit durch heftiges Polieren der Windschutzscheiben und Chromverzierungen überbrücken.

5 S. Giorgio in Velabro. Dies ist eine der beliebtesten Hochzeitskirchen Roms. Davor erhebt sich der Janusbogen und dahinter der Wechslerbogen.

Der Janusbogen, der ein paar Schritte weiter die Straße versperrt, ist eigentlich kein Bogen, sondern ein richtiges Gebäude, das einst die Kreuzung zweier Geschäftsstraßen überdachte. Sein „Zwilling" Arco degli Argentari, der Wechslerbogen, zur Hälfte in die Kirche S. Giorgio in Velabro eingebaut, war Börse und Treffpunkt der Kaufleute des Viehmarkts. Fast schon am Ufer des Flusses stehen die Reste der besterhaltenen antiken Tempel, geschmückt vom barocken Brunnen der zwei Tritonen. Es sind der Tempel der Fortuna Virilis, der in Wahrheit dem Portumnus, dem Gott der Flüsse und Häfen, gewidmet war, und der fälschlich sogenannte Vesta-Tempel vom Ende des 2. Jahrhunderts v. Chr., der älteste völlig erhaltene Marmortempel Roms. Vesta, die Göttin des Feuers, ist eine der wenigen römischen Gottheiten, die keine menschliche Gestalt besaßen. Sie lebte nur als ewige Flamme, die von ihren Priesterinnen am Leben erhalten wurde. Ursprünglich waren Roms Götter ja nur „numen" gewesen, dem Menschen gegenüberstehende göttliche Mächte, die erst unter dem Einfluß der Etrusker im 6. Jahrhundert „vermenschlicht" wurden. Auch „Genius", die vergöttlichte männliche Zeugungskraft – was den modernen Gebrauch des Adjektivs „genial" in ein merkwürdiges Licht rückt –, gehörte zu ihnen. Später wurde es dann zur Gepflogenheit, in Umkehrung der historischen Praxis, Menschen zu vergöttern, oder – wie dies Kaiser Caracalla tat – Pferde. Vestas Priesterinnen, sechs junge Frauen, die dem Pontifex maximus, dem obersten Priester, unterstanden, mußten ein Keuschheitsgelübde ablegen und wurden für den Bruch dieses Schwurs mit dem Tode bestraft. Man sieht, daß die christliche Kirche bei ihren heidnischen Vorgängerinnen sehr großzügige Anleihen getätigt hat.

Linker Hand wartet der grazile Kirchturm von S. Maria in Cosmedin, einer der schönsten und elegantesten Roms. Die „Bocca della Verità", der Mund der Wahrheit, jene Faunsmaske, die einst einen Abfluß der Cloaca Maxima verschloß, der ersten antiken Kanalisationsanlage, die noch heute in Funktion ist, beißt hier Lügnern und Ehebrechern die Hand ab, die sie scheinheilig zum Wahrheits-Test anbieten. Sie ist beliebtes Touristenziel, sehenswerter aber ist das schlichte, noch sehr an frühchristliche Bescheidenheit mahnende Innere der Kirche, in der die Messe im byzantinischen Ritus gehalten wird.

Vom Fluß abgewandt, gelangen wir über die Via dei Cerchi oder Via della Greca zum Circus Maximus am Fuß des Palatins und des Aventins. 300 000 Zuschauer faßte die Arena einst, und Cäsar ließ hier eine Schlacht inszenieren, an der 1 000 Soldaten, 600 Reiter und 40 Elefanten teilnahmen. Die Rennbahn, die mit Kapitol und Forum zu den drei bedeutendsten Symbolen der Republik gehört hatte, blieb bis zur Herrschaft der Goten im 6. Jahrhundert genutzt. Zur Seite des Aventins, wo der Clivio dei Publicii ansteigt, liegt ein kleines Rosengärtchen, das besonders im Mai mit einer überwältigenden Farben- und Duftfülle zum Verweilen einlädt.

Der Aventin ist ein Hort der Ruhe. Dafür sorgt nicht zuletzt ein Gesetz, das die Eröffnung jedweder kommerzieller Aktivitäten hier oben verbietet. Einzige Ausnahme: der Getränkeverkäufer auf der Piazza dei Cavalieri di Malta. Das Klingeln der Glocken des Klosters S. Antonio, die hohen Mauern mit den Hecken und Bäumen, die durch Ritzen und Spalten scheinen, lassen Dorfstimmung aufkommen, sofern nicht gerade ein paar vollgestopfte Busse mit deutsch-japanisch-spanisch-amerikanischen Pauschalreisenden hier herumkurven.

Dabei war der Aventin einmal Armeleuteviertel. Wahrscheinlich hat es die „secessio plebis", den angeblichen Auszug der Plebejer aus der Stadt in den Jahren 494 und 449 v. Chr., nie gegeben. Tatsache aber ist, daß ihnen in jener Zeit der Hügel zur Besiedlung überlassen wurde. Bis später, in der Kaiserzeit, die Residenzen auf dem Palatin so überfüllt waren,

Folgende Doppelseite: Der Konservatorenpalast auf dem Kapitol: Der mahnende Zeigefinger des riesigen Standbildes von Kaiser Konstantin weist Jungvermählten den Weg. Für den nicht enden wollenden Reigen von Paaren ist er ein fotografischer Fixpunkt.

6 S. Maria in Cosmedin. In dieser Kirche wird die Messe nach dem byzantinischen Ritus gelesen. In der Eingangshalle steht die „Bocca della Verità", eine Faunsmaske, die angeblich Lügnern die Hand abbeißt.

daß die Patrizier auf die Flächen des Aventins ausweichen mußten. Die Straße zum Tempel der Diana wurde zur Straße der feinen Leute, und an diesem Charakter hat sich bis heute nicht mehr viel geändert.
Über die Via di Santa Sabina, vorbei am Parco Savelli, den Römern – und vor allem den nachtschwärmerischen, jungen Liebespaaren – als „Orangenpark" bekannt, vorbei an den Kirchen S. Sabina und S. Alessio gelangen wir zur Piazza dei Cavalieri di Malta, die sich noch immer so darstellt, wie sie der Kupferstecher Giovanni Battista Piranesi im 18. Jahrhundert entworfen hat: ungestört von den Einflüssen der Neuzeit. Der Ort, dessen Schmuck von Okkultismus und Mystik zeugt, hatte schon früh eine Sonderstellung. In der Antike beherbergte er drei Kultstätten des persischen Lichtgottes Mithras, eine der vielen exotischen Gottheiten, die römische Legionäre auf ihren Feldzügen kennenlernten und deren Kult sie mit zurück in die Hauptstadt brachten. Otto III., der 996 im Vatikan gekrönt wurde, ließ sich hier eine Kaiserpfalz bauen, nachdem er befohlen hatte, die mächtigste Familie des mittelalterlichen Rom, die Crescenzi, auf dem Monte Mario hinzurichten.

7 Piazza dei Cavalieri di Malta. Der von Piranesi im 18. Jahrhundert gestaltete Platz war schon in der Antike ein mystischer Ort.

Nach dem obligatorischen Blick auf den Petersdom durchs Schlüsselloch des Tores der Villa Malta S. Saba begeben wir uns auf die Via di Porta Lavernale und gehen bis zur Piazza di S. Anselmo. Hier biegen wir in die gleichnamige Straße links ein und, ein paar Meter weiter, wieder links in die Via di S. Melania. Sie führt uns zur Piazza del Tempio di Diana und, wenige Schritte weiter halbrechts versetzt, zur Piazza di S. Prisca. Von hier aus geht es hinunter auf den Viale Aventino, den wir überqueren und dann weiter hinauflaufen auf den sogenannten „kleinen Aventino", in die Via di S. Saba. An der Kirche S. Saba auf halber Höhe vorbei gelangen wir zur Piazza Gian Lorenzo Bernini mit ihrem kleinen dörflichen Markt, aber vor allem in eines der schönsten Arbeiterwohnviertel Roms vom Anfang dieses Jahrhunderts.

8 Piazza Gian Lorenzo Bernini. Der Platz bildet das Zentrum eines der schönsten Arbeiterwohnviertel Roms vom Anfang dieses Jahrhunderts.

Die Fortsetzung der Via di S. Saba, die Via Andrea Palladio, führt uns über ein paar Treppenstufen zur Aurelianischen Stadtmauer und zum äußersten Vorschub der sieben Hügel in Richtung Süden und Meer. Über die Viale Giotto folgen wir der Mauer nach links zum Largo Enzo Fioritto, wo eine kleine Gärtnerei in einem hübschen Park Bonsais anbietet. Zwischen der Gärtnerei und dem Eingang in einen zweiten, privaten Garten, biegt eine schmale Gasse ab, beidseitig von hohen, alten Mauern begleitet. Es ist die Via di S. Balbina, der wir bis zum Ende folgen. Rechts werden jetzt die gigantischen Ruinen der Caracalla-Thermen

9 Caracalla-Thermen. 206 n. Chr. begann Kaiser Septimius Severus mit dem Bau dieser Thermen. Sein Sohn Caracalla eröffnete sie 217.

sichtbar, die auf einer Fläche von elf Hektar Gärten, Schwimmbäder, Saunen, Massageräume, Turnhallen, Bibliotheken, Läden und Restaurants für über 1 600 Besucher vereinten. „Caracalla-Land" statt Disneyland, denn die Thermen waren Bestandteil der „Brot und Spiele"-Politik der Kaiser, jener „Gesellschaft des Spektakels" alten Stils, mit der man versuchte, das Volk bei Laune zu halten. Über den Largo Bruno Baldinotti gehen wir direkt auf die Thermen zu und dann, am Sportplatz entlang, zur Viale delle Terme di Caracalla.

Folgende Doppelseite: Einer der schönsten Ausblicke auf die römische Silhouette vor dem Altar des Vaterlands über die Piazza Venezia hinweg auf die Kirchen S. Maria di Loreto (links) und Santissimo Nome di Maria (rechts).

Im Eilschritt – angesteckt von den sportlichen Repräsentanten der römischen Angestellten-Kultur, die hier ihr mittägliches Jogging in voller Hitze betreiben, – gehts nach rechts zum Piazzale Numa Pompilio, wo ein Abstecher Richtung Via Appia Antica und Parco degli Scipioni lockt. Aber wir halten uns links, gehen die abgasverpestete Via Druso und Via della Navicella entlang und erreichen nun den dritten der sieben Hügel, den Caelius.

„Querquetunalus", Berg der Eichen, hieß diese Anhöhe, bevor sie nach einem Etruskerhäuptling Caelius Vibenna benannt wurde, der hier seine Residenz besaß und ... den es wahrscheinlich in Fleisch und Blut nie gegeben hat. Das Marmorschiffchen auf der Piazza della Navicella ist die Renaissancekopie eines antiken Boots-Brunnens, den römische Soldaten der ägyptischen Göttin Isis geweiht hatten, nachdem sie in den letzten Jahren der Römischen Republik von den Alexandrinischen Kriegen zurückgekehrt waren. Beachtenswert ist die Fassade der kleinen Kirche S. Maria in Domnica, die wahrscheinlich von Raffael oder Bramante entworfen wurde. Weit interessanter jedoch ist der mächtige Rundbau von S. Stefano Rotondo, der sich rechts hinter der großen Mauer und dem dichten Laubwerk der Bäume verbirgt. Eine ungewöhnliche Kirche mit einer ungewöhnlichen Geschichte: Ursprünglich war der Bau ein römisches Schlachthaus aus Neros Zeiten, aber auch ein Tempel zu Ehren des Kaisers Claudius versteckt sich unter den Grundmauern dieser Rundkirche aus dem 5. Jahrhundert. Um hineingelassen zu werden, muß man in der Via di S. Stefano Rotondo am Eingang des Klosters klingeln.

10 S. Stefano Rotondo. Ursprünglich war der Bau ein römisches Schlachthaus. Unter der heutigen Kirche liegen die Fundamente eines Tempels aus dem 5. Jahrhundert.

Wer es bis Mittag hierher geschafft hat, kann in der sympathischen und einfachen Trattoria „Taverna dei 40" essen, die ein paar Schritte zum Kolosseum hinunter das einzige anständige Lokal im Umkreis ist. Wenige Meter zurück, noch vor S. Maria in Domnica, liegt der Eingang zur Villa Celimontana, der einstigen Villa Mattei. Das „zweigeteilte" Grün – zur einen Hälfte mehr „Stadtwald", zur anderen ein „parco all'italia-

na" – ist ein weiterer, beliebter Fotografierpark der jungvermählten römischen Paare. Zu Dutzenden ziehen sie mit Fotografen, Assistenten, Familien und Freunden über die großen Wiesen am Hang oder stellen sich an den kleinen Springbrunnen, zwischen den symmetrischen Palmenalleen und vor dem Belvedere mit Blick auf die Thermen des Caracalla, in Pose.

Wir sind am Ende des ersten Teils unseres Spaziergangs angelangt. Durch den stadtwärtsgelegenen Ausgang der Villa Celimontana erreichen wir die Piazza SS. dei Giovanni e Paolo mit der Kirche, die über einem altrömischen Haus erbaut wurde. In den Grundmauern des Gebäudes erkennt man noch immer dessen weiße Travertinblöcke. Linker Hand, in den ehemaligen Filmstudios von Gaumont, sitzt jetzt eine Video-Produktion aus dem Reich des „Fernsehzars" Silvio Berlusconi.

11 Villa Celimontana. Dieser Park lädt in der quirligen Stadt zu herrlichen Spaziergängen ein.

12 SS. Giovanni e Paolo. Die Kirche ist eine der ältesten der Stadt. Sie wurde über einem altrömischen Haus errichtet.

Wir verlassen den Caelius, kommen an S. Gregorio Magno vorbei, der Kirche von Papst Gregor dem Großen (590-604), gehen bis zur Straßenbahntrasse und befinden uns am Eingang zu Palatin und Forum Romanum.

*

Im Renaissance- und Barock-Zeitalter bauten die mächtigen Familien Roms auf dem Palatin ihre Landvillen: die Barberini in der Nähe der Kirche S. Sebastiano, die Farnese am Nordwesthang, zwischen den einstigen Palästen des Tiberius und des Caligula, die Mattei auf den Trümmern des Domus Augustana. Auch die Pforte des Giacomo Barozzi da Vignola, des ernstesten aller Renaissance-Architekten, durch die wir den Palatin betreten haben, stammt aus jener Epoche. Wir biegen links ab und gehen auf dem breiten Weg in Richtung Süden, bis das große Gebäude der Welternährungsorganisation FAO mit dem 13. Obelisk Roms zu sehen ist: Mussolini hat ihn aus Äthiopien rauben lassen, um seinen verspäteten Beitrag zur Größe des längst untergegangenen Reiches zu leisten.

13 Eingang zum Palatin. Das Eingangstor an der Via San Gregorio wurde von dem Architekten Vignola gestaltet.

Wo die Treppen, die den weit ausholenden Weg vom Eingang her abkürzen, diesen wieder erreichen, steigt man nach links ein paar Stufen hinauf zum Stadion des Domitian, dem Hippodromus Palatii. Den tiefen Graben rechts umgehend, gewinnen wir einen schönen Blick auf die imperiale Loge gegenüber. Auf der dem Aventin zugewandten Seite wandern wir jetzt weiter in Richtung Petersdom, der in der Ferne zu erkennen ist. Hier oben auf dem Palatin wurde Rom gegründet. Jedenfalls will es so die Legende. Die ältesten archäologischen Funde stammen von diesem

14 Stadion des Domitian. Kaiser Domitian war der eifrigste Bauherr auf dem Palatin. Sein Stadion war eine 160 Meter lange und 47 Meter breite Rennbahn.

Berg und geben der Sage ein wenig Recht. Später residierten hier Intelligenz und Macht. Der Palatin war als Wohnbezirk so begehrt, daß man ihn ständig vergrößern mußte. An allen Seiten wurde, mit vielstöckigen Anbauten aus den Talsenken heraus, die Wohnfläche des Hügels vergrößert.

Nachdem wir den schönen Marmorboden des Tricliniums, des altrömischen Speisezimmers, aus dem Palast der Flavier bewundert haben, richten wir unseren Blick zum Velabrum und erkennen die Tempel des Apollon und der Kybele. Rechter Hand liegen jetzt, leicht erhöht, die Gärten der Farnese, die „Orti Farnesiani". Wahrscheinlich waren sie die ersten botanischen Gärten der Geschichte. Im 16. Jahrhundert für Alessandro, den Neffen Pauls III. von Vignola, geschaffen, galten sie jedenfalls mit ihrer Folge von terrassierten Pflanzen-Ornamenten als die reichsten und üppigsten Parks jener Zeit.

15 Palast der Flavier. Hier ist vor allem der schöne Marmorboden des Tricliniums bewundernswert.

16 Gärten der Farnese. Sie wurden im 16. Jahrhundert für Alessandro, dem Neffen Papst Paul III., angelegt.

An ihrer Westecke genießen wir zunächst den Blick auf die gewaltige Masse der vatikanischen Bauten, auf Roms achten Hügel, den Gianicolo samt seinem Leuchtturm, sowie auf das Kapitol, das von hier aus noch mächtiger wirkt. Von den Gärten und ihrer einstigen Schönheit sind nur noch wenige Spuren geblieben. Nur die Brunnenanlage und die Treppe, über die wir zum Forum hinuntersteigen, verraten etwas von der alten Pracht.

Direkt gegenüber der Maxentius-Basilika, die den Renaissance-Baumeistern Michelangelo und Bramante als statisches Vorbild für ihre Kirchenkuppeln diente, erreicht man das Forum Romanum, den Titusbogen und die kleine Kirche S. Francesca Romana, in der sich Franz Liszt zu seinen Kompositionen anregen ließ. Dort, wo der Palatin fast an die Via Sacra stößt, wurde kürzlich bei Ausgrabungen eine Mauer entdeckt, die auf das 8. oder 9. Jahrhundert v. Chr. zurückgeht. Sie erhebt sich genau an dem Punkt, den Livius und Tacitus als Ort der Gründung Roms durch Romulus gedeutet haben und könnte Beweis dafür sein, daß die Stadt schon zu einer Zeit, in der viele sie noch als „lockeren Haufen von ungehobelten Hirten" sehen, ein komplexes Gemeinwesen war.

17 Titusbogen. Der 70 n. Chr. errichtete Triumphbogen steht im Forum Romanum, dem Mittelpunkt der römischen Welt. In der nahegelegenen Kirche S. Francesca Romana ließ sich Liszt zu seinen Kompositionen inspirieren.

Das Forum, einst nur sumpfiges Gelände zwischen den bewohnten Hügeln der Sabiner und Latiner, das der Etruskerkönig Tarquinius entwässern ließ, war Treffpunkt und Marktplatz der Römer, der Ort, an dem „Öffentlichkeit" stattfand. Hier wurde in republikanischer Zeit die Stadt regiert, hier versammelten die Männer sich im Comitium*. Die Foren waren aber auch – vor allem in der Kaiserzeit – Börsen und Wechselstu-

* Im alten Rom die von einem ordentlichen Magistrat einberufene Volksversammlung.

ben. Im Finanz- und Handelszentrum der Welt hatte man schon damals Begriffe geprägt, die noch für uns ihre Gültigkeit bewahren: Recht und Gesetz, Handel und Geld, sogar der Kalender wurde hier „erfunden". Die lebendigste Beschreibung des „Warenangebots", das dort gehandelt wurde, verdanken wir Titus Maccius Plautus (um 250-184 v. Chr.), dem Komödiendichter: „... wer einen finden will, der falsch geschworen hat, den schick' ich aufs Comitium. Wer 'nen Lügner sucht und Prahlhans, geh' in Cloacinas Heiligtum. Verschwenderische, reiche Ehemänner trifft man in der Börsenhalle. Dort begegnet man auch den ausgedienten Huren und dem Kupplervolk. Am Fischmarkt findet man die Picknick-Arrangeure. Ganz unten auf dem Platz spazieren honette, reiche Leute, in der Mitte, beim Kanal, stehen lauter Renommisten, Gecken, Schwätzer und Verleumder ... Die Wucherer samt ihren Kunden findet man bei den alten Buden; ... im Tuskerviertel hausen Leute, die sich selbst verkaufen; im Velabrum Bäcker, Fleischer, auch Wahrsager aus den Eingeweiden, solche, die den andern Nasen drehn, sich selbst auch lassen drehn."

Die Agonie des Forums begann mit Alarich I., dessen Horden im Jahre 410 die Kurie und die Emilianische Basilika in Brand steckten. Ein Erdbeben im Jahre 442, der Durchzug von Geiserichs Vandalen 455 und die Truppen von Theoderich sorgten um 490 für seinen endgültigen Verfall. Nachdem es von den Päpsten als Steinbruch für ihre christliche Pracht mißbraucht worden war, wurde das Forum zum „Campo vaccino", zur Kuhweide. Emile Zola schildert es treffend: „Nichts als Weingärten, nichts als kleine, von Hecken durchschnittene Gärten, die richtige campagna, eine wahre Wüste, in der man keiner Menschenseele begegnet."

18 Kolosseum. In dem Flavischen Amphitheater fanden etwa 50000 Menschen Platz. Es wurde 80 n. Chr. eröffnet. Vis-à-vis, am Anfang der Via S. Gregorio, erhebt sich der 312 n. Chr. errichtete Triumphbogen des Konstantin.

Am Titusbogen schlagen wir den Weg zum Kolosseum ein, verlassen das Forum über die Via Sacra und stoßen auf den Triumphbogen Konstantins, der damit seinen Sieg über Maxentius (312 n. Chr.) feierte. Nur wenige Reliefs dieses Bauwerks wurden eigens angefertigt, sondern von älteren Bauten abgeschlagen und hier angestückelt, was vermuten läßt, daß es um die Kunst der Steinmetze, um die Staatsfinanzen – oder aber beides – im 4. Jahrhundert n. Chr. nicht allzu gut bestellt war.

Wir stehen hier auf der imaginären „Sonnenachse" der Stadt, die auf das Geburtsdatum Roms, den 21. April des Jahres 753 v. Chr., hinweist. Sie verbindet das achteckige Labyrinth des Domus Flavia auf dem Palatin mit dem Oktagon des Domus Aurea auf dem Esquilin und zieht sich durch den Konstantinbogen und die Mitte des Kolosseums. Erst kürzlich

von dem römischen Archäologen Pietro Meogrossi „entdeckt", entspricht diese Achse dem Sonnenstand am 28. April eines bestimmten Jahres im 8. Jahrhundert v. Chr. Das alles ist natürlich Vermutung. Tatsache ist, daß okkulte Bräuche in Rom eine enorme Bedeutung hatten und haben, wie zum Beispiel der geheime Name der Stadt, der vermutlich Amor lautete, und nur zu rituellem Anlaß benutzt werden durfte. Wer ihn zur falschen Zeit aussprach, wurde mit dem Tode bestraft.
Solange das Kolosseum steht, steht Rom, wenn es fällt, fällt auch Rom, aber wenn Rom fällt, versinkt die ganze Welt in Schutt und Asche, soll Beda Venerabili, ein englischer Mönch, im 7. Jahrhundert prophezeit haben. Es ist nicht leicht, sich den Untergang dieser enormen steinernen Masse vorzustellen. Stendhal sah im Kolosseum den Inbegriff der Schönheit des Terrors und Schreckens verwirklicht, eines Schreckens, der zur Belustigung des Volkes erfunden und in Szene gesetzt wurde.
Schon bei den Etruskern wurden die Leichenfeiern angesehener Bürger mit Menschenopfern „gewürzt": deren Blut, das in den Boden floß, sollte den Toten neue Kraft schenken. Im Jahre 264 v. Chr. in Rom eingeführt, entwickelte sich dieser Brauch zum blutigen Schauspiel der Zirkusspiele, die seit dem 1. Jahrhundert v. Chr. auch ohne den rituellen Hintergrund stattfinden durften. Mit aufwendigem Tier- und Menschenmorden wurde das Kolosseum, oder besser, das Flavische Amphitheater, wie es korrekt heißt, im Jahre 80 v. Chr. eingeweiht. Hundert Tage dauerte das Spektakel, 50 000 Menschen sahen ihm jeden Tag zu, 3 000 Gladiatoren ließen ihr Leben, und 5 000 Tiere wurden geschlachtet. Soweit die nackten Zahlen dieses Terror-Vergnügens. Unter Augustus wurden die Spiele moralischer. Nicht daß die Schlächterei ein Ende gefunden hätte. Statt dessen wurden die Frauen, deren Anwesenheit auf den Rängen der Männer für unziemliche Zwischenspiele gesorgt hatte, vom Imperator Augustus auf die obersten, billigsten und – natürlich – schlechtesten Plätze verbannt. Womit die Moral gerettet war!
Aber auch vor den Spielen war es hier nicht viel sanfter zugegangen. Schon da herrschten in diesem Sumpftal Banden, die vorbeikommende griechische Kaufleute beraubten und oft auch einen Kopf kürzer machten. Nach der kaiserlichen Epoche war der funktionslos gewordene Bau dann Festung, Sitz jener adligen und kriegerischen Herren, die im Mittelalter die Stadt unsicher machten.
Gleich hinter dem Kolosseum am Anfang der Via Labicana kann man die Reste des Ludus Magnus bewundern, jener Kaserne und „Aufwärm-

19 Ludus Magnus. Hier bereiteten sich die Gladiatoren für ihre Auftritte im Kolosseum vor.

Arena" der Gladiatoren: Sie liefen von hier aus durch unterirdische Gänge ins Kolosseum ein. An diesem Punkt beginnt der Esquilin, genauer der Oppius, heute Colle Oppio genannt. Neros Prunkvilla „Domus Aurea" gab der Straße den Namen, die uns jetzt von den Niederungen des Flavischen Theaters auf den Hügel führt.

20 Domus Aurea. Neros Prunkresidenz wurde nach dem Brand Roms (64 n. Chr.) erbaut.

„Nirgends war er – Nero – verschwenderischer als beim Bauen: er errichtete einen Palast vom Palatin bis zum Esquilin, den er zuerst ‚Durchgangshaus' (da war er noch bescheiden!) und später, als dieser durch einen Brand zerstört und dann wieder aufgebaut worden war, ‚Goldenes Haus' nannte. Das Vestibül war so groß, daß darin eine Kolossalstatue des Kaisers mit 25,5 Metern Höhe Platz hatte, und der ganze Bau so ausgedehnt, daß eine Halle mit drei Säulenreihen, in einer Länge von anderthalb Kilometern, ihn schmückte ... Im übrigen war alles mit Gold, Edelsteinen und Perlmutter bedeckt", berichtet der römische Schriftsteller Sueton im 2. Jahrhundert n. Chr., und der Geschichtsschreiber Cornelius Tacitus (55–115 n. Chr.) ergänzt: „... nicht nur Edelstein und Gold ... – was ja längst etwas Gewöhnliches und durch Verschwendung schon gemein geworden war –, sondern auch Auen und Teiche und wie in einsamen Gegenden Wälder, Freigelände und Ausblicke. Er tat es unter der Leitung und nach Angaben von Severus und Celer, die Einfallsreichtum und Kühnheit besaßen, selbst das, was die Natur verweigert hatte, durch Kunst zu versuchen."

Nero
(37 n. Chr.–68 n. Chr.)
römischer Kaiser

Nicht allen gefiel der Palast, der in nur vier Jahren ab 64 n. Chr., nach dem großen Brand, erbaut, aber nie ganz vollendet wurde. Und so höhnte ein früher Vorläufer des Pasquino, Roms berühmter, mythologischer Ketzerfigur: „Rom ist dabei, ein einziges Haus zu werden. Emigriert nach Vejo, Römer! Vorausgesetzt, das gewisse Haus hat sich noch nicht bis dorthin ausgedehnt!" Nero, dem die Geschichtsschreibung das Antlitz eines wahren Unholds zeichnete, stand zu Beginn seiner Karriere unter milderem Einfluß. Seneca, sein Berater, machte aus ihm einen wahren „Liberalen", so daß er die grausamsten Zirkusspiele und öffentliche Hinrichtungen verbieten ließ und nur selten die Todesstrafe verhängte. Er baute im übrigen nicht nur „sein Haus", sondern sorgte in den vier Lebensjahren, die ihm nach dem großen Brand noch blieben, für einen wahren städtebaulichen Boom: Er ließ das Macellum Magnum, das große Schlachthaus, auf dem Caelius errichten, vollendete den vatikanischen Zirkus des Caligula und baute Thermen auf dem Marsfeld, jener Ebene zwischen dem Tiberbogen und der Via Flaminia. Die Reste des „Goldenen Hauses" kann man besichtigen, wenn sie nicht gerade wegen Restaurierungen geschlossen sind. An ihnen vorbei erreichen wir auf dem Gipfel des Oppius die Trajans-Thermen, die jener römische Kaiser über dem alsbald wieder „abmontierten" Palast errichten ließ, und biegen dann in die Via del Terme di Traiano ein, die an den Gärten des Palazzo Brancaccio vorbei nach links zur Via del Monte Oppio führt. Hier ist eine Essensausgabe der römischen Caritas beheimatet, außerdem ein Jugendzentrum sowie Institute der Universität, was der kleinen Kreuzung immer den Anschein gibt, als fände gerade ein Volksauflauf statt.

In der Via delle Sette Sale, gleich hinter dem Colle Oppio, folgt man den Mauern, der leichten Rechtskurve, der Carabinieri-Kaserne und den hohen Häuserwänden bis zur Piazza S. Pietro in Vincoli, wo, unter dem Hochaltar der gleichnamigen Kirche, angeblich die Ketten des Petrus verwahrt sind. Die berühmte Statue des Moses von Michelangelo ziert hier das Grab von Papst Julius II. (1503–13) und war lange Zeit beliebtes Ausflugsziel der jüdischen Bürger Roms, die sich daran delektierten, wie schön der katholische Künstler „ihren" Moses modelliert hatte.

Auf der rechten Seite des Platzes gelangen wir unter einem niedrigen Bogen hindurch zu einer Treppe, die erst auf die Piazza S. Francesco di Paola und zum Istituto Centrale del Restauro und dann bis hinunter zur Via Cavour führt. Das lärmende, hektische Rom, das den größten Teil von Viminal, Esquilin und Quirinal „besetzt" hält, hat uns jetzt eingeholt und wird uns auch auf dem weiteren Weg begleiten. Nur unweit der Einmündung verlockt eine Auswahl von kleinen Gerichten und hervorragenden Weinen im Restaurant „Nr. 313" zur Rast. Unser Rundgang führt uns aber nach rechts und, wenige Meter weiter, in die Via in Selci. Weiter bergauf, über die Piazza S. Martino ai Monti, die von den mittelalterlichen Verteidigungstürmen der Adelsfamilie Cappocci beherrscht wird, und durch die gleichnamige kleine Straße voller Handwerkerläden, dann nach links in die hektische Via Merulana oder, parallel dazu, in die Via di S. Prassede, und wir erreichen S. Maria Maggiore, eine der sieben römischen Haupt- und Pilgerkirchen. Früher hieß diese S. Maria della Neve, Heilige Maria des Schnees. Der Legende nach wird ihr Bau auf einen römischen Patrizier zurückgeführt, dem im Traum die Jungfrau erschien und ihm befahl, eine Kirche dort zu bauen, wo er am nächsten Morgen Schnee sähe. Als dann Reste des Stalls von Bethlehem – zumindest das, was man dafür hielt – dort aufbewahrt wurden, nannte man die Kirche S. Maria del Presepe, Heilige Maria der Krippe. Erstaunlich sind

Folgende Doppelseite: Das Pantheon hat die größte freitragende Kuppel der Welt. Es wurde vor 2000 Jahren von den Kaisern erbaut und später von den Päpsten geplündert. Geblieben ist seine majestätische Schönheit.

21 Trajans-Thermen. Die Bautätigkeit des Kaisers Trajan (53–117) war sehr umfangreich. Neben den Thermen ließ er u.a. das Trajansforum und viele Straßen anlegen.

22 S. Pietro in Vincoli. Hier werden die Ketten, mit denen Petrus gefesselt worden sein soll, aufbewahrt. Sehenswert im Inneren ist die Moses-Statue von Michelangelo.

23 S. Maria Maggiore. Sie ist eine der sieben römischen Haupt- und Pilgerkirchen.

die beiden so unterschiedlichen Türme, der eine romanisch, der andere barock. Weniger erstaunlich hingegen, daß der immer um Effekte bemühte Vatikan während der Inquisition hier Bücher der Häretiker verbrennen ließ, eine Praxis, die später in nördlicheren Breiten imitiert werden sollte.

Von der Treppe, die von der Pforte hinter dem Altar aus der Kirche herausführt, bietet sich eines der schönsten „städtischen" Panoramen Roms. Über die Talsenke, in deren tiefstem Punkt die Via Urbana den Esquilin vom Viminal trennt, geht der Blick hinüber auf den vorletzten der sieben Hügel und durch die enge Häuserschlucht bis hin zur Via delle Quattro Fontane auf dem Quirinal und weiter zum Grün des Pincio. Es ist das letzte „Hügelerlebnis" auf unserem Rundgang, bevor wir am Schlußpunkt noch einmal den Blick von oben auf das historische Zentrum genießen. Von jetzt an verwischt die hohe Bebauung den Unterschied zwischen Esquilin, Viminal und Quirinal, die sich rechter Hand zwischen Bahnhof und Piazza della Repubblica zu einem einzigen Höhenzug vereinen.

Hier wird endgültig deutlich, was Goethe meinte, als er schrieb: „So sind die sieben Hügel Roms nicht Erhöhungen gegen das Land, das hinter ihnen liegt, sie sind es gegen den Tiber und gegen das uralte Bett des Tiber, was Campus Martius ward." Wir folgen der langen Schlucht über die Hügel hinab ins Tal der Via Urbana, machen einen Abstecher zu S. Pudenziana, der ältesten Kirche der Stadt, und gehen hinauf zum Viminal. Mit „Viminale" meint der Römer nicht diesen Berg, sondern das Innenministerium, das hier seinen Sitz hat, so wie Quirinal und Kapitol nur Synonyme für den Sitz des Staatspräsidenten und der Stadtverwaltung sind. An der Ecke des Ministeriums-Vorplatzes biegen wir rechts in die Via Cesare Balbo ein, bestaunen die Scheußlichkeit der römischen Oper und erreichen über die Via Torino den „Boulevard" Via Nazionale. Die Symbolstraße der Hauptstadt des vereinten Italiens ist eine der wichtigsten Einkaufsstraßen Roms, mit Preisen, die meist unter denen des historischen Zentrums und seiner Boutiquen-Gäßchen liegen.

24 Piazza della Repubblica. Der Platz bildet die Exedra der Thermen des Diokletian nach. Aus den Badehallen gestaltete Michelangelo die Kirche S. Maria degli Angeli.

Rechter Hand, am Ende der langen Perspektive, steht der Najadenbrunnen, ein Werk, dessen laszive Frauenfiguren einst Skandal machten. Die Piazza della Repubblica hieß damals noch Piazza dell' Esedra, weil sie das Halbrund der Exedra der Thermen des Diokletian nachformt. Diese riesige Badeanstalt vom Beginn des 4. Jahrhunderts, die bis zu 3000 Menschen gleichzeitig Platz bot, war die letzte größere urbanistische Tat

des antiken Rom. Als knapp 200 Jahre später das Aquädukt der Acqua Marcia zerstört wurde, besiegelte ihr Zerfall zugleich den Untergang des Reiches. Der schon 86jährige Michelangelo benutzte den leerstehenden Bau und gestaltete aus den Badesälen die Kirche S. Maria degli Angeli.
Am Grandhotel vorbei, in dessen monumental überfrachtete Prunkhalle man einen Blick werfen sollte, wenn die befrackten Lakaien am Eingang nicht allzu streng blicken, vorbei auch an einer der besten römischen Buchhandlungen, deren Name, Feltrinelli, an die bewegten sechziger und siebziger Jahre erinnert, nähern wir uns dem Quirinal, der letzten Station auf unserem Spaziergang. Die Fontana dell' Acqua Felice, jenen Brunnen, den Papst Sixtus V. 1585 in Auftrag gegeben hatte, lassen wir rechts liegen und biegen in die Via del Quirinale ein.

25 Fontana dell'Acqua Felice. Papst Pius V. hatte diesen Brunnen 1585 in Auftrag gegeben.

Die lange Häuserflucht lenkt den Blick auf die Gestalten des Kastor und Pollux mit ihrem Obelisken, aber der Weg dorthin bietet noch einige Überraschungen: Die Kirche S. Carlo alle Quattro Fontane an der Kreuzung der gleichnamigen Straße mit der Via del Quirinale ist eines der schönsten Werke des berühmten Architekten Francesco Borromini. Das barocke Bauwerk entstand 1638–68. Die Fassade mit ihrem Spiel aus konkaven und konvexen Fronten, die elliptische Kuppel, die ungeahnte Höhen vortäuscht: Alles an dieser Kirche ist auf optische Effekte ausgelegt.

26 S. Carlo alle Quattro Fontane. Die Kirche ist eines der schönsten Barockbauwerke des Architekten Borromini. Sie entstand zwischen 1638 und 1668.

Von der Kreuzung aus – sofern der Verkehr es gestattet – kann man drei der zwölf römischen Obeliske erblicken (zählt man den 13. Mussolinis einmal nicht mit): vor S. Maria Maggiore links, vor Trinità dei Monti rechts und den Obelisken des Quirinals, der zugleich „Zwilling" des ersten ist, und die früher beide zusammen im Grabbau des Augustus am Tiberufer standen. Von den römischen Kaisern als Siegesbeute aus Ägypten mitgebracht, überstanden sie das Mittelalter meist unter der Erde und wurden Ende des 16. Jahrhunderts, vor allem unter Papst Sixtus V., ausgegraben, der sie an den Knotenpunkten „seiner" barocken Stadt aufstellen ließ.
Vorbei an der „baulichen Antwort" Gian Lorenzo Berninis auf Borrominis Meisterwerk, S. Andrea al Quirinale mit ihrem salonartigen Innenraum, erreichen wir den Vorplatz des Quirinals. Dieser höchste der sieben römischen Hügel war eine Domäne der Sabiner, deren Gott Quirinus ihm den Namen gab. Später stand hier ein gewaltiger Tempel der Sonne, dessen marmorne Stufen am Anfang unserer Wanderung auf die Höhe des Kapitols führten. Goethe bewunderte den Platz vor dem Palaz-

27 S. Andrea al Quirinale. Die Kirche ist die Antwort Berninis auf die benachbarte Kirche S. Carlo alle Quattro Fontane, die von Borromini errichtet worden war.

28 Quirinalsplatz. Heute ist hier, im Quirinalspalast, der Amtssitz des italienischen Staatspräsidenten.

zo del Quirinale, der einst die Päpste, den König Italiens und dann seine Staatspräsidenten beherbergt hat: „... (er) hat etwas ganz eigenes Individuelles, so unregelmäßig als grandios und lieblich." Und Marie Luise von Kaschnitz erzählt vom „Ausruhen auf einer niederen Steinbank auf dem Monte Cavallo an einem heißen Tag" mit Gedanken über Mensch und Natur: „Das Ganze des Platzes, das unabsichtlich schöne Maß in seiner Unregelmäßigkeit, (hat) Menschenwürde über die Natur gesetzt. Die nämlich war völlig ausgesperrt, jedenfalls von dort, wo ich saß, konnte ich nicht das geringste Grün, weder Laubwerk noch Grashalm, auch keinen Handbreit Erde sehen. Solche Lust an der Austilgung des Vegetativen schien mir schon immer ein besonderer Wesenszug der Italiener, römisches und vorrömisches Erbe, Umgrenzung, Eindämmung des Eigenen gegen den Wildwuchs, gegen alles Fremde, Bedrohliche der Natur." Hinter all dem steckte für sie „das Bedürfnis, die Formen der Natur mit den von der Zeitlichkeit gereinigten der Baukunst und des Ornaments wie mit einer Maske zu überdecken und damit nicht nur die Umwelt, sondern auch sich selbst der Vergänglichkeit zu entziehen ... dort, wo kein Blatt welkt und kein Grashalm in der Hundstagshitze verdorrt, (hat) der Tod sein Recht verloren ..." Ewiges Rom, steinernes Rom.

Stadt der Hügel

1 Grab des Bibulo
2 Altar des Vaterlands „Vittoriano"
3 S. Maria in Aracoeli
4 Kapitol
5 S. Giorgio in Velabro
6 S. Maria in Cosmedin
7 Piazza dei Cavalieri di Malta
8 Piazza Gian Lorenzo Bernini
9 Caracalla-Thermen
10 S. Stefano Rotondo
11 Villa Celimontana
12 Ss. Giovanni e Paolo
13 Eingang zum Palatin
14 Stadion des Domitian
15 Palast der Flavier
16 Gärten der Farnese
17 Titusbogen, Via Sacra, S. Francesca Romana
18 Kolosseum, Konstantins Triumphbogen
19 Ludus Magnus
20 Domus Aurea
21 Trajans-Thermen
22 S. Pietro in Vincoli
23 S. Maria Maggiore
24 Piazza della Repubblica, Thermen des Diokletian
25 Fontana dell' Acqua Felice
26 S. Carlo alle Quattro Fontane
27 S. Andrea al Quirinale
28 Quirinalsplatz

Wie viele Menschen aus Kleinstädten bin ich von Großstädten fasziniert. Unter den Großstädten, in denen ich bisher lebte, ist Rom mein sicherer Favorit. Es ist nicht nur die physische Schönheit der Stadt, die mich anzieht, oder die vielen Menschen, die sich entschlossen haben, hier zu leben und nie mehr von ihr wegkommen. Es ist vielmehr der ganz eigene Lebensstil, der hier herrscht.

Nicht etwa, daß die Menschen in Rom besser oder liebenswürdiger wären als die Münchner oder Madrilenen oder Amsterdamer oder New Yorker, aber sie sind mit ihrer Schönheit und ihrer Bewußtheit vom und mit ihrer Liebe fürs Leben, für die Aktivität „Leben" etwas ganz Besonderes. In der Tat, wenn man die Rechnung zuende führt, wird man vielleicht herausfinden, daß ihre negativen Seiten die positiven überwiegen. Aber die positiven Eigenschaften der Römer wiegen die negativen bei weitem auf, was kein gering zu schätzendes Verdienst ist. Für manch einen ist natürlich auch das nicht genug, um es mit den alltäglichen Unannehmlichkeiten des Lebens hier aufzunehmen; diese Leute verlassen Rom meist sehr schnell wieder. Für die meisten aber ist die Erfahrung des Lebens in Rom einzig, trotz Terrorismus und Kriminalität, trotz Inflation, Spekulation, Korruption und Schmarotzertum und trotz des „menefreghismo", jener speziell römischen Art von Indifferenz gegenüber allem und jedem. Einer meiner römischen Freunde, ein Maler und „Einwanderer" aus Neapel, fühlt sich überhaupt nur im Großraum zwischen Rom und Neapel wohl. Für ihn ist Florenz schon Ausland. Er traut dort weder dem Essen noch den Leuten, und seine Eingeweide versagen die Arbeit, wenn er mehr als 200 Kilometer von Mamma Roma entfernt ist. In Sommernächten, wenn der Duft der Geranien von der Piazza di Spagna und der Trinitá del Monte stark ist und eine kühle Brise vom Meer her über die übervölkerten, salonartigen Plätze vom Pantheon zur Piazza del Popolo bläst, sind sich die meisten Römer ihres Glückes bewußt, dort, wo sie sind, zu leben.

Unter den Königen, die auf dem Kapitol residierten, und unter den Konsuln der Foren, unter den Kaisern schließlich auf dem Palatin war die Urbs immer Magnet für die Menschen der ganzen Welt. Löwen und Elefanten und Seeschlachten im Kolosseum, Wagenrennen auf dem Campo Marzio, zur Schau gestellte griechisch-römische Kultur im Theater des

Marcellus, Brotverteilung an das Volk entlang des Tiberufers – es gab etwas für jedermann, gleich, welcher Rasse er war. Und auch die republikanische Mamma Roma nach Garibaldi zog die Massen an – aus denselben Gründen. Die Leute kamen aus dem Süden auf der Suche nach Arbeit und den Wundern des modernen Lebens. Und immer noch reisen Fremde vom Norden her an. Heute kommen sie, um Anleihen an Roms Geschichte und Traditionen zu machen und um den Traum eines anderen Lebens zu stehlen.

Manche der Möchtegern-Römer verstehen die Stadt nie; die mit den falschen Träumen verlassen sie schnell wieder, denn sie können weder den Rhythmus, den sie aufzwingt, ertragen, noch ihre Ansprüche: Mutter Rom verlangt vor allem Flexibilität und Anpassungsfähigkeit, verspricht aber gleichzeitig nichts. Viele der Neuankömmlinge passen sich diesen Anforderungen an und bleiben lange genug, um von ihr hoffnunglos umgarnt zu werden. Sie werden Römer.

Seltsam, ausweichend, hart und rätselhaft sind diese Römer. Ihre Stadt spiegelt ihren Charakter. Trotz des offensichtlichen geschichtlichen Chaos ist dieser von einer fundamentalen Kontinuität. Latinische und etruskische Könige werden besiegt von einer neuen Aristokratie; die Patrizier an der Macht degenerieren und werden von der heroischen und aggressiven Militärkaste ersetzt, die sie zum eigenen Schutz angeheuert haben; Cäsaren bringen sich gegenseitig um, bis sie schließlich von den Barbaren aus dem Norden überrannt werden, die auf diese Gelegenheit nur warteten. In der Zwischenzeit wird die neue römische Kirche groß und mächtig, reich und weise, und krönt Karl den Großen; diese Allianz gebiert das christliche Reich und seinen Feudalismus. Neue soziale Spannungen bringen die Kommunen in den entstehenden Stadt-Staaten hervor. Ein neues „Volk” ist geboren.

Dieses neue Volk wartet seinen Moment ab, wird dann Teilhaber am Ruhm, an den guten Zeiten und an den wilden Zeiten. Das römische Volk wartet und huldigt seinen Propheten, bevor es die Halbgötter bald darauf in Stücke zerreißt, wie den verrückten Cola di Rienzo auf den Stufen des Kapitols oder die arme Beatrice Cenci, deren Knochen es auf tiber-nassem Tuffstein in Rache für einen tyrannischen Vater zerschmetterte.

Die ganze Zeit über warten die Ostgoten, umkreisen die Stadt, dringen durch ein ungeschütztes Tor ein, plündern und stehlen. Einige von ihnen kehren, für eine Weile gesättigt, nach Norden zurück, andere bleiben.

Auch sie werden von Mamma Roma absorbiert. Die Barbaren sind immer noch da, immer eine Angst einflößende Notwendigkeit für die Römer. Denn die Ostgoten im Norden und die Ostgoten, die Römer wurden, waren und bleiben ein grundlegendes Element der Geschichte der Stadt; das Zusammenspiel von äußerer Gefahr und frischem Blut schuf den römischen Charakter.

In den Tagen, bevor Rom zur Hauptstadt der neuen Republik Italiens wurde, hatte es keine regierende Klasse. Ein Besucher der Zeit sah das so: „In Rom gibt es Priester, die Aristokratie, das Volk und ausländische Archäologen. Die Aristokraten arbeiten nicht. Das Volk arbeitet nur, wenn ihm jemand einen Gelegenheitsjob anbietet; ansonsten sitzt es auf den Türstufen und wartet. Priester wissen nicht, was Arbeit ist; sie stehen früh auf, um die Messe zu lesen, oder gehen nachts aus, um einen Sterbenden zu segnen; ansonsten sitzen sie in der Sakristei herum oder machen außerhalb der Stadtmauern lange Spaziergänge. Die ausländischen Wissenschaftler schauen und machen Notizen." Sie alle sind Subjekte Roms.

Rom ist weiblich. Sie schluckt alles, akzeptiert alle. Sie ist eine lächelnde, heftige, aggressive, laute, vulgäre, schmutzige Hure. Und eine gefällige, großzügige, stolze, superbe, undurchdringliche Verführerin, die alles und jeden mit ihren Armen umfaßt und umschlingt. Sündig und engelsgleich, teuflisch und dennoch mit Heiligenschein, unverschämt und herablassend, sarkastisch, aber naiv, kompromißlos und anpassungsfähig, oberflächlich und tiefschürfend, clownig und fröhlich und voll mediterraner Melancholie. Sie ist einzig. Sie verlangt nichts ausdrücklich, aber schluckt und verschlingt und saugt alles auf.

Unzählige Bilder fließen zusammen zur unfaßbaren Masse des großen weiblichen Rom, voll majestätischer Vergeßlichkeit gegenüber ihren Bewohnern. Typisch für Rom und ihre Bevölkerung ist es, keine Kompromisse im Lebensstil zu machen. Sie rücken kein Jota, um Neuankömmlingen Platz zu machen. Willkommen? Schau meine offenen Augen an, sagt sie. Komm rüber ... und mach's, wie ich es will. Die unvermeidliche Entwicklung des Verhältnisses zwischen Rom und den Neurömern vollzieht sich langsam, unmerklich; erst später scheint es, als sei alles ganz plötzlich passiert. Die geistige, soziale Verführung ist gewalttätig; manchmal fliehen selbst Starke verwirrt. Mamma Roma vergewaltigt die Sinne, aber der Verführte gewöhnt sich daran. Und was bleibt nach der Gewöhnung? Haß und Liebe. Das Spiel von Faszination und Widerwillen bleibt ins Opfer graviert, aber am Ende machen sie es doch alle, wie Rom es will. Alle! Die römischen Römer, die Priester, die ihre Weltkirche von Palästen erster Wahl auf den Gipfeln der Hügel verwalten, die Piemonteser nach Garibaldi, die hierherkamen, um ihren neuen Staat vom Prati-Viertel aus zu regieren, welches sie nach Turiner Modell gestaltet hatten; die Eritreer, die Äthiopier, die Libyer, die Araber in ihrer neuen Hauptstadt am Tiber, die Lateinamerikaner, die Slawen, die Angelsachsen, die Teutonen. Die ja auch alle Römer sind. Ihr Widerstand und ihr Protest verstummen und bleiben in den erdrückenden Armen der betrügerischen, unersättlichen Herrin ohne Gehör. Die Vergewaltigten schlagen um sich, prahlen aber zugleich mit ihren Verdiensten. Derweil die große Verführerin nur lächelt, mitleidig, sie weiter zurückdrängt in die gemütliche Tiefe ihres Busens und ihre Schreie ignoriert.

„Oh, wie kosmopolitisch", sagt der glückliche Tourist, in Sandalen und Shorts, und zieht den Reißverschluß seiner Windjacke bis unter das Kinn gegen den kalten Wind, der hinter Aprilsonnenstrahlen versteckt ist, welche nie einen Römer täuschen. Und Rom straft auch ihn mit Verachtung. Ihn und seine Busse, seine Führer und all die reisenden Soziologen und Politologen. Denn Rom ist ein weises altes Dorf, ohne falsche Töne über die große weite Welt. Sie kennt keine Illusion. Ihre Werte sind sinnlich, und sie weiß vieles. Nur gelegentlich legt sie ein wenig seidigen Glanz auf, zieht hochhackige schwarze Schuhe an und schlendert in spöttischen Wellenbewegungen an den komischen Cola-di-Rienzo-Figuren des Senats und an den lebendigen Karikaturen im Parlament vorbei, die dort Politik spielen.

1 Piazza del Popolo. In seiner heutigen Form wurde der Platz von Giuseppe Valadier Anfang des 19. Jahrhunderts gestaltet.

Die Morgensonne über der Piazza del Popolo meißelt mit ihrem klaren Licht die Konturen der Dächer und Kuppeln der Stadt gestochen scharf. Rechts und links des Platzes öffnen gerade zwei Cafés, das „Canova" und das „Rosati", in dem früher jene Schriftsteller ein- und ausgingen, die sich im Caffè Greco nicht mehr heimisch fühlten. Alberto Moravia traf hier regelmäßig Pier Paolo Pasolini, den „jungen Bandenführer", wie Alfred Andersch ihn einmal nannte. Aber die Schriftsteller sind hier nicht mehr. „... das literarische Gespräch (findet) nicht mehr in den Cafés statt wie einst: Bei Rosati und Canova ... drängen sich fast rund ums Jahr die Touristen zu Campari und Espresso, und in der nahen Feltrinelli-Buchhandlung an der Via del Babuino, wo sich in den siebziger Jahren die Schriftsteller und Journalisten trafen, werden nur noch Bücher verkauft", schrieb Alice Vollenweider schon Anfang der achtziger Jahre, und daran hat sich bis heute nichts mehr geändert.

Gegenüber den beiden Zwillingskirchen S. Maria dei Miracoli und S. Maria in Montesanto, die den Ausgang der Via del Corso bewachen, beschwört die Kirche S. Maria del Popolo noch immer Neros bösen Geist, eine Aufgabe, die ihr beim Bau über dessen Grab sozusagen ins Stammbuch geschrieben wurde. Hier las einst ein Augustinermönch namens Martin Luther die Messe, bis man ihm, weil er die Sache wohl zu ernst nahm, den Stuhl vor die Tür setzte. Gemälde von Pinturicchio und Caravaggio, der Altar von Bernini und die Werke Raffaels haben aus dieser Kirche eine der künstlerisch reichsten der Stadt gemacht.

Michelangelo da Caravaggio (1573–1610) italienischer Maler

Die Anlage des Platzes scheint aus einem Guß, ist jedoch das Resultat künstlerischen Schaffens vieler Epochen. Obwohl mit barocken Bauwerken gespickt, gehört die Gestaltung in ihrer heutigen Form zu den wichtigsten Arbeiten des Neoklassizismus, entworfen von Giuseppe Valadier, Lieblingsarchitekt der Päpste Pius VI. und Pius VII., der auch unter den Franzosen waltete, die „seine" Päpste zweimal, in den Jahren 1798 und 1808, abgesetzt hatten. Ursprünglich befand sich hier die Porta Flaminia. Seitdem sich die Stadt in der Renaissance nicht mehr nach Osten, sondern nach Norden orientierte, war dieses Tor Ausgangspunkt der wichtigen Straßen zu den Germanen und Franken, über die die Barbaren, die teutonischen Kaiser, aber auch später Dichter und Denker in die Ewige Stadt einzogen. Der Name des Platzes hat mit dem Volk, dem „popolo", übrigens nichts zu tun. Er kommt von „pioppo", auch „popolo" genannt, den Pappeln, die die Kirche S. Maria einmal umrahmten. Neben dem Obelisk, der früher den Circus Maximus zierte, stand in den kurzen Perioden der napoleonischen Besatzung die größte „Errungenschaft" des revolutionären Frankreich, die Guillotine, oder besser, „das neue Gebäude", wie Roms Pasquiner spöttelten, für die das französische Regime „die Republik zum Lachen" war.

Wir steigen auf den Pincio, dessen Flanken, vom monumentalen Kitsch Giuseppe Valadiers verziert, über die „piazza" herrschen. Von der Terrasse „Napoleone" genießen wir den Blick über die Kuppeln, die Dachgärten, die Plätze und Hügel. Aber Achtung! Der Schriftsteller Luigi Malerba hat die Römer gewarnt! Zuviel Schauen kann gefährlich sein: „Ich muß mit dem Bürgermeister sprechen, sage ich mir. Diese Touristen werden das Panorama Roms so lange betrachten, bis sie es abgenutzt haben; man muß dieses Panorama vor den ätzenden Blicken der Touristen schützen. Tausende und Abertausende jedes Jahr. Langsam wird es abgenutzt, Tag für Tag, und zuletzt wird nichts mehr übrigbleiben."

Die Kuppel ist eigentlich ein Element der Renaissance, vorher beherrschte der „campanile", der quadratische Glockenturm, das Stadtbild. Ihre endgültige Machtergreifung über die römische „skyline" findet allerdings erst im Barock statt, dem Zeitalter der ideologischen und städtebaulichen Reaktion des Vatikans auf die Reformation. Rom war zwar in Wirklichkeit nicht mehr das Zentrum der Welt, stellte sich aber als solches noch vor. Urbane Gestaltung wurde zur Imagination, zum Spiel des Scheins. Auch die Heiterkeit des Barock ist nur Schein, seine Realität dagegen sind Inquisition, Verbrennung von Häretikern und Hexen, die gnadenlose Verfolgung Andersdenkender, wie es viel deutlicher die schweren, erdrückenden, humanitätsfeindlichen Kathedralen Spaniens derselben Zeit symbolisieren. Erste Anzeichen dieses neuen Stils werden bereits in der Hochrenaissance und im Manierismus Ende des 15. und Anfang des 16. Jahrhunderts sichtbar. Renaissance-Fassaden werden neu „eingekleidet", und Rom wird nun endlich, nach zaghaften Anfängen, auf jene Pilgerströme hin zugeschnitten, die, im Gefolge der neuen Frömmigkeit in die Stadt gelockt, hier das tägliche Brot verdienen sollen. Fixpunkte der neuen Stadtstruktur, die man von hier oben wie auf dem Reißbrett begutachten kann, sind der Lateranspalast, der Quirinal, der Vatikan und die Piazza del Popolo. Die erste neue Straßenverbindung wird von Leo X. noch in der Renaissance-Periode geschaffen. Sie zieht

Folgende Doppelseite: Symbol der barocken Stadt, Ausdruck von Macht und Glorie der Kirche, Zeichen ihres Herrschaftswillens im Kampf gegen die Reformation: Die Kuppeln dominieren bis heute das Bild der Ewigen Stadt. (Im Hintergrund der Petersdom, davor die Zwillingskirchen von der Piazza del Popolo.)

2 Pincio. Von diesem Park aus bietet sich ein schöner Blick über die Kuppeln von Rom.

sich von der Piazza del Popolo zum Porto di Ripetta und später weiter bis zum Vatikan. Danach wird die Via Condotti angelegt, die die Spanische Treppe anbindet. Papst Sixtus V., der schon für die Erweiterung der Piazza del Popolo sorgte, und Klemens VII. lassen im 16. Jahrhundert die Straßen zum Quirinal und zum Lateran bauen, und unter Paul III. wird die Via del Corso, die in ihrem Verlauf schon zur Römerzeit bestand, zur Hauptachse Roms. Erst 1577 tauchen die neuen Straßenverbindungen auf einer Karte der heiligen Stadt auf, vorher galt ungebrochen die Planimetrie des imperialen Rom.

Künstler der großen Verwandlung der Stadt sind die Baumeister Bernini, Borromini, Maderna, Girolamo, Carlo Rainaldi, um nur die bedeutendsten zu nennen. Neue Kirchen und Gebäude entstehen vor allem unter den Päpsten Paul V. Borghese, Urban VIII. Barberini und Innozenz X. Pamphili. Rom verdankt ihnen den Palazzo Spada, die Chiesa Nuova, das Oratorium der Filippini, den Palazzo Borghese, die Universität Sapienza, die Kirchen S. Carlo al Corso, S. Andrea della Valle sowie Il Gesù, S. Ignazio und S. Maria della Victoria.

3 Villa Medici. Sie wurde 1544 errichtet und ist heute Sitz der französischen Akademie.

4 SS. Trinità dei Monti, Spanische Treppe. Mit dem Obelisken vor der Kirche ist dies einer der Fixpunkte der barocken Stadtgestaltung. Heute ist der Platz rund um die Treppe Treffpunkt der römischen und nichtrömischen Jugend.

5 Keats- und Shelley-Memorial-Haus. Es liegt links neben der Spanischen Treppe. In dem Gebäude lebten im 18. Jahrhundert die beiden englischen Dichter John Keats und Percy B. Shelley.

Doch genug geschaut! Vorbei an der Villa Medici, in der die französische Akademie ihren luxuriösen Sitz hat, gelangen wir nach Trinità dei Monti. In der Via Gregoriana lohnt ein Abstecher zum Haus der „Monster", die zwei seiner Fenster verzieren. 2787 Meter zieht sich von hier aus die „Autobahn des Barock", die einstige Strada Felice, die Sixtus V. (Felice Peretti) erbauen ließ. Sie führt nach S. Croce in Gerusalemme und zum benachbarten Lateran. Heute ist sie in mehrere Straßen aufgeteilt: Via Sistina, Via delle Quattro Fontane, Via Agostino Depretis, Via Carlo Alberto, Via Conte Verde und Via di S. Croce in Gerusalemme, aber sie ist noch immer die längste direkte Verbindung zwischen zwei Punkten in der aufgeblähten Stadt.

Links von der Spanischen Treppe liegt das Keats-und-Shelley-Memorial-Haus, in dem die beiden englischen Dichter ihre „römische Zeit" verbrachten. Früher befand sich hier eine Trattoria, in der Casanova den angeblich einzigen Korb seiner langen und aufreibenden Karriere bekam. Die Wagemutige hieß Teresa Rolland und heiratete später Casanovas Bruder Giovanni. Hans Christian Andersen erzählte schon 1842 wenig Romantisches von dieser Treppe: „Einst war (sie) wegen der Überfälle, die dort bei Abend und bei Nacht vonstatten gingen, sehr verrufen. Jetzt hat man hier Laternen angebracht und einen Soldaten als Wache aufgestellt, ... bei Tage wimmelt es hier von Bettlern mit welken Gesichtern,

einige stützen sich auf ihre Hände und hüpfen wie Frösche..." Mit wenigen Änderungen hätte dieser Bericht auch aus unseren Tagen stammen können, und den Luxus-Händlern der Straßen am Fuße der Treppe ist das Leben und Treiben hier oben schon lange ein Dorn im Auge. Nachts vergittern, Polizei und Wächter aufstellen, gleich ganz sperren! So oder ähnlich lauten ihre Vorschläge, um mit den Gruppen römischer und fremder Jugendlicher, die hier ihr fröhliches – und leider auch manchmal recht aggressives – Chaos veranstalten, fertig zu werden.
Die Mariensäule auf dem linken Zipfel der Piazza di Spagna und den dahinterliegenden Palast von „Propaganda Fide", der „Informationsabteilung" des Heiligen Stuhls, wie man heute sagen würde, lassen wir links liegen. Zu sehr ist vor allem letzterer mit der grausamen Repression der Kirche verbunden, mit den Pseudo-Prozessen, den Folterungen und Hinrichtungen, die während der Inquisition veranstaltet wurden. Um den Hauptplatz herum haben einige der großen Namen der „alta moda" und des „prêt-à-porter" ihre Zelte aufgeschlagen. Missoni, Fendi, Lancetti und Barocco besitzen hier Läden oder versteckte Ateliers.
Wir wenden uns nach rechts, werfen einen Blick in die Sackgasse Via di San Sebastiano, an deren Ende ein schöner Brunnenaufbau ohne Schale und Wasser funktionslos von besseren Zeiten träumt, und befinden uns jetzt am Anfang der Via del Babuino. Nach wenigen Metern biegen wir erneut rechts in die Via Alibert ein, die im 18. Jahrhundert das erste Theater auch mit weiblicher Besetzung beheimatete. Vorher war der Auftritt von Schauspielerinnen und Sängerinnen verpönt, und den weiblichen Part der Opern spielten Kastraten, für die man das „Geheimnis der flötenden Stimme", wie es scheinheilig hieß, gefunden hatte.
Der Name der Via Margutta stammt wahrscheinlich von einem kleinen Theater aus dem 15. Jahrhundert, in dem „Morgante", eine Komödie des Dichters Luigi Pulci, gespielt wurde. Nach dem Helden des Stücks wurde die Straße benannt. Aber vielleicht ist auch das nur Teil der Legende, Teil jenes schönen Scheins, den Roms Anekdoten noch einmal um die Stadt legen. Die Straße galt einst als Hochburg der einheimischen Bohème. „Die Grenzen, die von der Bohème gezogen worden sind, umfassen ein großes Gebiet", beschreibt Ugo Moretti das Viertel, „... vom äußersten Zipfel der Piazza di Spagna im Süden und der Passeggiata di Ripetta längs des Tibers im Westen zu den Hängen des Pincio und der Villa Strohl – fern im Osten – genau bis zu jenem Punkt im Norden an der Via Flaminia, wo Menghi sein Restaurant hat. Menghi, der Wirt

Gegenüberliegende Seite: Die Spanische Treppe mit dem Barcaccia-Brunnen vor der Kirche Trinità dei Monti: Treffpunkt der Jugend aus aller Welt, aber auch Platz der Langfinger.

und Kumpan, bei dem niemand bezahlt, was er ißt, und wenn er schon bezahlt, hat er nichts gegessen, weil er nicht bedient worden ist."
Gleich links, in der Via Margutta Nr. 61, lockt eine neue Cocktailbar, die mit Jugendstillampen und einem gepflegten Holzdekor auf alt getrimmt wurde. Wenige Schritte weiter sind Teppichrestauratoren bei der Arbeit. Der merkwürdige Brunnen gleich gegenüber besteht aus antiken Figuren, die in ein Werk – sofern man den Ausdruck wirklich gebrauchen will – des 20. Jahrhunderts eingearbeitet wurden. Nach einem Blick in die Werkstatt des Geigenbauers d'Amigo lesen wir an der Hauswand der Nr. 81: „D'ordine di Monsignore Illustrissimo e Reverendissimo Presidente delle strade, se vieta a tutte le singole persone fare mondezzaro nella via Margutta, pena di scudi dieci per volta e altre pene corporali – nerbate, ceppi, giri di rota o come il mastro di strada volesse, assecondo l'età e il sesso tenore dell' edito del 9 sett. 172..(?). Illuminatissimo Mastro d'Ordine Flore ..." Was soviel heißt, daß derjenige, der seinen Unrat auf die Straße kippt, mit einer Strafe von zehn „scudi", Stockhieben, dem Pranger oder Rädern bestraft wird. Und dann gibt er noch den schönen Zusatz, der frei interpretiert werden darf, „... oder wie immer es der Straßenmeister will, je nach Alter und Geschlecht des Übeltäters oder vielleicht auch der Übeltäterin". In der Praxis hatten diese Warntafeln mit ihrer Mischung aus klassischem Italienisch und römischem „slang", die man in vielen Straßen und Plätzen noch findet, kaum Bedeutung. Bei ihrer Anwendung „wie es der Straßenmeister will", galten nach den Worten eines Chronisten im Falle der Verunreinigung von Brunnen, die schon immer die beliebtesten Abfalltonnen Roms waren, folgende Regeln: „Wenn der Verschmutzer ein Graf oder einer seiner Bediensteten waren, wurden beide Augen zugedrückt, und man tat so, als hätte man das Plätschern des Abfalls im Brunnenwasser auch nicht gehört. War der Übeltäter eine ‚Autorität' zweiten Ranges, so schloß man ebenfalls beide Augen und führte das Platschen auf andere, unbekannte Ursachen zurück. Handelte es sich um einen reichen Bürger, sah und hörte man alles, aber es gelang diesem meist mit Hilfe seines Anwalts nachzuweisen, daß er sich dem Brunnen nur zum Trinken genähert habe. War der Dreckfink einer aus dem gemeinen Volk, so war es von Diensten, wenn er schnelle Beine hatte, denn dann mußte die Staatsautorität mit aller Macht einschreiten."
Die Gerichtsprotokolle des letzten Jahrhunderts sind im übrigen voll von wundersamen Urteilen. Da gibt es eines wegen „sexueller Vereini-

gung" zweier Hunde auf der Wiese vor der Kirche S. Giovanni, aber kein einziges, das Abfallsünder zur Rechenschaft gezogen hätte. „Ama Dio e non fallire, fa del bene e lasci dire." Liebe Gott und sündige nicht, tu' Gutes und laß' die Leute reden!

In den Läden und „botteghe", so beim „marmoraro" auf der rechten Seite der Via Margutta, brennen vor allem in den Wintermonaten offene Kaminfeuer und laden zum Aufwärmen ein. Aus der Reihe fällt nur „Oliver", die Modeboutique Valentinos, von diesem nach seinem Pinscher benannt, die wegen Verschandelung und Zweckentfremdung historischen Bauguts lange Zeit Ärger erregte. In der Nr. 51 lockt der schönste Innenhof der Straße und vielleicht des gesamten historischen Zentrums. Wenn der Portier Schwierigkeiten macht, sagt man, man wolle zur „scuola di danza", Tanzschule. Im Hof geht es linker Hand unter einem weißen Stuckadler auf die „scala C", die Treppe, die in die terrassenförmig angelegten Gärten führt. Bis zum Pincio empor ziehen die Häuschen, Gärten, Ateliers. Eine römische (Gips-)Wölfin mit rotem Kopf, Dutzende von Katzen, das ist alles, was noch an Rom erinnert. Ansonsten ist hier das „Montmartre" der italienischen Hauptstadt, und nicht zufällig wohnten zahlreiche Bildhauer und Maler in diesen Gemäuern.

Federico Fellini (geb. 1920) italienischer Filmregisseur und Drehbuchautor

Gegen Ende der Via Margutta halten wir bei Nr. 18 vor dem Atelier eines Goldschmieds an und schauen ihm durch die Fenster bei der Arbeit zu, suchen in Nr. 7 nach einem Zipfel des Großmeisters Federico Fellini, der hier wohnt, und merken uns das vegetarische Restaurant „Il Margutta" für einen eventuellen Mittagstisch vor.

Die Via del Babuino überqueren wir nur, lassen die Piazza del Popolo jetzt rechts liegen, gehen durch die Via della Fontanella zum Corso und weiter zur Via di Ripetta. Einen kurzen Blick sollte man in die Via Brunetti gleich auf der anderen Straßenseite werfen und den schönen Balkon mit Pergola und Brunnenschale im zweiten Stock bewundern. Wir folgen der Via di Ripetta in Richtung Süden zum Augustus-Mausoleum. An der Ecke zur Via del Vantaggio praktiziert ein Puppendoktor und Porzellanrestaurator. Sehenswert ist vor allem das Fenster in der Seitenstraße mit seinen zahlreichen Köpfen, Armen und Beinen. Die Piazza del Ferro di Cavallo, der Hufeisenplatz, beherbergt eine der schönstgelegenen Schulen Roms, die Kunstakademie „Belle Arti". Sie ist in einem Palast im Besitz des Vatikans untergebracht, der leider von Zeit zu Zeit versucht, der Akademie schnöde zu kündigen.

6 Augustus-Mausoleum. Der römische Kaiser ließ es wenige Jahre vor seinem Tod (14 n. Chr.) in Form eines riesigen Erdhügels mit 89 Metern Durchmesser errichten. Die Reste davon können heute noch besichtigt werden.

Um das Mausoleum des Augustus ins rechte Sonnenlicht zu rücken, wurde zwischen der Via del Corso, der Via Tomacelli und dem Tiber das gesamte Viertel, das einst um den Hafen Ripetta gruppiert war, abgerissen. Der Rundbau hat, wie so viele antike Gebäude, eine bewegte Geschichte hinter sich. Trutzburg der Familie Colonna und als solche von Papst Gregor IX. 1241 zerstört, wurde er später zum italienischen Gärtchen der Familie Soderini, zum Amphitheater für Stierkämpfe, Volksspiele und Feuerwerkszauber, war Theater und zeitweiliger Konzertsaal der berühmten römischen Musikakademie Santa Cecilia.

An der ersten der beiden Zwillingskirchen, S. Rocco, findet man einen deutlichen Hinweis, daß hier einst Hafengelände war, und zwar der berühmte „Porto di Ripetta", der im Mittelalter die Versorgung der häufig belagerten Stadt gewährleistete: Ein Wasserstandsmesser aus dem Jahre 1821 an der Ecke der Kirche weist mit seinen Markierungen auf die schrecklichen Überschwemmungen vor allem des 17. Jahrhunderts hin: Januar 1606, Oktober 1630, Februar 1637 und schließlich Dezember 1698, als das Wasser sage und schreibe 19,5 Meter über dem Normalpegel stand. Auf dem Largo di S. Rocco steht noch ein Brunnen, den einst die Schiffer des Hafens stifteten.

Nach links geht es nun in die Via Tomacelli, der wir bis zu dem kleinen Markt rechter Hand folgen. Wer jetzt Hunger bekommen hat, kann zurück zur Via Margutta laufen (in das bereits erwähnte Restaurant) oder in die Via dell'Arancio zu „Settimio" gehen, oder aber er macht sich auf den Weg in eines der Lokale, die an anderer Stelle beschrieben sind (siehe Seite 150ff.). Über die Via di Monte d'Oro erreichen die Unermüdlichen den Largo della Fontanella di Borghese und den Palazzo Borghese, auch „Cembalo" genannt, der sich mit seinem tastaturähnlichen Flügel zum Tiber hin erstreckt.

7 Palazzo Borghese. Er wurde unter Mitwirkung der berühmtesten Künstler des Barock – Maderna, Borromini und Bernini – erbaut. Seine unregelmäßige Form trug dem Palast bei den Römern die Bezeichnung „Cembalo" ein.

Gebaut wurde das „Cembalo" unter Mitwirkung der berühmtesten Künstler und Architekten des Barock: Maderna, Borromini und Bernini. Sehenswert ist vor allem der doppelte Innenhof mit seinen Statuen, seinem bühnenartigen Aufbau, der dem Konzept des Barock-Spektakels ziemlich genau entspricht. Stendhal meinte einmal, die Bälle, die in diesem Palast veranstaltet wurden, hätten selbst in den Festen Napoleons II. nichts Vergleichbares gehabt.

Von der angrenzenden Piazza Borghese aus, wo man in antiquarischen Buchhändlerständen stöbern, aber kaum wirklich Wertvolles finden kann, überqueren wir die Via della Scrofa und laufen zur Piazza Nicosia.

Gegenüberliegende Seite: Villa Borghese. Der Vogelkäfig am Museo Borghese ist als symbolbestücktes Zeugnis der machtvollen Vergangenheit des Kirchenstaates zu interpretieren.

Nach links biegt der Vicolo Campana ein, der die älteste Osteria der Stadt beherbergt und mit den Fassaden auf der gegenüberliegenden Straßenseite eine der typischen „Theaterkulissen" der Stadt bildet. Hier sind wir auf dem alten römischen Marsfeld, dem Campo Marzio, von dem der griechische Geograph Strabo im 7. Jahrhundert n. Chr. noch in großen Worten berichtet: „Die meisten (Bauwerke) enthält das Marsfeld, welches zu seiner natürlichen Schönheit auch noch den Schmuck durch weise Fürsorge hinzubekam. Denn die bewundernswürdige Größe des Feldes, welches trotz einer so großen Menge von Leuten, die sich im Ballschlagen, im Reifenspiel und im Ringen üben, dennoch zugleich für Wagenrennen und andere Reitübungen ungehinderten Spielraum gewährt, sodann die es umgebenden Bauwerke und der das ganze Jahr hindurch grüne Rasenboden, endlich der Kranz von Hügeln oberhalb des Flusses, welcher bis zu seinem Bette hinab einen theatralischen Anblick darbietet, dies alles gewährt ein schwer zu verlassendes Schauspiel." Von diesem römischen „Bois de Boulogne" oder „Hyde Park" in der Stadtmitte ist heute leider nichts mehr zu sehen. Statt dessen liegen die römischen Parks nun außerhalb des historischen Zentrums und befinden sich meist in kläglichem Zustand (siehe auch Seite 159 ff.).
Noch ein paar Meter wandern wir auf der Via della Scrofa mit ihren Lebensmittelgeschäften, Bars und dem kleinen dänischen Kunsthandwerksladen weiter und biegen dann rechts in die Via dei Portoghesi mit ihrer wunderschönen Kirche ein, die im Jahre 1440 vom Bischof von Porto gekauft und dem heiligen Antonius von Lissabon geweiht wurde. Rechter Hand heißt die Fortsetzung der „Portoghesi" Via dell' Orso, in der in jedem Herbst eine Messe der Antiquitätenhändler und Kunsthandwerker des Viertels stattfindet. An der Ecke zur Via dei Soldati finden wir rechter Hand ein Haus aus dem 15. Jahrhundert mit einer herrschaftlichen Loggia im ersten Stock. Die Architektur dieses Palastes stammt aus der Zeit des Manierismus, der Epoche zwischen Renaissance und Barock. Im selben Stil präsentiert sich das ganze Viertel, in das wir nun eindringen. Am Lungotevere, zu dem man über eine Treppe in die Via di Monte Brianzo hochsteigt, bewundern wir auf dem gegenüberliegenden Ufer den „Palazzaccio", den Justizpalast, den schon seit fast zwanzig Jahren derselbe Bauzaun umgibt. Die notwendige Restaurierung blieb immer nur halbes Werk. Sei's, weil die „soldi" fehlten, sei's, weil man vor Gericht um die richtige Farbgebung stritt.
Außer dem Gipsabdruck des Busens der Schwester Napoleons hat das

Museo Napoleonico in der Via Zanardelli nicht viel zu bieten. Nur knapp hundert Meter gehen wir auf dieser breiten Straße, dann biegen wir nach rechts auf die Piazza Fiammetta mit ihren schönen alten Häusern. Linker Hand zweigt nun der Vicolo di S. Trifone ab, der unter einem der drei Bögen der Via dei Tre Archi hinweg zur Via dei Coronari führt. Auf ihr wandern wir jetzt gen Westen, Richtung Petersdom sozusagen. Antiquitätengeschäfte mit ihren erlesenen – und meist sehr teuren – Auslagen säumen die Straße sowie kleine Handwerksboutiquen, Möbelrestauratoren arbeiten sommers im Freien. Vorbei an der schönen Piazzetta di S. Simeone erreichen wir die Via della Vetrina, in der nach nur wenigen Metern eine Treppe auf den Hügel führt, der zwischen der Coronari und der Via dei Banchi Vecchi die einzige Erhebung im Tiberbogen bildet.

Weiter geht es über die Via delle Vacche, die Straße der Kühe, und die Piazza del Fico, den Platz mit dem Feigenbaum, wo eine nette Bar vor allem abends von jungen, rockig-poppigen Römern frequentiert wird, zur Via della Pace. Im ersten Teil der Straße wird vormittags ein kleiner, sympathischer Markt abgehalten, dicht dahinter thront die bekannte Bar della Pace, wo es abends leider passieren kann, daß an den Tischen im Freien kein Mineralwasser serviert wird, weil das nicht schick – oder einträglich – genug ist. Die Kirche S. Maria della Pace am Ende der Straße stammt aus der Renaissance, besitzt im Innern Fresken von Raffael, hat aber eine Barockfassade von Pietro da Cortona und markiert wieder den Übergang zwischen den beiden Vierteln. In der Tat verlassen wir nach unserem kurzen Abstecher wieder die Renaissance des Tiberbogens und kehren ins Zeitalter des Barock zurück.

8 S. Maria della Pace. Die ehemalige Renaissance-Kirche erhielt 1656 eine meisterhafte Barockfassade von Pietro da Cortona. Im Innern ist sie mit Fresken von Raffael ausgestattet.

In der Via di Tor Millina zeigt ein Metzgerladen an, daß er auch eine „beccheria" ist, daß er also Viehzeug mit „becco", mit Schnabel, verkauft. „Ecce Bombo", das kleine Restaurant auf der rechten Seite, ist vielleicht nicht unbedingt den Besuch wert, soll aber trotzdem Erwähnung finden; denn der ausgefallene Name war Titel eines Kultfilms von Nanni Moretti über die Generation der siebziger Jahre mit ihren „linken" Gemeinplätzen, Psychologismen und Macken.

Wir biegen, ohne bis zur Piazza Navona vorzustoßen, rechts in die Via di S. Maria dell'Anima ein, deren gleichnamige Kirche die Hauskirche der Rom-Deutschen war und ist. Shakespeare & Company in der Nr. 54 hat mit dem berühmten Vorbild, der englischen Buchhandlung in Paris, nichts zu tun und verkauft Kunstbildbände. Und dann die Piazza Pasquino! Dieser Pasquino, der in diesem Band gleich ein paar Dutzend Male zu Wort kommt. Auf „seinem" Platz ist er nur noch als zerfressener Marmorblock zu genießen. Der Name Pasquino soll von der Patroklesfigur stammen, die in der heute unkenntlichen Marmorgruppe an der Ecke des Palazzo Braschi von Menelaos gestützt wird. Ursprünglich war Pasquino ein tapferes, buckliges Schneiderlein – wie die Legenden sich gleichen –, der die ersten Satiren gegen Päpste und Adlige schrieb und sie unter der Statue versteckte, meistens am 25. April, dem Fest S. Marcos, wenn das Marmorbild traditionsgemäß auf die wunderlichste Weise geschmückt wurde. Das war eine Art von indirekter Kritik, die die Römer begierig aufgriffen, und noch heute wird der Pasquino manches Mal für Proteste gegen die Stadtherren und ihre spekulativen Manöver „wiederbelebt". Selbst in anderen Ländern war die „Pasquillendichtung" bekannt, in Deutschland – weil hier Humor ja so gerne gesehen ist – zum letzten Male zur Zeit Ulrich von Huttens.

„Pasquino, der lachende Demokrit Roms", nannte ihn Gregorovius, „ein spöttischer Bekämpfer aller öffentlichen und privaten Barbarei", letzter, unsterblicher Volkstribun.

Wer Pasquino folgt, genießt im „Cul de Sac", einer der ältesten „enoteche", Weinkneipe, der Stadt mit dem größten Weinangebot einen süffigen Roten oder frischen Weißen und läßt den Papst einen guten Mann sein. Was auch der vom Geist zum Weingeist konvertierte Jesuit Giuseppe tat, der auf der Piazza Navona seine „Bevitoria" eröffnet hat. Die Piazza Navona war schon immer Ort der Spiele und der Genüsse. Domitian baute hier 86 n. Chr. seinen Circus Agonalis – aus dem Wort wurde später Agone, 'N Agone, Navone, Navona –, dem ein beliebtes Bordell angeschlossen war. An dessen Stelle steht heute Borrominis Kirche S. Agnese.

Vom Anfang des 15. bis zur Mitte des 18. Jahrhunderts wurde hier der Gemüsemarkt abgehalten. Samstags nach Marktschluß verstopfte man die Abflüsse der kleinen, fast unmerklichen Senke in der Platzmitte und ließ die Brunnen überlaufen, bis der ganze Platz rund drei Fuß tief überschwemmt war. Was anfangs noch eine hygienische Maßnahme zu sein schien, wurde bald zum Plaisir der Reichen und weniger Reichen. Der See wimmelte an jedem Samstagabend von glänzenden Staatskarossen, leichten Kaleschen, Leiterwagen, Reitern, Pferden und Eseln. Die Adligen Roms vergnügten sich darin, in diesem Wasserbad Runde um Runde spazierenzufahren, und so mancher Bauer trieb gar seine Kühe hier zur

Folgende Doppelseite: Am Pantheon: Warten auf neue Kundschaft.

9 Piazza Pasquino. Der Legende nach soll Pasquino ein „tapferes Schneiderlein" gewesen sein. Die nach ihm benannte „Paquillendichtung" ist noch heute bei den Römern ein beliebtes Mittel, versteckte aber treffende Kritik zu veröffentlichen.

10 Piazza Navona. Der Platz war einst der Zirkus des Domitian und später Gemüsemarkt. Den Mittelpunkt bildet Berninis Vierströmebrunnen.

Tränke. Montags wurde das Wasser dann wieder abgelassen, und der Alltag kehrte ein. Dieser Alltag ist in unserer Zeit vor allem touristisch. Die Piazza Navona mit ihren Restaurants, Eisdielen, Malern und Musikern ist eines der beliebtesten Ziele für die Besuchermassen aus aller Herren Länder. Wir überqueren den Platz der Länge nach, bewundern Berninis Vierströmebrunnen, über den im Kapitel „Römische Brunnen", S. 173 ff., noch mehr erzählt wird. Wir verlassen den Platz durch ein schmales Gäßchen der Druckerei des „Popolo", der Parteizeitung der italienischen Christdemokraten, überqueren dann Mussolinis Corso Rinascimento und suchen die Via S. Giovanna dell'Arco – so wird Jeanne d'Arc hier genannt. Auf der Piazza S. Luigi dei Francesi stoßen wir auf die berühmte gleichnamige Kirche mit mehreren Werken Caravaggios, die zu ihrer Zeit, mit ihrer Kombination von Licht und Schatten und ihren szenischen „Schnappschüssen", Aufsehen erregten. Nur ein paar Schritte weiter steht der gut bewachte Palazzo Madama, benannt nach Madame Margarethe von Österreich, später von Parma, der Ehefrau Alexander Medicis. Seit 1870 ist in dem Gebäude der Senat Italiens untergebracht. „Madama" ist übrigens ein etwas aus der Mode gekommenes Schimpfwort für Roms Polizisten, deshalb sollte man den Palast lieber nicht so oft beim Namen nennen.

11 S. Luigi dei Francesi. In der Nationalkirche der Franzosen (1634 errichtet) sind Meisterwerke des Malers Caravaggio zu besichtigen.

Wir biegen jetzt links in die Salita de' Crescenzi ein und gehen zum Pantheon, nicht ohne einen Blick auf die schöne „piazzetta" mit dem paradoxen Namen Via di S. Eustachio mit ihren zwei wie verloren vor einem Wohnhaus klebenden Säulen geworfen zu haben. Das Pantheon (27 v. Chr. errichtet), ursprünglich Tempel des Agrippa, dann ab 608 n. Chr. christliche Kirche und deshalb recht gut erhalten, war Papst Urban VIII. Barberini gerade gut genug, um aus seinen Bronzetoren den Baldachin vom Petersdom gießen zu lassen.

12 Pantheon. Es wurde 17 v. Chr. errichtet. Der Name des Bauherrn steht über dem Eingang: Marcus Agrippa, Schwiegersohn des Kaisers Augustus.

Im Albergo del Sole, nicht im gleichnamigen Hotel beim Campo de' Fiori, versteht sich, kehrten und kehren mit Vorliebe Künstler und Literaten ein. Sartre und die Beauvoir verbrachten hier jahrelang ihren römischen August. Wir gehen schnurstracks über die Piazza di Rotonda hinweg, die in ihrer Harmonie eine der schönsten Plätze Roms ist und nicht einmal durch die Touristenmassen an Charme verliert. Wir wählen zwischen dem Zeitungskiosk und der „Tazza d'Oro" die Via de Pastini, gehen vorbei an der Via della Pasta – immer noch Hunger? – und gelangen zur Piazza di Pietra, in deren antikem Tempel ganz zeitlos und „geschmackvoll" die Wertpapierbörse der örtlichen Handelskammer untergebracht ist.

13 Piazza di Pietra. In dem gleichnamigen antiken Tempel ist heute die römische Börse untergebracht.

Über die Via de Burrò, die Straße der Büros, erreichen wir den Höhepunkt des barocken, eigentlich schon Rokoko-Roms. Die Piazza di S. Ignazio ist eine Art Theaterbühne, vor allem wenn man sie von den Stufen der Jesuitenkirche betrachtet. Mit ihren geschwungenen Fassaden wirkt sie, so beschrieb es einmal ein französischer Schriftsteller, wie das deliziöse Dekor einer Commedia dell'Arte. Auch in der Kirche des Ignatius von Loyola, dem Gründer des Ordens, herrscht das barocke Spiel. Die zentralperspektivischen Fresken und eine Schein-Kuppel, die von einer eigens dafür vorgesehenen Marmorplatte in der Mitte des Raums wie eine echte dreidimensionale Konstruktion wirkt, sind typische Elemente jener Zeit, die den Beweis ihrer Existenz in den Illusionen sah, die sie beständig schuf und wieder zerstörte.

14 S. Ignazio. Die barocke Kirche aus der ersten Hälfte des 17. Jahrhunderts ist dem Gründer des Jesuitenordens, dem heiligen Ignatius von Loyola, gewidmet.

Rechts von der Kirche, in der Via S. Ignazio Nr. 52, versteckt sich die Biblioteca Casanatense, genannt nach Girolamo Casanate, Kardinal, Inquisitor und Bibliothekar aus dem 17. Jahrhundert. Die vielen alten Bücher, Kladden und Manuskripte in meterhohen Schränken, an denen Leitern stehen, scheinen nur noch auf spitzwegsche Philosophen zu warten. Hier könnte das wirkliche Ambiente von Umberto Ecos „Name der Rose" versteckt sein, über das man lange Zeit rätselte.

Wir zielen jedoch links an der Kirche vorbei in die Via del Collegio Romano und nehmen die zweite Gasse links, die Via Lata, die so heißt, seit die alte, die große Lata, in Via del Corso umbenannt wurde. Auf der anderen Seite der Via del Corso beginnt die Via di S. Apostoli, der wir bis zur gleichnamigen Piazza und Kirche folgen, um dann durch die Via del Vaccaro neben der Kirche zur Piazza della Pilotta mit ihren vatikanischen Universitäten und nach links zum Trevibrunnen zu gelangen. Die Schauwand des Brunnens ist Höhepunkt und zugleich Ausklang des Barock. Hier sind wir am Ende unseres Streifzugs durch den Barock angelangt – räumlich wie zeitgeschichtlich. Natürlich kann man nun noch zur Galleria Colonna laufen, dem Palazzo Chigi, den Regierungssitz mit seinem Angebot an Polizei und Ministerwagen bewundern, oder wieder ins Herz des barocken Roms, auf die Piazza di Montecitorio zurückgehen, wo sich die Abgeordneten des Volks zwischen ihren gewichtigen und schweißtreibenden Abstimmungen sehen lassen. Aber warum sich nicht einfach an einem ruhigen Fleck die verdiente Ruhe nach diesem „langen Marsch" gönnen?

15 Trevibrunnen. Er ist der größte Brunnen Roms und wurde zwischen 1732 und 1751 von Niccolò Salvi im Auftrag Papst Klemens XII. errichtet.

16 Piazza Colonna. Hier steht die Ehrensäule des Kaisers Marc Aurel. Außerdem liegt hier der Palazzo Chigi, der Amtssitz des italienischen Ministerpräsidenten.

Barocke Ansichten

1 Piazza del Popolo
2 Pincio
3 Villa Medici
4 Ss. Trinità dei Monti, Spanische Treppe
5 Keats- und Shelley-Memorial-Haus
6 Augustus-Mausoleum
7 Palazzo Borghese
8 S. Maria della Pace
9 Piazza Pasquino
10 Piazza Navona
11 S. Luigi dei Francesi
12 Pantheon
13 Piazza di Pietra
14 S. Ignazio
15 Trevibrunnen
16 Piazza Colonna, Palazzo Chigi

Gaither Stewart: Nach der Siesta

Giovanni der Portier schlurfte quer über die Via Lima zu Adolfo, der gerade dabei war, die Läden seiner Antiquitäten-Werkstatt zu reparieren, welche in einer umgebauten Garage zwischen zwei massiven, fünfstöckigen römischen „palazzi" untergebracht war. Er täuschte großes Interesse an dem komplizierten Schloß und seinem Gleitmechanismus vor, an denen Adolfo arbeitete, stemmte die Hände in die Hüften, lehnte sich leicht nach vorne und schaute mit gut gespielter Neugierde der Arbeit zu. Sein gelbes, kurzärmeliges Hemd war frisch gebügelt, sein Gesicht glänzte, und die Haare waren noch feucht, denn er war gerade erst von der Siesta aufgestanden und nun bereit für seine nachmittägliche Arbeit. Die bestand hauptsächlich darin, die Zeit totzuschlagen, bis er um halb acht die großen Türen des Häuserblocks schließen konnte.

Folgende Doppelseite: Frühmorgens oberhalb der Spanischen Treppe, über den Dächern von Rom, noch fern von Tageslärm und vom chaotischen Leben, das die Stufen der Treppe später überzieht.

Nach ein paar Sekunden konzentriertester Aufmerksamkeit steckte er sich die erste Zigarette des Nachmittags an, warf den Kopf zurück und blies eine Wolke bleichen Rauchs in den klaren römischen Himmel. Er beobachtete die wirbelnden Schwaden, wie sie im Sog einer davonbrausenden Alfa Giulietta nach unten wegtauchten, und dann den Wagen, der durch die enge Durchgangsstraße raste, welche das elegante Parioli-Viertel wie ein Canyon durchschnitt. Kaum 15 Sekunden, dann schaute er wieder gelangweilt zum Himmel, sah einem Vogel zu und machte irgendeine Bemerkung über ihn zu Adolfo. Der hielt auf der Stelle mit der Arbeit inne, um seinerseits den Himmel zu betrachten. Adolfos Assistent, ein kräftiger Junge aus einem der Arbeiterviertel der Stadt, gesellte sich zu ihnen, und auch die Aushilfskraft kam schließlich auf die Straße, stützte sich auf ihren Besen und blinzelte neugierig zum Himmel.

Sie alle konnten nichts sehen. Der nicht identifizierte Vogel war – wenn er je existiert hatte – schon hinter dem hohen Apartmenthaus verschwunden. Da die Arbeit aber nun ohnehin einmal unterbrochen war, begann die kleine Gruppe ihren römischen Nachmittags-Schwatz, jene gestaltlose, undefinierbare Mixtur aus Fußball und Politik.

Der Portier war so etwas wie ein Faschist und Adolfo eine Art Kommunist. Die beiden Jungen, die Adolfo zum Säubern des Ladens angestellt hatte, und beide fast zwangsläufig von ideologischer Immunität befallen, lauschten gespannt dem weisen Gespräch des Portiers und des Möbelrestaurateurs und warfen nur ein oder zwei Kommentare ein, als das Gespräch auf den Fußball kam. Adolfo kümmerte es nicht, daß die beiden

nicht arbeiteten, so lange sie seinen gelehrten politischen und sozio-athletischen Wertungen zuhörten. Die ja im übrigen auch nicht weniger tiefschürfend und scharfsinnig waren als die der berufsmäßigen Fußballtrainer und Politiker, die an diesem heißen Augustnachmittag im Urlaub in den Bergen und an den Stränden Italiens weilten.

Im Mittelalter hatte sich Roms Bevölkerung von den Hügeln in den Tiberbogen zurückgezogen. Hier gab es Wasser, das nach der Zerstörung der Aquädukte durch die Barbaren zu einem raren Gut geworden war, und hier tobten die Fehden der Adligen auf ihren Mini-Burgen nicht ganz so vehement. Das Leben in diesen Vierteln war dennoch alles andere als idyllisch. Enge Gassen, prekäre sanitäre Bedingungen und die drohende Macht der Kirche auf der anderen Seite des Flusses bestimmten den Alltag. Die Päpste hatten erkannt, daß ihre Macht in dieser Stadt lag, und die Macht über die Stadt in deren strategischer Gestaltung. Auch mußte den Pilgerströmen, die jetzt – „Ablaßtickets" in den Händen – regelmäßig zur Wallfahrt in die Heilige Stadt kamen, ein Minimum an Infrastruktur und praktikablen Wegen geboten werden. Schließlich galt es noch, dem eigenen Anhang ein würdiges Domizil zu bieten. Die großen Adelsfamilien aus Rom und Italiens Norden hatten nun endgültig die Macht im Vatikan errungen und kauften und bauten ganz nach Belieben. Die Liste der Päpste mutet noch heute wie ein Ausschnitt aus dem Verzeichnis der römischen Paläste und Villen an: Farnese, Medici, Piccolomini, della Rovere, Boncompagni, Aldobrandini, Borghese, Ludovisi, Barberini und wie sie sonst alle noch hießen. Julius II. della Rovere und Leo X. Medici, die beiden Erbauer des Petersdoms, begannen in den ersten Jahren des 16. Jahrhunderts mit der Umgestaltung des am dichtesten besiedelten Gebiets zwischen der heutigen Via Arenula, dem Corso Rinascimento und dem engen Flußbogen. Schon Ende des 15. Jahrhunderts hatte Papst Sixtus IV. nach über tausend Jahren die erste Brücke bauen und Papst Alexander VI. die Engelsburg zur Festung erweitern lassen. So viel zur Einstimmung am Beginn unseres Spaziergangs.

*

Die Erkundung des noch intakten „Renaissance-Roms" fängt untypisch, aber duftend an. Denn eigentlich gehört die Piazza di S. Eustachio schon zum barocken Part der Metropole. Aber der beste Kaffee der Stadt, in der Bar „S. Eustachio" serviert – nicht zu verwechseln mit jener zweiten, die nur ein paar Schritte weiter auf der anderen Seite des Platzes lockt –, darf nicht verschmäht werden. Früher galt die Zubereitungsart des schwarzen Gebräus fast als Geheimnis. Hinter den großen Kaffeemaschinen, die allzu neugierige Blicke abhielt, rumorten und wirbelten die Barmänner herum und tauchten erst mit dem fertigen, schaumig geschlagenen Espresso – quasi deus ex machina – wieder auf. Heute sind die

1 Piazza di S. Eustachio. Hier wird noch heute der beste Kaffee der Stadt serviert.

Maschinen an die beiden Kopfenden des Tresens verbannt und geben den Blick auf eine schöne „tabella dimostrativa di classificazione del caffè" frei.

Bevor wir in die Via del Teatro Valle einbiegen, bietet sich ein Blick, steil nach oben, auf die Rückfront der Universität Sapienza mit dem Spiralturm der Cappella di S. Ivo, einem der vielen Meisterwerke Borrominis. Es ist schwierig, sich vorzustellen, daß diese enge und ziemlich vernachlässigte Straße, in der nur noch ein paar Korbmacher chinesische Stühle, Körbe und Möbelstücke anbieten, einst eine der beliebtesten Einkaufsstraßen der Stadt war. Hier saßen die Bulgari und Gucci vergangener Zeiten. Palombi, der Schneider der Päpste, hatte hier sein Atelier, und die Galleria Giacomini war ein beliebter Vernissage-Treffpunkt. Heute erinnert sich nur noch Gino Mancinelli in seinem Schuhgeschäft, das seit über siebzig Jahren hier ansässig ist, an den Glanz vergangener Zeiten.

2 Universität Sapienza. Sie wurde 1303 durch Papst Bonifaz VIII. gegründet. 1935 übernahm zum größten Teil die neue „Universitätsstadt" ihre Funktion. Cappella di S. Ivo. Die Palastkapelle entstand nach Plänen des Architekten Borromini. Sie ist ein schönes Beispiel seiner meisterhaften Kunst.

Der Wandel kam auch hier durch Mussolinis Stadtprojekte. Der Ausbau des Corso Rinascimento zur Durchgangsstraße raubte dem Viertel seinen eleganten Anstrich, und die vornehmeren Geschäfte siedelten sich nach und nach in der Gegend der Via Condotti am Fuße der Spanischen Treppe an. In der Via de' Sediari ist das bekannte Restaurant „Papà Giovanni" versteckt, das zu Zeiten von Papst Johannes (Giovanni) XXIII. erhebliche Schwierigkeiten mit der Kurie hatte. Es heißt, daß auch der Hinweis der Besitzer, den Namen „papà" (Vater) nicht mit „papa" (Papst) zu verwechseln, wenig geholfen habe, und daß erst die gastronomische Exkursion einer hochkarätigen Delegation von Kardinälen dem Streit ein Ende setzen konnte.

Am Ende der Via del Teatro Valle gelangen wir zum gleichnamigen „Largo", Platz, und zur Piazza S. Andrea della Valle. Das „Tal" als fester Bestandteil der Straßen- und Kirchennamen kommt nicht von ungefähr. Hier befand sich in antiker Zeit eine ausgedehnte Niederung mit Gärten und einem Teich, an dessen Ufern Nero seine berühmt gewordenen Orgien feierte. Ein Bötchen aus Gold und Elfenbein war sein „Schlachtschiff", und seine Truppen mußten auf dem Tümpel „Seeschlacht" spielen.

3 S. Andrea della Valle. Die barocke Kirche wurde zwischen 1591 und 1665 errichtet. Als Vorbild diente die 500 Meter entfernt liegende Kirche Il Gesù.

Die schöne Barockkirche S. Andrea della Valle, nach Plänen von Maderna und Rainaldi von 1591 – 1665 errichtet, gehört eigentlich nicht zu dieser Promenade. Sie markiert in gewisser Weise den Grenzpunkt zwischen dem Barock und der Renaissance in Rom, ist aber der Ausgangspunkt unserer Entdeckungstour. In dieser Umgebung „begann" im Jahre 1800, am Tag nach dem Sieg der Österreicher über Napoleon bei Marengo, die dramatische Geschichte der Tosca, die Puccini ein Jahrhundert später zur Oper machte: Die eifersüchtige Tosca verrät ihren Liebhaber, der sich in der Kirche vor den Schergen des Papstes versteckt hält. Der Palazzo Farnese, eine spätere Station auf unserem Rundgang, und das Castel S. Angelo sind dann die weiteren Etappen der Geschichte, die von den Leiden italienischer Patrioten in den Karzern der Päpste erzählt.

Folgende Doppelseite: Palazzo Spada. Im unscheinbaren Hof hinter der Bibliothek kann man die „perspektivische Kolonnade" Borrominis bewundern, die er 1635 anlegte.

Rechts von der Kirche liegt der Largo dei Chiavari, über den wir zum Largo del Pallaro gelangen. Das Teatro dei Satiri mit seiner konkaven Fassade, schön geschwungen und zum Himmel geöffnet, mutet kurios an. Aber die ungewöhnliche Form hat ihre Gründe. Hier, zwischen dem Largo di Torre Argentina und dem Campo de' Fiori lag einst das Theater des Pompejus, in dem sich auch der Senat gelegentlich versammelte. Im Gegensatz zu den sonst üblichen Holzbühnen war dies die erste steinerne Bühne für „szenische Spiele", da man dieser Art von Spektakel im Unterschied zu den Griechen kaum Bedeutung beimaß. Was in der Perspektive der Straße verblüfft, wird aus der Luft deutlich erkennbar. Aufnahmen vom Flugzeug zeigen noch im Verlauf der heutigen Gassen und Straßen, vor allem aber in der Form des Halbrunds des Teatro dei Satiri, den genauen Verlauf der Grundmauern des antiken Theaters des Pompejus.

4 Theater des Pompejus. Die geschwungene Form der Häuserfronten am Largo del Pallaro bildet die Bühne des einstigen Pompejus-Theaters nach.

Am 15. März 44 v. Chr. eilte Cäsar zu Fuß durch die Straßen der Stadt hierher, um einer Sitzung der Patrizierversammlung beizuwohnen. Gewarnt hatte man ihn reichlich. Auch das Orakel empfahl ihm, den Iden des März nicht zu trauen! Und noch auf dem Weg erhielt er drohende Hinweise, daß sein Leben in Gefahr sei. Cäsar machte sich aus alldem nichts. Kaum hatte er aber im Saal Platz genommen, stürmten die Verschwörer auf ihn ein. Jeder von ihnen sollte, so lautete der Pakt, mit seinen eigenen Dolchstichen zum Tod des Tyrannen beitragen. Cäsars Tod in diesen Sälen war übrigens eine Art posthumer Rache für dessen Erbauer Pompejus, einst Mitglied des Triumvirats, dem Cäsar die Macht entrissen hatte, um sie allein zu genießen.

Gaius Julius Cäsar (100 v. Chr.–44 v. Chr.) römischer Feldherr und Staatsmann

Rechts neben der kleinen Kirche im halbrunden Bogen der Straße öffnet sich ein Durchgang, der abends manchmal geschlossen ist. Über diesen „Passetto del Biscione" gelangen wir zur gleichnamigen „piazza" mit dem schönen, freskengeschmückten Palazzo Pio linker Hand, dessen Fensterrahmen mit Skulpturen verziert sind: im ersten Stock ein Löwen-

Giordano Bruno (1548–1600) italienischer Philosoph

kopf, der sich von Fenster zu Fenster zu bewegen und so eine regelrechte Sequenz zu bilden scheint, im zweiten ein Adler, der mal nach links, mal nach rechts schaut. Vor uns das kleine Hotel Campo de' Fiori, dessen schmaler Eingang die Rom-Imitation aus dem „Cesar's Palace" in Las Vegas nach Rom zurückzuholen scheint. Falsche Säulen und falsche Backsteinwände werden durch Spiegel optisch vervielfacht.

Schon damals gab es in dieser Gegend viele Hotels. Die Tavernen „Zur Kuh", „Zum Engel", „Zur Glocke" und „Zur Sonne" reihten sich in den kleinen Gassen aneinander, und die seit langem in deutschen Reiseführern propagierte Pension „Albergo del Sole" gilt als das älteste Hotel der Stadt überhaupt. Bereits im Jahre 1489 kehrte hier der Botschafter Frankreichs ein. Aus seinen Fenstern konnte man früher das fast alltägliche Spektakel der Hinrichtungen auf dem Campo de' Fiori erleben, so auch die Verbrennung des Ketzermönchs Giordano Bruno (1548–1600), dessen Denkmal jetzt anklagend zum Vatikan hinüberschaut.

5 Campo de' Fiori. Dies ist der beliebteste und berühmteste Markt Roms mit dem Standbild des Ketzermönchs Giordano Bruno (1548–1600).

Der Campo de' Fiori ist nicht etwa ein Blumenfeld und war es auch nie. Vielmehr kommt der Name – immer der Legende zufolge – von einer gewissen Flora, der Geliebten des Pompejus, die hier gewohnt haben soll. Seit Papst Sixtus IV. (1471–84) bildet der Platz einen Mittelpunkt städtischen Lebens: Paläste der Familien Orsini, Anguillara und Condulmaro und die Hauskirche der Orsini, S. Maria in Grotta Pinta, wurden hier gebaut. Fast alle Zünfte hatten in der Umgebung „ihre" Straße, die Armbrustmacher, die „balestrari", die Hutmacher, „cappellari", und die Jackenschneider, „giubbonari". Der Markt hingegen kam erst später dazu. 1869 wurde er von der Piazza Navona hierher verlegt, vorher war der Campo nur Pferdemarkt.

Noch immer gilt der bunteste Markt Roms auch als einer der besten. Aber der Charakter des Viertels hat sich gewandelt. In die alten Häuser zogen wohlhabende junge Römer, der Platz wurde zum Treffpunkt von Studenten und Rucksackreisenden. Dabei ging viel vom Charme des alten Viertels verloren, aber zum Glück auch viel von den unzumutbaren hygienischen Verhältnissen. Nur den Marktfrauen wurde es nicht leichter gemacht: Sie müssen, nachdem sie meist wegen der zu hohen Mieten aus ihren Wohnungen vertrieben wurden, nun auch den Supermärkten vom Stadtrand Konkurrenz machen. Mehr als einer der Stände hat deshalb in den letzten Jahren aufgegeben, und die wenigen, die übrigblieben, waren gezwungen, sich auf die neue Kundschaft einzustellen. Neueste Errungenschaft sind „Bio-Gemüse", die jetzt manchmal angeboten werden, ohne daß allerdings klar wäre, wieviel „Bio" wirklich in ihnen steckt und wieviel nur Werbetrick ist.

An der Südseite des Platzes verkauft „Tahat" afrikanischen Schmuck, und nur ein paar Meter weiter ist ein Weinausschank Treffpunkt der „schrägen Gestalten" des Campo, in deren Begleitung man ein anständiges Glas heben kann. An der Ecke zur Via dei Cappellari bäckt der „forno" eine schlichte, aber knusprige „weiße" Pizza, und links davon, an der gegenüberliegenden Ecke, wacht die alte Hostaria della Vacca über den Platz, die einst Vanozza Catanei gehörte, der späteren Frau Rodrigo Borgias und Mutter von Cesare und Lukrezia, den beiden Schrecklichen.

Am Palazzo della Cancelleria verlassen wir den Campo de' Fiori. Im Auftrag von Kardinal Riario 1483 erbaut, mit Geldern, die dieser beim Spiel gewonnen hatte, bildet der Palast den Auftakt der architektionischen Glanzzeit Roms. Giorgio Vasari und Gesellen sollen den Saal der „hundert Tage" in eben dieser Zeit ausgemalt haben. Michelangelo meinte dazu trocken: „Das sieht man!"

6 Palazzo della Cancelleria. Er wurde ab 1483 erbaut, und seine Fassade gilt als beispielhaft für die Baukunst der Renaissance. Sehenswert im Innern ist der Saal der „hundert Tage".

In der Via del Pellegrino, einer der frühen Pilgerstraßen auf dem Weg vom Petersdom zu den übrigen Haupt- und Wallfahrtskirchen, bietet gleich linker Hand ein „laboratorio di cuoio" gute Handwerksarbeit und schöne Lederartikel. In Nr. 19 biegen wir links in den Hofeingang ein, um uns in einem wunderschönen, halb antiken, halb abruzzischen Innenhof wiederzufinden. Außentreppen, Wappen an den Hauswänden, offene Küchentüren zu ebener Erde lassen vergessen, daß wir mitten in einer Millionenstadt sind.

An der Nr. 53 der Via del Pellegrino biegen wir endgültig links ab in die Gasse Arco di Santa Margherita, an deren Ecke über der „fontanella", dem kleinen Brunnenbecken an der Wand, eine Barockmadonna mit Baldachin thront. Die Via dei Cappellari, die wir jetzt erreichen, wird von Dutzenden von Möbelrestaurateuren bevölkert, die vor allem sommers im Freien vor ihren Läden arbeiten. Wo von rechts die Via del Pellegrino wieder zur Hutmacherstraße stößt, geht es hinein in die Via Sora, wir überqueren den Corso Vittorio Emanuele II. und stehen nach ein paar Metern in der Via del Governo Vecchio.

Hier locken Second-hand-Kleidergeschäfte, aber: Vorsicht! Was uns gebraucht jetzt so billig erscheint, kann zu Hause identisch, aber neu noch günstiger sein. Rom ist, das pfeifen inzwischen die Spatzen von den Dächern, nicht nur zum Schlafen und Essen teuer, auch das Shopping kann hier ein Luxusvergnügen sein. Günstig wird es nur dann, wenn man handelt, was manchmal möglich ist. Auch die Via del Governo Vecchio, deren Verlängerung Via del Banchi Nuovi heißt, war früher Teil jenes Netzes von Pilgerstraßen, auf denen die frommen Reisenden ihre obligatorische Tour zu den sieben Kirchen absolvierten. Ein Schwenk nach links in die Via del Governo Vecchio und wir erreichen, vorbei an der Gasse, deren Name verrät, wohin sie führt – „Vicolo Cieco" heißt Sackgasse – den Vicolo dell'Avila, danach die Via Monte Giordano und folgen dieser links um den kleinen Hügel herum, der die einzige wirkliche Erhebung im Tiberbogen bildet.

Via del Panico, „Panik"straße oder Straße der „Hirse", das bleibt hier offen, heißt die Fortsetzung der Monte Giordano, über die wir zur Piazza Coronari gelangen. Wir spazieren durch die gleichnamige Straße nach links bis zu deren Ende, biegen wieder links in die Via del Banco S. Spirito ein – ist das Geld nun der Heilige Geist oder der Heilige Geist das Geld? – und nehmen halblinks sofort wieder die Via dei Banchi Nuovi. An der Piazza dell' Orologio geht es nach rechts, durch die kleine Via dei Filippini zur Kirche Chiesa Nuova und dem Oratorio dei Filippini, die beide vom Barockbaumeister Borromini gestaltet worden sind.

7 Chiesa Nuova und Oratorio dei Filippini. Beides sind Werke des Barockkünstlers Borromini. Vor allem die Fassade des Oratoriums ist kunstvoll gegliedert.

An einem kuriosen Brunnen, einer Art Terrine mit Deckel, der früher einmal den Campo de' Fiori zierte und später dem Standbild des Ketzermönchs Giordano Bruno weichen mußte, überqueren wir wieder den Corso Vittorio Emanuele II. und stehen in der Via de' Cartari. An deren Ende folgen wir rechts der Via dei Banchi Vecchi. Gleich nach ein paar Metern lockt auf der linken Straßenseite eine Inschrift „Vini e oli", Wein und Öl. In der „Enoteca", Weinhandlung, Il Goccetto gibt es nicht nur gute Ausschankweine zu kosten, sondern auch fachkundige Beratung und günstige Preise. Kurz dahinter, in Nr. 29, bietet das Antiquitätengeschäft „La gazza ladra", die diebische Elster, eine schöne Sammlung alter Spazierstöcke. Ein paar Meter weiter gelangen wir durch den Vicolo Sugarelli, eine kleine Gasse, in die Via Giulia, die Haupt- und Prachtstraße der Renaissance.

Wie keine andere Straße Roms präsentiert die Via Giulia das Programm der Renaissance in höchster Vollendung. Mit der Wiederkehr der Päpste aus Avignon kamen auch die Familien der reichen Kaufleute des Nordens nach Rom. Papst Nikolaus V. hatte bei seinem Tode 1455 testamentarisch bestimmt, daß Rom als Hauptstadt des Weltchristentums prunkvoll ausgebaut werden sollte. Seine Nachfolger kamen diesem Willen nach: Leo X. Medici ließ um 1515 die Via Ripetta von der Porta Flaminia zum

Hafen Ripetta und dem Palast seiner Familie legen, Sixtus IV. della Rovere und sein Neffe Julius II. bauten um 1480 die Sixtinische Kapelle, die Ponte Sisto und die Via della Lungara, die das Trastevere mit dem Vatikan verbindet, und schließlich auf der anderen Tiberseite die Via Giulia. Sie strukturierten damit jenen Teil Roms neu, in dem ihrer Familie fast sämtliche Liegenschaften gehörten.

Die Via Giulia verkörpert die geometrischen Konzepte der Renaissance: Sie war nicht nur die erste vollkommen gerade, sondern auch die schönste Straße Roms und auf ihrer gesamten Länge von Palästen und Kirchen gesäumt. Daß die Barockpäpste später das Stadtzentrum aufs Marsfeld verlegten, kam ihr zugute. Noch heute stellt sie sich in fast unverändert reiner Form dar und ist das „echteste" Relikt einer historischen städtebaulichen Konzeption.

Nur wenige Meter von der Einmündung unserer Promenade auf diese Prachtstraße steht die Kirche der Florentiner, S. Giovanni dei Fiorentini, die vom Medici-Papst Leo X. (1513–21) in Auftrag gegeben und von Jacopo Sansovino, der die Ausschreibung gegen Michelangelo und Raffael gewann, gebaut wurde. Später arbeiteten dann Sangallo, Michelangelo, della Porta und Maderna an ihrer Vollendung.

8 S. Giovanni dei Fiorentini. Die Kirche steht an der schönsten „Renaissancestraße" Roms, der Via Giulia. Sie wurde im Auftrag des Medici-Papstes Leo X. für seine florentinischen Landsleute errichtet.

Auch Raffael wohnte hier, in der heutigen Nr. 85, oder zumindest seine diversen Geliebten, während der Palast mit der Hausnummer 66, Palazzo Sacchetti, nicht wie so oft behauptet, von Sangallo für den eigenen Gebrauch gebaut wurde. Die diesbezügliche Inschrift an seiner Front stammt von einer anderen Fassade. Wahrscheinlich wurde dieser Palast von dem weniger bekannten Architekten Annibale Lippi errichtet. Hinter dem Gebäude befindet sich ein schönes Gärtchen „all'italiana" und zum Lungotevere hin der Kopf einer antiken Statue mit zwei Masken. Kurios erscheint uns heute der abrupte Abschluß vieler Höfe und Gärten der Häuser an der Via Giulia, vor allem zur Tiberseite hin. Als nach 1870 der Fluß begradigt und die Mauern und Straßen des Lungotevere gebaut wurden, blieb nicht viel Raum für die einst sanft zum Wasser hin abfallenden Gärten, die heute wie abgeschnitten wirken.

Raffael (1483–1520) italienischer Maler

Der Bummel durch die Via Giulia mit ihren „strengen" Fassaden wird durch die vielen sehr exklusiven Antiquitätengeschäfte interessant, noch mehr aber durch die Innenhöfe, von denen fast jeder seinen eigenen Stil hat und den Abstecher lohnt. Sehenswert sind die der Hausnummern 102 und 146/47, ferner die Höfe von Nr. 16 und Nr. 4, die besonders an verhangenen oder verregneten Tagen wie verwunschene Märchenwelten wirken. Neben der Nr. 2 schmücken zwei Säulen, gekrönt von seltsamen Adlern mit Busen, die Fassade. Und nebenan, an S. Maria dell 'Orazione, droht ein geflügeltes Skelett: „Odi mihi, cras tibi!", heute mir, morgen Dir! Wie in der Kirche der Franziskaner in der Via Vittorio Veneto bergen auch hier die unterirdischen Gruften zahlreiche Skelette und Knochen.

An der Ecke der Via Giulia und der Via del Mascherone steht das Haus, in dem 1830 der Dichter Wilhelm Waiblinger starb, ein Freund Hegels, Hölderlins und Mörikes und einer der romantischen Romreisenden „deutscher Nation". Unter seinem Fenster steht der berühmte Brunnen aus Jean-Marie Straubs Film „Geschichtsunterricht" aus dem Jahre 1972.

Wir biegen in die Via Farnese ein und gelangen zur gleichnamigen „piazza" mit dem Palast von Antonio di Sangallo, der als schönster der Stadt gilt. Mit Material aus dem Kolosseum und aus dem Theater des Marcello errichtete Sangallo ab 1514 die ersten Etagen, bis 1546 wurde der Bau dann von Michelangelo, Vignola und della Porta vollendet.

9 Palazzo Farnese. Er gehört zu den klassischen Renaissancebauten Roms. Zwischen 1514 und 1546 wirkten hier u.a. mit: Sangallo, Michelangelo, Vignola und della Porta.

Antonio da Sangallo (1483–1546) italienischer Baumeister

Der Auftrag an Sangallo hatte gelautet, einen würdigen Wohnsitz für Kardinal Alexander Farnese, den späteren Papst Paul III., seine Familie – aus seiner Quasi-Ehe hatte er drei Kinder – und seinen reichhaltigen Anhang zu bauen, der auf 360 Personen geschätzt wurde. Heute ist hier die französische Botschaft untergebracht. Der Mietvertrag, 1874 im Geiste des Erbes der Farnese unterzeichnet, die einst ihre Habschaft den Bourbonen Neapels hinterlassen hatten, läuft im Jahre 2035 aus, und der Palast fällt dann an den italienischen Staat zurück.

Die merkwürdigen Brunnen auf dem Platz sehen nicht nur aus wie Badewannen, sie sind es auch. Einst erfüllten sie ihren Zweck in den Thermen des Caracalla und wurden von Papst Paul II. zum Schmuck seines Palastes auf die Piazza Venezia gebracht. Sein Nachfolger Paul III. ließ eine der beiden als „Brunnen" auf der Piazza Farnese aufstellen, sie jedoch nicht mit Wasser füllen. So diente diese Badewanne statt dessen bei den Festen und Stierkämpfen als eine Art Ehrentribüne für die Privilegierten, und es gehört nicht viel Phantasie dazu, sich den lächerlichen Anblick der hohen Herrschaften vorzustellen, die nur mit dem Kopf aus dem gigantischen Becken herausragten und gerade so ausschauten, als ob sie tatsächlich ein Bad nahmen.

„Warum haben die römischen Plätze keine Bäume und kaum Grünschmuck?", fragte ich einmal eine Bekannte auf diesem Platz, der mit seinem regelmäßigen Viereck einer der harmonischsten, aber auch kältesten Roms ist. Die überraschende Antwort war simpel und einleuchtend: „Dann würde man sich ja wie in einem Hof vorkommen." Innen und Außen sind geschickt in der Ewigen Stadt ständig vertauscht. Der Hof, das Innen der Häuser, wird zur Natur, das Außen, der Platz, zum künstlichen Raum. Die Trennungslinie zwischen „cortile" und „piazza" ist allerdings fließend, und oft – vor allem in entlegeneren Vierteln und in ländlichen Gegenden – weiß der Reisende nicht mehr, ob er noch auf dem Platz steht oder schon im Hof eines Privathauses.

Folgende Doppelseite: Das Ghetto: Die jüdischen Bürger sind heute sicherlich die ältesten „echten" Römer. Nur einen Hektar groß war das Überschwemmungsgebiet am Tiber, in dem sie jahrhundertelang auf Befehl des Papstes zusammengedrängt leben mußten.

Über den Vicolo dei Venti und die Via Capo di Ferro, benannt nach dem Kardinal Capo di Ferro, gelangen wir zum Palazzo Spada. Bernadino Spada erwarb den Palast, weshalb er heute nach ihm benannt ist, und ließ von Borromini die berühmte Säulenperspektive in den Seitenhof bauen. Die Säulen sind so geschickt geschnitten und angeordnet, daß sie dem kurzen Bogengang die Wirkung von langen Arkaden und der kleinen Statue am Ende den Anschein eines lebensgroßen Bildes geben. Wenn der Portier an der Treppe der Rückseite des Palastes Lust und gute Laune hat, bekommt man auch den Schlüssel und kann das Meisterwerk von nahem betrachten.

10 Palazzo Spada. Der Palast entstand zwischen 1540 und 1550. Seine Fassade und die Innenräume zeigen herrliche Stuckdekorationen.

Wir folgen der Straße ein paar Meter weiter bis zu den spitzwinkligen Häusern zwischen dem Vicolo delle Grotte und Vicolo della Madonna, die einen der vielen barocken Bühneneffekte Roms zaubern, und haben das eigentliche Renaissance-Rom fast verlassen. Unser Rundgang ist aber noch nicht zu Ende. Noch wartet das Ghetto, eines der belebtesten und authentischsten Viertel der Stadt.

Über die Via Arco del Monte erreicht man die Piazza del Monte di Pietà, wo in den Sälen einer Bank fast jeden Tag Auktionen stattfinden. Durch die Via del Conservatorio geht es nach links in den Vicolo delle Zoccolette. An der Ecke zur Via degli Strengari beeindruckt ein schönes, turmartiges Treppenhaus, an dessen Fenstern man leicht eine schöne Fee vermuten würde. Wir überqueren die hektische, lärmende und stinkende Via Arenula, biegen in die Via S. Bartolomeo de' Vaccinari ein und dann links in die Via Beatrice Cenci. In ältesten Zeiten (221 v. Chr.) befand sich hier der Circus Flaminius. Im 16. Jahrhundert wurde der Palast der Cenci gebaut und jene Grabkapelle vollendet, die der alte Cenci, pervers, sadistisch, tyrannisch – und Schatzmeister von Papst Klemens VIII. – noch zu Lebzeiten seiner Kinder errichten ließ, deren Tod er geplant hatte. Diese jedoch kamen ihm zuvor und ermordeten ihn. 1599 wurden Beatrice und Giacomo Cenci an der Engelsbrücke hingerichtet, trotz der

11 Piazza del Monte di Pietà. Hier sind in den Sälen einer Bank die bekanntesten Auktionshallen Roms.

12 Via Beatrice Cenci. In dieser Straße befand sich einst der Circus Flaminius (221 v. Chr.), bis über dem verfallenen Circus im 16. Jahrhundert der Palast der Cenci erbaut wurde.

Proteste des römischen Volkes, das auf Notwehr plädiert hatte. Über eine kleine steile Gasse steigen wir auf den Berg Monte de' Cenci, wo „Piperno" einst *das* klassische jüdisch-römische Restaurant war, bis es, vom Tourismus eingeholt, viel von seinem Charme verlor.

Am Fuße des Hügels, auf der Piazza delle Cinque Scole, dem Platz der einstigen jüdischen Synagogen, fängt das eigentliche Ghetto an. Schon 139 v. Chr., als Simon Maccabaeus eine jüdische Delegation in die Hauptstadt des Imperiums sandte, um Allianz und Freundschaft zu suchen, siedelten Juden in der Stadt und gründeten die älteste jüdische Gemeinde Europas, die bis in unsere Tage Bestand hat. Julius Cäsar stellte sie unter seinen besonderen Schutz, und auch die christliche Kirche des Mittelalters übte Toleranz. Erst Anfang des 13. Jahrhunderts, mit Papst Honorius III., begann die Repression. Der Bau neuer Synagogen wurde verboten, bestehende wurden zerstört. Papst Gregor IX. ließ die heiligen Texte verbrennen, und Papst Johannes XXI. verlangte der Gemeinde besondere Zwangssteuern ab.

Erst Papst Paul IV. erließ 1555, in der Hitze der Gegenreformation, die Bulle „Cum Nimis Absurdum", mit der im Stadtteil S. Angelo die Einrichtung des Ghettos befohlen wurde. Ein Gebiet von einem Hektar Größe zwischen dem Tiber, der heutigen Via del Portico d'Ottavia und dem Theater des Marcellus, das von 2 000 Menschen bewohnt war, wurde mit einer Mauer umgeben, deren Bau die jüdische Gemeinde auch noch selbst bezahlen mußte.

Nicht immer hatten die Juden hier zusammengelebt. Anfänglich vor allem in Trastevere beheimatet und über andere Stadtteile verstreut, mußten sie unter dem Druck der Kirche zwangsweise in dem engen „rione", Bezirk, ein Domizil suchen. Die Lebensbedingungen wurden im Laufe der Jahrhunderte immer unhaltbarer, und Papst Leo XII. mußte das Ghetto im Jahre 1825 schließlich erweitern lassen. Nur zweimal wurde es kurzfristig aufgelöst. Das geschah jeweils beim Einmarsch der Franzosen in den Jahren 1798 und 1809. Papst Pius IX. ließ 1848 immerhin die Mauer schleifen, nur um das Viertel kaum ein Jahr später wieder hermetisch abzuriegeln. Erst mit dem Ende der päpstlichen Herrschaft wurde der Zwangsbezirk 1870 aufgelöst. Viele der Juden blieben trotzdem hier wohnen, sofern es die sozialen und hygienischen Bedingungen erlaubten, denn die sozialen Bande im Viertel waren in der Zeit der Isolierung zu stark geworden, daß man sie einfach hätte kappen können.

Der Einmarsch der deutschen Besatzer brachte 1943 noch einmal harte

Jahre für Roms Juden. 3 000 von ihnen fielen der Deportation und den willkürlichen Hinrichtungen zum Opfer, viele allerdings konnten durch die Solidarität nicht-jüdischer Römer gerettet werden.
Wir wandern die Via del Portico d'Ottavia entlang oder stärken uns mit einem koscheren Mahl im Restaurant „Uno", biegen kurz vor dem Theater des Marcellus nach links ab und gelangen über die Via di S. Angelo in Pescheria und die Via della Tribuna di Campitelli auf die kleine, aber schöne Piazza Campitelli mit ihrem hübschen Brunnen von Giacomo della Porta. Von hier aus biegen wir in die Via de' Funari ein und beenden unseren Spaziergang an der Piazza Mattei vor dem schönen Schildkrötenbrunnen, dessen Geschichte im „Brunnen"-Kapitel geschildert wird (s. Seite 182f.).

13 Portico d'Ottavia. Die Länge des Portikus betrug einst 135 Meter, die Breite 115 Meter. Er war mit griechischen und römischen Skulpturen geschmückt.

14 Piazza Mattei. Hier steht der berühmte Schildkrötenbrunnen, den der Legende nach ein Mattei über Nacht errichten ließ.

Renaissance im Tiberbogen

1. Piazza di S. Eustachio
2. Universität Sapienza, Cappella di S. Ivo
3. S. Andrea della Valle
4. Theater des Pompejus
5. Campo de' Fiori
6. Palazzo della Cancelleria
7. Chiesa Nuova, Oratorio dei Filippini
8. S. Giovanni dei Fiorentini
9. Palazzo Farnese
10. Palazzo Spada
11. Piazza del Monte di Pietà
12. Via Beatrice Cenci
13. Portico d'Ottavia
14. Piazza Mattei

Spaziergang IV: Im „Monti"-Viertel. Streifzüge durchs Mittelalter

Largo Magnanapoli. Am Abhang des Quirinals zum Forum gelegen und unterer Endpunkt der Via Nazionale, der typischen Geschäftsstraße aus der Jahrhundertwende, ist dieser Kreisel nur Durchgangsort und nicht zum Verweilen gedacht. Dennoch kann man hier eine der spannungsvollsten Szenerien der Stadt genießen, den Blick zum Quirinal, zu den Thermen des Diokletian oder hinunter zu den Kirchen um die Piazza Venezia und schließlich entlang der Via Panisperna und der Via del Grillo ins Herz des mittelalterlichen Viertels, in das dieser Spaziergang führen soll. Auf einem Balkon über dem Platz erstreckt sich die Villa der Familie Aldobrandini mit einem schönen, leider vernachlässigten und oft auch geschlossenen Park, zu dem man – manchmal – über die kleine Via Mazzarino direkt neben dem protzigen Gebäude der Nationalbank gelangt. Von hier oben ist das Panorama in Richtung der Piazza Venezia noch eindrucksvoller.

1 Largo (Piazza) Magnanapoli. Dies ist der Ausgangspunkt zum Spaziergang im „Monti"-Viertel mit spannendem Blick auf Quirinal, Diokletiansthermen und Piazza Venezia.

2 Villa Aldobrandini. Dahinter versteckt sich ein schöner, aber leider vernachlässigter Park.

Wir folgen der Via Quattro Novembre bergab, vorbei an den oberen Etagen der trajanischen Märkte, die gelegentlich als Ausstellungshallen dienen. Doch dazu später. In einer großen Biegung der Straße führt die steile Treppe von der Via Magnanapoli hinunter zum Forum des Trajan, gekrönt von der gleichnamigen Säule am Rande der Basilika Ulpia, die den Familiennamen des Imperators trägt und Anfang des 2. Jahrhunderts errichtet wurde. Das fast 200 Meter lange Relief der Säule erzählt spiralförmig von unten nach oben die Geschichte des Feldzugs gegen die Daker in dem Gebiet des heutigen Rumäniens. Auf seine Spitze, wo einst die lebensgroße Statue des Kaisers stand, wurde unter Papst Sixtus V. eine Petrus-Statue gesetzt. Jüngste Restaurierungsarbeiten brachten manche Überraschung zutage. Die wichtigste und oft diskutierte war das Aufdecken einer Schutzschicht aus Kalk und Kuhmilch, ein Wundermittel, das vielleicht schon die alten Römer erfanden, um ihre Monumente vor dem Verfall zu bewahren. Noch sind sich die Forscher nicht einig, und manche meinen, es könne sich bei der Schicht auch um natürliche Ablagerungen handeln, die über Jahrhunderte hinweg eine Kruste auf dem Marmor bildeten.

3 Trajansforum. Dies ist das letzte und prächtigste der Kaiserforen (107–143 n. Chr.) und noch sehr gut erhalten.

Wir biegen in die Via Alessandria ein, lassen die Zwillingskirchen S. Maria di Loreto und SS. Nome di Maria rechts liegen und kommen so wieder zu den trajanischen Märkten. 150 Läden zogen sich hier einst auf mehreren Etagen im Halbkreis um das letzte und größte der Kaiserforen. Ein ganzer Hügel, der Quirinal und Kapitol verband, mußte für seinen

4 Trajanische Märkte. 150 Läden zogen sich hier einst im Halbkreis um das Forum. Es wurden nicht nur Produkte verkauft, sondern auch kaiserliche Stiftungen ausgeteilt.

Bau abgetragen werden. Die Legende will, daß die Höhe der Trajanssäule die Höhe des einstigen Hügels wiedergibt. Diese trajanischen Hallen waren im übrigen keine ordinären Fleisch- oder Gemüsemärkte, wie die Foren Boarium oder Holitarium im Velabrum. Hier wurden vielmehr unter staatlicher Aufsicht Lebensmittel verteilt, das Brot zu den Spielen sozusagen, auf das im kaiserlichen Rom zeitweise fast 200 000 Menschen Anrecht hatten.

Hinter den trajanischen Märkten steht noch ein stolzer Befestigungsturm aus dem Mittelalter, genannt Torre delle Milizie. Daß Nero von hier aus dem Brand Roms zugeschaut und sich an der Zerstörung ergötzt haben soll, ist Legende. Immerhin wurde der Turm erst ein gutes Jahrtausend später erbaut und war damals auch nur einer der vielen, die die Hänge von „Monti", dem heute noch ursprünglichsten Viertel der Stadt, überzogen. Vom 11. und 12. Jahrhundert an, als der Kampf zwischen Kaiser und Papst in Rom ein Machtvakuum geschaffen hatte, war dieser Teil Roms mit den Festungen adliger Familien besetzt, die bald hier, bald dort ihre Bündnisse knüpften. Vor allem während des Exils der Päpste in Avignon, in der Zeit der Repubblica Romana des selbstproklamierten Volkstribuns Cola di Rienzo, tobten die Schlachten zwischen den verfeindeten Geschlechtern. Zu jener Zeit gab es rund 900 Türme, von denen die meisten den Kämpfen zum Opfer fielen. Papst Sixtus V. ließ später, nachdem die kirchliche Macht erneut gesichert war, fast alle Türme schleifen und löschte damit die Erinnerung an die turbulente Epoche aus. Die Höhen von „Monti" bezog er in seine urbanen Entwicklungspläne mit ein.

Einst war der gesamte Park, der sich zwischen der Via Alessandria und der Via dei Fori Imperiali erstreckt, mitsamt seinen Foren, Kirchen und antiken Resten von einem der schönsten mittelalterlichen Viertel Roms bedeckt. Mussolini oder, wie die Römer gelegentlich sagen, „Meister Spitzhacke", ließ von der völlig zerstörten Piazza Venezia aus eine breite Schneise in die Bebauung schlagen. Zweck dieser sinnlosen Übung war der Ausbau der einstigen „Via dell' Impero" und heutigen Via dei Fori Imperiali, die der Duce als Paradestraße für den Aufmarsch seiner kolonialen Truppen wollte, flankiert von den Resten des alten, des wirklichen Imperiums, die aus jahrtausendelangem Schlaf geweckt wurden und den Machthabern des Faschismus als Kulisse für ihre Träume dienen mußten. An den majestätischen Ruinen der Foren entlang gehen wir in Richtung Kolosseum, das die breite Straße wie eine Trutzburg versperrt. Eine große Brandmauer trennt das Forum des Augustus, das linker Hand die Reihe der kaiserlichen Prunkbauten abschließt, heute wie früher vom dahinterliegenden Armenviertel der Subura, in dem auch Cäsar wohnte, bevor er zum Pontifex maximus gewählt wurde. Hinter dem Forum, am Largo Corrado Ricci, dort, wo die Via Cavour und Via dei Fori Imperiali aufeinander treffen, biegen wir links ab auf einen kleinen Platz, der vor allem nachmittags Treffpunkt der Bürger des „Monti-Viertels" ist. Ihr Zentrum ist in einem der ältesten mittelalterlichen Türme, der Torre dei Conti, untergebracht.

Folgende Doppelseite: Die trajanischen Märkte: Auf mehreren Etagen hatten Hunderte von Händlern ihre Geschäfte. Hier wurde das Brot verteilt, die Spiele gab es nebenan im Kolosseum. Im Hintergrund die Torre delle Milizie.

In Richtung des Hotels „Forum" steigen wir eine kleine Treppe hinunter zur Via della Madonna dei Monti, biegen nach ein paar Metern in die Via del Garofano ein, in der uns die Atmosphäre des Viertels endgültig einfängt: alte Werkstätten, ein kleiner Markt am bergwärts gelegenen Ende der Straße, das urtümliche Chaos des volkstümlichen Roms, das anderorts dem gestreßten Großstadtchaos gewichen ist.

Das „Monti-Viertel" ist eines der ursprünglichsten der Stadt geblieben und, obwohl von den anderen „rioni" radikal verschieden, typisch für das, was diese alten Bezirke einmal bedeuteten. Schon der Name Monti, Berge, ist ein Programm, denn „monti" umfaßt Teile von drei der sieben Hügel: Esquilin, Viminal und Caelius. Die Tatsache, daß es in Rom mehr Berge und Abhänge gibt als Ebenen, hat die Entwicklung der Stadt zu allen Zeiten bestimmt. Städtebauliche Wiederholungen, leicht lesbare Straßenpläne, wie sie die großen, modernen Hauptstädte des 19. Jahrhunderts kennzeichneten, waren in dieser Landschaft nicht möglich. Die „rioni" blieben auch deshalb in ihrem Erscheinungsbild so unterschiedlich und erfüllten zusätzlich eine wichtige politische Funktion.

Die „caporioni", die Häuptlinge sozusagen, die eine Art Nachfolger der römischen Volkstribune wurden, waren im Mittelalter die gewählten politischen Repräsentanten der Bevölkerung und gleichzeitig Organisatoren der Volksaufstände gegen die Herrschaft der Adelsfamilien und der Kirche, während der Senat, die einstige Versammlung der Patrizier, immer ein Machtorgan des Adels und der Päpste blieb.

Dabei war die Einteilung der Stadt in „regioni" – deshalb die Abkürzung „rioni" – schon wesentlich älter. Servius Tullius, der Sage nach der sechste König von Rom, regierte 577–534 v. Chr. und schuf die vier Bezirke Suburana, Esquilina, Collina und Palatina. Der von ihm veranlaßte Bau der Servianischen Mauer folgte im wesentlichen dem „pomerium", der Stadtgrenze der noch älteren Vier-Regionen-Stadt des Etruskers Tar-

Gegenüberliegende Seite: S. Maria Maggiore auf dem Esquilin. Jugendliche und weniger jugendliche Römer, Touristen und Arbeitsemigranten genießen von der Rückfront der berühmten Pilgerkirche aus den Blick auf die lange barocke Straßenachse, die Papst Sixtus V. über die sieben Hügel legen ließ.

quinius Priscus aus dem 6. Jahrhundert v. Chr. Unter Augustus kannte man dann 14 „rioni", die mit den heutigen allerdings nicht flächengleich waren. Die diversen späteren Machthaber Roms führten meist auch eine neue administrative Aufteilung der Stadt ein. Unter den Päpsten gab es sieben kirchliche Distrikte, während der kurzen Herrschaft der Franzosen dann zwölf „rioni", und „Roma capitale" erkannte schließlich wieder 14 Bezirke an: Monti, Trevi, Colonna, Campo Marzio, Ponte, Parione, Regola, S. Eustachio, Pigna, Campitelli, S. Angelo, Ripa sowie Trastevere und Borgo jenseits des Tibers.

Doch genug der Geschichte! In der Via Baccina erwartet uns das „Tusitala", ein Jazzclub, einer von vielen, die das zweite Gesicht Montis ausmachen: ein Viertel der Musik, der Clubs, der Restaurants, der jugendlichen Unbekümmertheit. Trotz der noch neuen Konkurrenz des Testaccio-Viertels (s. auch S. 205 ff.) hat Monti sein quirliges Leben und seine kulturellen Aktivitäten bewahrt, verbunden mit der Stimmung seiner mittelalterlichen Gassen, die dem „newcomer" am Südrand der Stadt fehlen. Eine fast ländliche Stimmung vermittelt auch die Via del Grifone, eine kleine Sackgasse, die von der Via Baccina linker Hand abzweigt und deren lange Balkone an der Häuserfront an Bilder von Piemonteser Alpendörfer erinnern.

5 Piazza della Madonna dei Monti. Der Platz wird beherrscht von dem schönen Renaissancebrunnen Giacomo della Portas und ist Treffpunkt der Bürger des „Monti"-Viertels.

Die Piazza della Madonna dei Monti am Ende der Via Baccina, mit dem schönen Renaissance-Brunnen von Giacomo della Porta, ist so etwas wie das soziale Zentrum dieses Viertels, hier treffen sich die Bürger zum Informationsaustausch. Zu allen Zeiten, vor allem im antiken Rom, waren die Plätze der Stadt den Versammlungen des Volkes gewidmet, den religiösen und weltlichen Festen, dem Handel und dem Willkommen heimkehrender Soldaten, illustrer Gäste oder, manchmal jedenfalls, den Revolten, Tumulten und Hinrichtungen, schreibt Cesare Sebastianini in seinem Buch über die „Piazze Romane" und schildert damit präzise die Stimmung, die auf der Piazza della Madonna dei Monti noch sinnlich erfahrbar ist.

Eine ungewöhnliche kyrillische Inschrift zeigt an, daß hier die Gemeinde der Ukrainer beheimatet ist, und zwar die „Parocchia degli Ucraini Cattolici della Madonna al Pascolo e dei SS. Sergio e Bacco". Wobei die Verbindung der Madonna auf der Viehweide mit dem Namen des alten Bacchus wohl eher Neugierde weckt als die ukrainischen Katholiken.

Von hier aus ziehen die „Hauptgeschäftsstraßen" Richtung Via Nazionale die Hänge des Quirinals und des Viminals hinauf. Wir folgen der Via

ANCTAE·VIRGINI
DEI·GENITRICI
MARIAE
PAVLVS·PAPA·V
HVMILIS·SERVVS
SACELLVM
OBTVLIT
AN·SAL·MDCXI
PONTIFICATVS
SEXTO

Vorhergehende Doppelseite: Das Cäsarforum und die Kirchen S. Maria in Loreto (links) und Santissimo Nome di Maria (rechts).

dei Serpenti und gelangen in den kommerzielleren Teil des „rione" mit seinen Bars, Restaurants oder auch einfachen, volkstümlichen Kneipen. Wie zum Beispiel die „Tre Scalini" in der Via Panisperna, in der man noch schlicht, aber anständig ißt und wo der Wirt-Koch-Kellner noch wirklicher römischer „oste", Gastgeber, ist. Läden und Werkstätten begleiten uns auch auf dem Weg über die Via Panisperna und die Via del Boschetto wieder hinunter zur Madonna dei Monti. In der Hausnummer 7 der Via del Boschetto befindet sich übrigens die älteste alternative Musikschule Roms und eines der größten und ältesten Musiklokale.
Nach links geht es jetzt in die Via degli Zingari, die Straße der Zigeuner, und, nach ein paar Metern, wieder links zur Treppe der Via di Sambuco, den Hügel hinauf zum Fuße des Viminals, wo wir wieder von dieser fast echten „Dorfatmosphäre" eingefangen werden. Am Ende der Via di Sambuco erinnert die Via Clementina, die 1734 von Papst Klemens XII. eröffnet wurde, an die Zeiten des ausklingenden barocken städtebaulichen Eifers. Eine Tafel tut kund: „Quod viam hanc inter thermas olimpiadis in clivo viminali pubblicae commoditati peruerit" ...! – Weil er diesen Weg zwischen den Thermen Olympias auf dem Viminal zur öffentlichen Erholung errichtet hat ...

6 Piazza degli Zingari. Hier befindet sich der Ausgangspunkt zur „Besteigung" des Viminals.

Wir gehen jetzt wieder bergab zur Piazza degli Zingari mit ihren zwei Ebenen und biegen nach links in die Via dei Capocci ein. Eine kleine Gasse bietet hier, wenige Meter weiter, den Ausblick auf die Kirche S. Laurentio et Ippolyto Martiribus, und nach links steigt eine breite Treppe zur Via de' Ciancaleoni hinauf, über die wir zur Via Panisperna gelangen. Ein wunderschönes Panorama, mit der engen Straße, die sich am Hang des Viminals hinunter und wieder hoch zum Esquilin durch Häuserschluchten windet, um sich dann vor S. Maria Maggiore in majestätischer Perspektive zu öffnen, lohnt die Mühe des Anstiegs. Ein paar Schritte weiter bergab kann man linker Hand einen der merkwürdigsten Balkone Roms bewundern, der als fast geschlossenes Rund um den spitzen Winkel eines Mietshauses herum konstruiert ist und ein wenig an den Ausguck auf dem Hauptmast eines alten Großseglers erinnert.

7 Santa Pudenziana. Man bezeichnet sie als die älteste Kirche Roms, und eine Legende erzählt, daß Petrus dort gewohnt haben soll.

In der Via Urbana, der wir nach links folgen, vorbei an einer Zeitungsdruckerei, die sich in einem ausgedienten Hotel eingenistet hat, gelangen wir zur Kirche S. Pudenziana. Man kann hier die Promenade durchs mittelalterliche Rom abschließen, aber auch weiter über die Via Cavour, den Hauptbahnhof und die Via Marghera, dann rechts zum Viale Pretoriano und, an der Aurelianischen Mauer entlang, bis zum Piazzale Sisto V.

wandern. Hier sind wir mitten in S. Lorenzo, einem alten Arbeiterviertel, das in den letzten Jahren seine Berufung zu „Besserem" entdeckt hat und von jüngeren, reicheren Angestellten und Intellektuellen erobert wurde.

Was auf den Plätzen des Zentrums nur Inszenierung und Dekor barocker Darstellungswut war, verkehrt sich hier in die Zur-Schau-Stellung des Privaten. „Die familiäre Wahrheit wird öffentlich ausgestellt. Tag und Nacht bekennen sie an den Fenstern, besser als in jedem Beichtstuhl, die Zahl der Socken, die Maße der Wäsche, die Mißhandlungen von Tischdecken und Laken", beschrieb eine französische Revue noch vor kurzem die Szene. Auch hier wird ständig innen und außen verkehrt: der Platz wird zur Stube, der Hof zum öffentlichen Ort.

Die Via degli Equi im Herzen S. Lorenzos ist der geeignete Ort für ein kurzes oder auch ausgiebiges Mittagessen, und anschließend lohnt es sich, die Promenade mit einem Besuch des Friedhofs „Campo Verano" und der Kirche von S. Lorenzo fuori le Mura ausklingen zu lassen. Einst aus Gründen der öffentlichen Hygiene von den Franzosen gegen den Willen der Römer errichtet, die weiterhin in den Kapellen „ihrer" Kirchen beigesetzt werden wollten, beherbergt der Friedhof eine Reihe von Gräbern illustrer Zeitgenossen: von den Generälen Garibaldis über die Volkspoeten Trilussa und Belli bis hin zu jenem merkwürdigen Grab eines Grafen Enrico Frankenstein, geboren in Warschau am 10. Juli 1868 und verstorben in Rom am 11. Juni 1934, der, wie es heißt, ein gebildeter und friedliebender Gentleman war.

8 S. Lorenzo fuori le Mura. Nach ihrer Zerstörung 1943 wurde die Basilika originalgetreu wieder aufgebaut. In unmittelbarer Nähe liegt der Friedhof „Campo Verano".

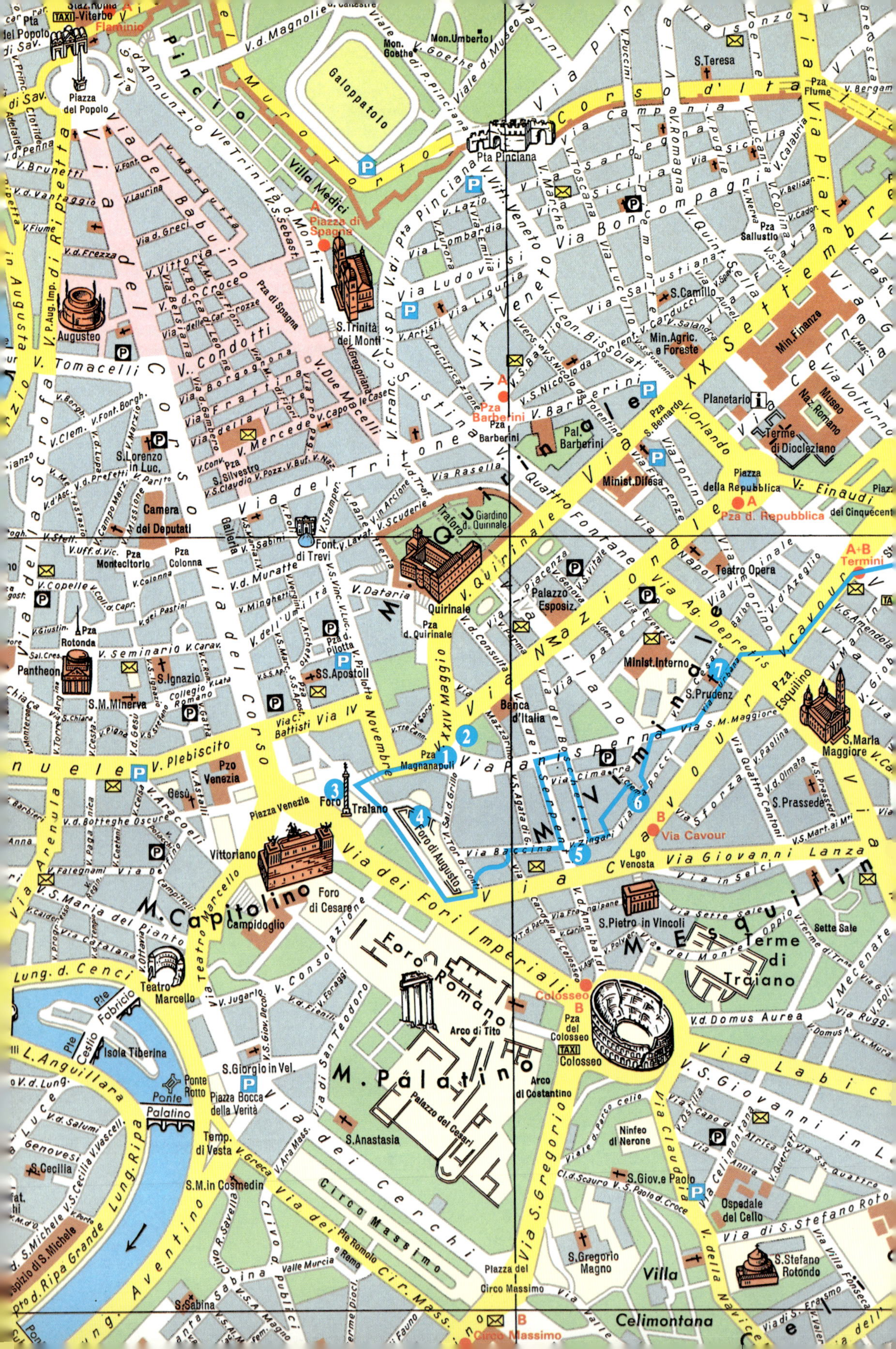

Piazza del Popolo
Flaminio
Pincio
Galoppatoio
Villa Medici
Pta Pinciana
Piazza di Spagna
S.Trinità dei Monti
Augusteo
Via del Corso
Via del Babuino
Via di Ripetta
V. Condotti
Via Sistina
Via Veneto
Pza Barberini
Pal. Barberini
Via Boncompagni
Via XX Settembre
Min.Finanze
Planetario
Museo Naz. Romano
Terme di Diocleziano
Piazza della Repubblica
Pza d. Repubblica
Via Nazionale
Via del Tritone
Quirinale
Pza d. Quirinale
Font. di Trevi
Pza Colonna
Camera dei Deputati
Pantheon
S.M.Minerva
S.Ignazio
Teatro Opera
Minist.Interno
Termini
S.Maria Maggiore
Via Cavour
Banca d'Italia
Pza Magnanapoli
Foro Traiano
Foro di Augusto
Piazza Venezia
Pzo Venezia
Vittoriano
Foro di Cesare
Campidoglio
M.Capitolino
Via dei Fori Imperiali
Foro Romano
Arco di Tito
Colosseo
Pza del Colosseo
S.Pietro in Vincoli
Terme di Traiano
Via Labicana
Teatro Marcello
Isola Tiberina
Ponte Rotto
Ponte Palatino
M.Palatino
Palazzo dei Cesari
Arco di Costantino
S.Anastasia
Circo Massimo
Piazza del Circo Massimo
S.Gregorio Magno
S.Giov.e Paolo
Ospedale del Celio
S.Stefano Rotondo
Villa Celimontana
S.M.in Cosmedin
Piazza Bocca della Verità
Temp. di Vesta
S.Sabina
Lung. Aventino
S.Cecilia
Via Giovanni Lanza
Via Merulana
Via Gregorio VII
1
2
3
4
5
6
7

Im „Monti"-Viertel.
Streifzüge durchs Mittelalter
1 Largo (Piazza) Magnanapoli
2 Villa Aldobrandini
3 Trajansforum
4 Trajanische Märkte und Kaiserforen
5 Piazza della Madonna dei Monti
6 Piazza degli Zingari
7 S. Pudenziana
8 S. Lorenzo fuori le Mura
Piazza Bologna
Via G.B. Morgagni
Via Bari
Via Catania
Viale delle Provincie
Castro Pretorio
Biblioteca Nazionale
Policlinico
Viale Regina Margherita
Viale dell' Università
Città Universitaria
Minist. Aeronautica
Basilica S. Lorenzo Fuori le Mura
Cimitero
Campo Verano
Via Tiburtina
Viale Castro Pretorio
Viale Pretoriano
Via dei Ramni
Via Cesare de Lollis
Via dei Volsci
Via degli Equi
Via dei Sabelli
Via dei Sardi
Ple delle Scienze
Ple Sisto V
Pta S. Lorenzo
Ple Tiburtino
Viale Scalo S. Lorenzo
Scalo Merci
Deposito Locomotive
Via di Pta Labicana
Via Marsala
Via Giolitti
Piazza Vittorio Emanuele
Regia Zecca
Tempio di Minerva
Via di Pta Maggiore
Pta Maggiore
Ple Pta Maggiore
Viale Manzoni
Via Emanuele Filiberto
Via Principe Eugenio
Via Conte Verde
Villa Wolkonsky
Via Statilia
Via di Santa Croce in Gerusalemme
S. Croce in Gerusalemme
Via Prenestina
Ple Prenestino
Via Casilina
Viale Castrense
Via La Spezia
Piazza Lodi
Scala Santa
S. Giovanni Laterano
Pza S. Giov. in Laterano
Pta S. Giovanni
Pza di Porta S. Giovanni
Ple Appio
Lgo Brindisi
Via Taranto
Pza Villa Fiorelli
Via Gallarate
Via l'Aquila
Cassa Postali
S. Antonio di Padova
Minist. Trasporti

Ja, ich bin endlich in dieser Hauptstadt der Welt angelangt!", schrieb Johann Wolfgang von Goethe enthusiastisch in sein Tagebuch, als er in den letzten Oktobertagen des Jahres 1786 seinen ältesten Traum verwirklicht hatte. „Wenn ich sie (die Stadt Rom) in guter Begleitung, angeführt von einem recht verständigen Manne, vor fünfzehn Jahren gesehen hätte, wollte ich mich glücklich preisen. Sollte ich sie aber allein, mit eigenen Augen sehen und besuchen, so ist es gut, daß mir diese Freude so spät zuteil ward." Die weise Selbsteinschätzung hatte am Drang nach Rom, nach Italien, der Sucht geradezu, die ihn schon lange quälte, nicht viel gemildert: „Jetzt darf ich es gestehen: zuletzt durft' ich kein lateinisches Buch mehr ansehen, keine Zeichnung einer italienischen Gegend. Die Begierde, dieses Land zu sehen, war überreif ..."

Rom, schon Hauptstadt der antiken Welt und noch die des Christentums, war nicht erst für Goethe ein magischer Ort. Lange Zeit war sie Magnet für Reisende aus allen Teilen des Imperiums gewesen, die der Reichtum, das Blendwerk der Tempel und Paläste anzog. Nicht alle kamen freiwillig, und manch einer machte den weiten Weg in Ketten, um am Ende als Sklave verkauft oder, auf dem Siegesaltar eines strahlenden römischen Triumphators, von den Bestien des Zirkusses oder den Schergen des Karzers zerrissen zu werden.

Tausende, Zehntausende pilgerten in späteren Jahrhunderten in die heilige Stadt, welche die Päpste der Renaissance und des Barock in ein Mekka verwandelt hatten und die schon damals ganz nach den Bedürfnissen des Stroms von Reisenden und ihrem genormten Besuchsprogramm zu den sieben Hauptkirchen modelliert wurde. Papst Sixtus V. und seine Anhänger ließen Straßen schlagen, Plätze öffnen, Hotels und Gaststätten bauen, die den Heerscharen von Pilgern gerecht werden sollten, denn die mittelalterliche Stadtstruktur wurde dem Ansturm nicht mehr Herr.

Das 17. und 18. Jahrhundert sah schließlich die Elite europäischer Dichtung und Malerei zu Gast in „La Roma dei forestieri", der Stadt der fremden Gäste, deren intellektueller und mondäner Mittelpunkt das Viertel der Herbergen um die Piazza di Spagna geworden war. Rubens, Balzac, Goethe und Keats, Byron, Liszt, Winckelmann, Andersen und Wagner, Stendhal und Gregorovius, Tischbein und Schopenhauer, Lamartine, Gogol und Poussin waren die Namen der illustren Wandervögel, von denen mancher, so Goethe, im selbstgewählten und von keinem so richtig ernst genommenen Anonymat durch die Gassen und über die

Ruinenfelder der „Hauptstadt der Welt" streifte. Unter ihnen war fast ständig eine große Anzahl Deutscher, für die der Besuch der Ewigen Stadt besonderes Gewicht hatte. „... seit den Goten Theoderichs, welche zuerst Rom beherrscht und mit Ehrfurcht aufrecht gehalten haben, seit den Franken Pippins und Karls, welche diese Stadt aus der Gewalt der Langobarden und Byzantiner befreiten und wieder aufrichteten, hat Deutschland in langen Jahrhunderten durch das germanisch-römische Reich ein außerordentliches Verhältnis zu Rom gehabt. Rom ist ein unverlöschlicher Ruhmestitel für die deutsche Nation, die mittelalterliche Geschichte der Stadt ein unzertrennlicher Bestandteil der Geschichte Deutschlands selbst geworden", schrieb Ferdinand Gregorovius, Historiker des mittelalterlichen Roms, gar nicht bescheiden gegen Mitte des 19. Jahrhunderts.

Ferdinand Gregorovius (1821–1891) deutscher Geschichtsschreiber

Die „Weltstadt", die lange auch ideelle Hauptstadt des Heiligen Römischen Reiches Deutscher Nation gewesen war, Verkörperung der Allianz zwischen den deutschen Kaisern und den Herrschern des Christentums, galt Dichtern und Denkern der beginnenden bürgerlichen Zeit als Symbol für die eigene Suche nach nationaler Identität. Was den Franzosen das imperiale Rom, dessen Reste sie mit fast schon teutonischer Gründlichkeit aus dem Untergrund buddelten, um die entstehende bürgerliche Gesellschaft mit dessen Bildern zu schmücken, das war den romantischen Deutschen die Kontinuität der Hauptstadt der Welt: die Stadt als offenes Geschichtsbuch. Rom galt als Symbol des Weltzusammenhangs und der Vergänglichkeit zugleich, oder, wie Wilhelm von Humboldt sagte: „... (als) der Ort, in dem sich für unsere Ansicht das ganze Altertum in eins zusammenzieht, und was wir also bei den alten Dichtern, bei den alten Staatsverfassungen empfinden, glauben wir in Rom mehr noch als zu empfinden, selbst anzuschauen. Wie Homer sich nicht mit anderen Dichtern, so läßt Rom sich mit keiner andern Stadt, römische Gegend mit keiner andern vergleichen."

„Dieses Land", schreibt Eberhard Haufe in der Einleitung einer Sammlung deutscher Briefe aus Italien, „ist nicht irgendeines unter unseren Nachbarländern. Es ist das Land, über dem für uns seit Jahrhunderten eine andere Sonne, eine andere Klarheit des Himmels leuchtet. Vor allem aber ist es das Land, darin sich, wie in keinem zweiten der Welt, Antike und Christentum zu jenen mächtigen Gestaltungen der Geschichte und der Kunst zusammenschlossen, ohne die unsere bisherige Kultur nicht denkbar wäre."

Als Winckelmann im Jahre 1755 nach Rom kam, begann eine der intensivsten Perioden dessen, was Haufe einmal das „schöpferische Italienerlebnis" genannt hat. Die alte Verbindung Deutschlands mit Rom, die durch die Reformation zerrissen worden war, wurde zumindest in der Phantasie der Schriftsteller und Künstler der Zeit wiederhergestellt. Winckelmann selbst beeinflußte mit seinen Ideen über die antike Kunst die Entstehung des Klassizismus. Der Maler Tischbein und sein Freund Goethe fanden Inspiration und Muße, Gregorovius das Feld für seine Studien, die ein Stück beispielhafter Geschichtsschreibung wurden und noch heute ein Standardwerk sind.

Johann Wolfgang von Goethe (1749–1832) deutscher Dichter

Rom galt vielen, wie Conrad Ferdinand Meyer, ein anderer Italienreisender es ausdrückte, als Inkarnation der Weltgeschichte. Schon Goethe meinte: „Ich will Rom sehen, das bestehende, nicht das mit jedem Jahrzehnt vorübergehende. Hätte ich Zeit, ich wollte sie besser anwenden. Besonders liest sich Geschichte von hier aus ganz anders als an jedem Ort der Welt. Anderwärts liest man von außen hinein, hier glaubt man von innen heraus zu lesen: es lagert sich alles um uns her, und geht wieder aus von uns. Und das gilt nicht allein von der Römischen Geschichte, sondern von der ganzen Weltgeschichte. Kann ich doch von hier aus die Eroberer bis an die Weser und bis an den Euphrat begleiten, oder wenn ich ein Maulaffe seyn will, die zurückkehrenden Triumphatoren in der heiligen Straße erwarten ..."

Goethe weiter: „Wenn man so eine Existenz ansieht, die zweitausend Jahre und darüber alt ist, durch den Wechsel der Zeiten so mannigfaltig und vom Grund aus verändert und doch noch derselbe Boden ... ja oft dieselbe Säule und Mauer, und im Volke noch die Spuren des alten Charakters, so wird man ein Mitgenosse der großen Ratschlüsse des Schicksals, und so wird es dem Betrachter von Anfang schwer, zu entwickeln, wie Rom auf Rom folgt, ... und dieses Ungeheure wirkt ganz ruhig auf uns ein, wenn wir in Rom hin und her eilen, um zu den höchsten Gegenständen zu gelangen. Anderer Orten muß man das Bedeutende aufsuchen, hier werden wir davon überdrängt und überfüllt", ein Urteil, das er an anderer Stelle selbst anzuzweifeln scheint: „Gestehen wir jedoch, es ist ein saures und trauriges Geschäft, das alte Rom aus dem neuen herauszuklauben, aber man muß es denn doch tun und zuletzt eine unschätzbare Befriedigung hoffen." „Der Genuß Roms", pflichtet ihm später Jacob Burckhardt bei, „ist ein beständiges Erraten und Kombinieren! Die Trümmer der Zeiten liegen in gar rätselhaften Schichten übereinander."

Daß unter den Reisenden der verschiedenen Nationen nicht jeder jedem wohlgesinnt war, daß Rom auf diverse Art gewertet und angeeignet wurde, deutet Wilhelm von Humboldt in seinen Briefen an: „Sie glauben nicht, welchen Ärger ich manchmal in mich fressen muß bei gewissen Fremden, denen keine Villa hier recht ist, ... die sich immer wundern, warum die Römer keine englischen Gärten anlegen, und nicht sehen, daß das gerade noch eine der größten Exemptionen ihres gesunden Menschenverstandes ist, höchstens noch der Partie am See in der Villa Borghese Gerechtigkeit widerfahren lassen, weil da sogar künstliche Ruinen sind ..."

Nicht viel von romantischer Anbetung oder bildungsbeflissener Vergangenheitssuche ist in den Kommentaren von Henri Stendhal zu lesen: „Ich betrete Rom durch die berühmte Porta del Popolo; untergebracht bin ich am Korso im Palazzo Ruspoli. Wie hat man uns doch hinters Licht geführt! Die Einfahrt fast jeder großen Stadt, die ich kenne, macht mehr her als das hier; das rangiert himmelweit hinter Berlin. Von der Einfahrt in Paris durch den Arc de Triomphe gar nicht zu reden. Die Pedanten, die im modernen Rom Gelegenheit fanden, ihre Lateinkenntnisse zur Schau zu stellen, haben uns weisgemacht, Rom sei schön." Auch er schwärmt von der Schönheit eines Kolosseums, von der bedeutungsvollen Gegenwart der Geschichte in der Ewigen Stadt, versprüht aber Gift, wenn es um die Beschreibung der wirklichen, zeitgenössischen Stadt geht: „Ich vertreibe mir die Zeit, indem ich die Polizeivorschriften lese. Die Regierung kennt ihr Volk: daher diese entsetzlichen Bestimmungen. Hundert Stockschläge – sofort zu vollziehende Strafe, und zwar auf dem ständig bereiten, beleuchteten und bewachten Schafott der Piazza Navona – für denjenigen, der den Platz eines anderen Zuschauers einnimmt, fünf Jahre Galeere für den, der dem Platzanweiser des Theaters widerspricht. Das Urteil wird gefällt ex inquisitione, nach den milden Regeln der Inquisition."

Denis Diderot und Jean le Rond d'Alembert korrigierten schon 1745 in ihrer Enzyklopädie allzu romantische Vorstellungen von Rom: „Es ergibt sich aus Berechnungen, daß Rom sechsmal weniger bevölkert ist als Paris und siebenmal weniger als London. Es hat halb so viele Einwohner wie Amsterdam, von dem es – was den Reichtum betrifft – noch weiter entfernt liegt. Es hat keine Marine, keine Manufakturen, keinen Handel. Die vielbesungenen Paläste sind nicht alle gleich schön, weil sie schlecht gehalten sind. Der größte Teil der Privathäuser ist elend."

Der Streit zwischen Deutschen und Franzosen entzündete sich aber vor allem an der rücksichtslosen Ausgrabungspolitik, mit der seit der Besetzung durch Napoleon im Jahre 1798 begonnen worden war. Deutsche, aber auch Römer, beklagten die Zerstörung liebgewonnener Bilder durch die, wie der deutsche Dichter Wilhelm Müller 1818 schrieb, „abgeschmackten Antikler", die den schönen Rasen aufgeworfen und runde, tiefe Löcher um die abgeschälten Ruinen gezogen hatten. „Wer möchte jetzt noch auf dem Forum zeichnen?", fragten die zumeist deutschen Künstler. „Fürwahr, es hätte nicht lange mehr mit den Franzosen in Rom dauern dürfen, so hätten sie gar die Kirchen niedergerissen, die auf antiken Fundamenten stehen." Und Humboldt: „Wir haben immer einen Ärger, wenn man eine halb versunkene (Ruine) ausgräbt; es kann höchstens ein Gewinn für die Gelehrsamkeit auf Kosten der Phantasie sein", eine Klage, die Emile Zola, einer der wenigen französischen Kritiker seiner eigenen Landsleute, aufgreift: „Das war die Verwüstung, die aussätzige Trübseligkeit des Ausgrabungsgeländes, an dem sich nur die Gelehrten begeistern."

Auch die Deutschen mußten sich einiges vorwerfen lassen. Nicht nur, daß Winckelmann schon regen Handel mit Antiquitäten nach England betrieb. Sie waren auch Kunstverächter. Ihre Mißachtung des Barock war – immer im Geiste antiker Ideale – total. „Rom sollte gar nicht diesen Namen tragen", meinte einmal der Historiker und Staatsmann Barthold Georg Niebuhr, „sondern höchstens Neu-Rom (wie Neu-York) heißen ... Die abscheuliche Bauwut des 16. und 17. Jahrhunderts hat eine Menge Kirchen und Gebäude hervorgebracht, die man ohne Vorurteil, geradehin elend und geschmacklos nennen muß ..."

Jacob Burckhardt (1818–1897) schweizerischer Kultur- und Kunsthistoriker

Erst mit Jacob Burckhardt begann am Ende des 19. Jahrhunderts eine vorsichtige Öffnung und Wertschätzung der Barockkunst. Die aber kam fast schon zu spät. Die klassische Reise, das gleichzeitige Erleben von Antike, Renaissance und Barock als Teil einer einzigen Weltgeschichte, war bereits nicht mehr möglich. Die Bauwut des vereinten Italiens, dessen Piemonteser Regenten eine „Roma capitale" auf den Trümmern der Weltstadt erträumten, die Bevölkerungsflut, die sich in den folgenden Jahrzehnten über die Stadt ergoß, machten das Romerlebnis zu einer ganz neuen, nüchternen Angelegenheit. „... als schließlich ... die Ewige Stadt in der Ferne auftauchte, sah sie genau so aus – ich fürchte mich fast, das Wort niederzuschreiben – wie London! Da lag sie unter einer dicken Wolkendecke, mit unzähligen in den Himmel ragenden Türmen,

Spitzen und Dächern, und hoch über allem der Petersdom", schrieb Charles Dickens, und Mark Twain ergänzte trocken: „Die Peterskirche wirkte nicht annähernd so groß wie das Kapitol in Washington und von außen sicher nicht den zwanzigsten Teil so schön."

Wer heute in Roms Geschichte lesen will, muß die Nase in Reiseführer stecken. Das unvermittelte Heute hat Phantasie und Bilderlandschaften überrollt. „Im Hintergrund einer breiten, mehrspurigen Asphaltstraße stand der Schutthaufen des Kolosseums, lehmig-gelb angeleuchtet und mit den schwarzen Rundbögen, die an Stelleneingänge denken ließen. – Neben mir, zur einen Seite der Via dei Fori Imperiali, eine tiefergelegene Schrotthalde und eingezäunt. – Altes Zeitungspapier über 3 Tausend Jahre geweht, Säulen-Reste, Rundbogen-Stümpfe, Stein-Klötze wüst durcheinander ... 3 Säulen standen sinnlos hoch", schildert der Schriftsteller Rolf Dieter Brinkmann seine Eindrücke aus unserer Zeit.

Wer die Stadt dennoch schätzt, hat meist anderes im Sinn. Nicht mehr das alte, antike Rom, nicht mehr die Foren, die Säulen, den Marmor, sondern „das Rom wie es lebt, wie es ist und mir sich zeigt", wie Wolfgang Koeppen schreibt. „Ich liebe die Straßen, die Winkel, die Treppen, die stillen Höfe mit Urnen, Efeu und Laren und die lauten Plätze mit den tollkühnen Lambrettafahrern, ich liebe das Volk am Abend vor den Haustüren, seine Scherze, seine ausdrucksvollen Gesten, seine Begabung für die Komödie, sein Gespräch, das ich nicht verstehe ..."

Unvermittelt stehen heute wie einst die Rom-Bilder gegeneinander. Da ist die Hure des neuen Testaments, die schon der Humanist Ulrich von Hutten vorfand: „Ich hab' gesehen von Rom die halbverfallenen Mauern, hier wo mit Heil'gem zugleich Gott wird selbst verkauft ... so viele Schreiber, Menschen zuhauf, die niemandem nützen, ... viele, die Unzucht an sich und anderen treiben, orgiastischen Kults Freunde, doch bieder zum Schein; ... Luxus ist allüberall, alles voll schamloser Gier: ... Wünsche nicht mehr, o Crotus*, das heilige Rom zu besuchen. Römisches triffst du hier nicht, hier wo Rom einmal war!" Und da ist Rom als das Eine aus Vergangenem und Gegenwart.

* Eigentlich Johann Jäger (1480–1539), deutscher Humanist.

Montaigne und später Montesquieu gehörten zu den ersten, die feststellten, daß sich die Physiognomie Roms und seiner Hügel seit der Antike radikal verändert hatte. „Wie viel der Boden Roms sich gehoben hat", schreibt Montesquieu, „kann man am Kolosseum, am Triumphbogen des Septimius Severus, am Tullianischen Karzer, der sich unter einer Kirche befindet, und an der Trajanssäule ermessen, die 20 Fuß tief eingegraben scheint."

Die Ewige Stadt hat jahrhundertelang Schicht um Schicht ihrer Bauwerke übereinandergelegt. Sechs oder sieben Lagen heidnischen und frühchristlichen Ursprungs ruhen unter den Gebäuden aus Renaissance und Barock, die das heutige Straßenbild bestimmen. Mehr als tausend Kilometer Tunnel und Gänge in Roms Untergrund sind noch immer weitgehend unerforscht. Symbolisch scheint diese versteckte Welt in jener Szene aus Fellinis Film „Roma" auf, als bei U-Bahn-Arbeiten ein unterirdischer Raum mit Freskenschmuck zum Vorschein kommt.

Schon die ersten Siedlungen wurden mit Materialien erbaut, die vor Ort gewonnen waren. Tuff- und Vulkangestein, Lehm, Sand und Travertin fanden sich in ausreichenden Mengen im Umkreis von nicht einmal 20 Kilometern. Roms Untergrund wurde deshalb im Rhythmus der Bautätigkeit an der Oberfläche von Steinbrüchen und Höhlen regelrecht ausgefressen. Palatin, Kapitol, Aventin und Quirinal, die Gegend um die Via XX. Settembre und um den Hauptbahnhof waren die beliebtesten Förderstätten für Tuffstein und Pozzuolanerde. Zwei, drei Meter hohe und bis zu fünf Meter breite Schächte, gestützt von riesigen Pfeilern, ziehen sich hier Hunderte von Metern weit sowie zehn und mehr Meter tief unter der Erdoberfläche durch den Stein.

Zu den Felshöhlen und Steinbrüchen kamen schon bald nach der Gründung der Urbs die Abwasserkanäle hinzu. Die „Cloaca Maxima", die ursprünglich Regen- und Überschwemmungswasser vom Forum und vom Viertel Subura ableiten sollte, war über drei Meter breit und vier Meter hoch und ist heute noch in Betrieb. Im Laufe der letzten Jahrhunderte wurden 1 300 Kilometer Abwasserrohre gelegt, 250 Kilometer große Sammelkanäle und 3 500 Kilometer kleinere Leitungen, die von und zu den einzelnen Häusern und Palästen führten.

Das unterirdische Rom ist aber nicht nur grau, düster, unheimlich und schmutzig, und es besteht nicht nur aus Höhlen und Kanälen. Es wird gebildet aus einer Vielzahl von Sälen, Gängen und ganzen Gebäuden, die im Laufe der Zeit von den Baumaßnahmen der späteren Generationen verschüttet, überlagert oder versteckt wurden. Einer der lebendigsten und farbigsten Orte ist das alte Triclinium unter der Kirche SS. Giovanni e Paolo auf dem Caelius, an dem der Spaziergang über die Sieben Hügel vorbeiführte (siehe S. 26). Festliche Gemälde mit allerlei amphibischen Kreaturen und einer Reihe fröhlicher „Akte" schmücken diese Halle, die auf Anfrage besichtigt werden kann.

Eine regelrechte unterirdische Stadt befindet sich unter der Kirche S. Giovanni in Laterano. Die Reste von Häusern, einer Kaserne und von Kultgebäuden werden von geometrischen, dekorativen Fresken geschmückt, die einen Eindruck von Frische und Eleganz vermitteln.

Weniger „allegro" ist die Stimmung im Karzer Mamertino unter der Kirche S. Giuseppe dei Falegnami am Forum, dort, wo der Hügel des Kapitols beginnt und die Treppe von oben direkt auf den Bogen des Septimius Severus zuzulaufen scheint. Die Fundamente dieser Kirche verbergen einen Reichtum heidnischer Geschichtszeugnisse, wie sie kaum ein anderes Gebäude Roms aufweisen kann. Ein paar Stufen unter dem Hauptschiff befindet sich eine Kreuzkapelle und unter dieser der runde Saal des Mamertinischen Kerkers aus dem 4. Jahrhundert v. Chr., des Gefängnisses für politische Gegner, gedemütigte Herrscher besiegter Länder und christliche Märtyrer. Noch eine Stufe tiefer, im Karzer Tullianum, der als ältester Teil des Komplexes auf das 6. oder 7. Jahrhundert v. Chr. zurückgeht, wurden die illustren – und unfreiwilligen – Gäste der siegreichen römischen Imperatoren zu Tode gequält: Pontius, der König der Samniten, Jugurtha, der König von Numidien (östliches Algerien), Vercingetorix, der Gallier, und Petrus. Demselben Petrus ist übrigens auch Roms heiligster Untergrund geweiht. Unter dem Petersdom soll sich angeblich das Grab des Gründers der christlichen Kirche befinden. Sicher ist immerhin, daß hier eine Nekropole, eine Totenstadt, aus vorkonstantinischer Zeit verborgen ist.

Erst in den letzten Jahrzehnten begannen Archäologen, diese geheimnisvolle Welt des römischen Untergrunds systematisch zu erkunden. Die kuriosestc Expedition zur Erforschung der Höhlen und Gemäuer unter dem Pflaster fand dabei vor einigen Jahren am Kolosseum statt. Die beiden ringförmigen Gänge, die sich mit den Grundmauern dieses Amphitheaters um das gigantische Rund ziehen, sind vollständig mit Grundwasser gefüllt und mußten von einer Mannschaft von Tauchern „beschwommen" werden.

Ihren fast idealen Tummelplatz hat die christliche Mythologie in einer der ausgedehntesten unterirdischen Realitäten gefunden, den Katakomben. Diese Nekropolen mit ihren weitverzweigten Gängen und Höhlen entstanden mit dem Zuzug jüdischer Bürger im 2. Jahrhundert v. Chr., da die Römer zuvor ihre Toten zu verbrennen pflegten. Der sich verbreitende christliche Glaube sorgte schließlich für ein maßloses Auswuchern. 600 Kilometer lang sind die uns heute bekannten unterirdischen Begräbnis-Galerien, die im übrigen, entgegen der Hollywood-Legende, nie den verfolgten Christen als Zufluchtsort dienen konnten, da die meisten von ihnen von den Plätzen und Straßen des alten Rom aus frei zugänglich waren.

Katakomben gibt es aber nicht nur im Bereich der Via Appia, wo sich die touristisch bekanntesten unterirdischen Begräbnisstätten um S. Sebastiano „ad catacumbas", d.h. im Talgraben, scharen. An fast allen Ausfall-(Konsular)straßen, an der Salaria, der Aurelia, Nomentina, Tiburtina, Casilina und Ardeatina, wurden solche Nekropolen angelegt, was auf ein rapides Anwachsen der christlichen Gemeinde in der Kaiserzeit hinweist. Zu den schönsten gehören die schon erwähnten von S. Sebastiano mit ihren drei Kapellen unter dem Hauptschiff der Kirche und die Anlagen von S. Domitilla, die einen regelrechten unterirdischen Irrgarten bilden.

Noch älter sind die Reste der „Domus Aurea", des Goldenen Palastes Kaiser Neros, auf dem Esquilin. Im Prinzip können diese Labyrinthe mit Stuck, Fresken, Wandmalereien als „trompe l'oeil", den Vorläufern des illusionistischen Manierismus, besichtigt werden, es sei denn, sie werden gerade wieder einmal restauriert.

Auch Kulte, die aus fremden Ländern in die Hauptstadt der Welt vordrangen, suchten hier oft den Untergrund. Dazu gehören zum Beispiel die Mithräen, jene Heiligtümer des persischen Lichtgottes Mithras, auf die wir bereits beim „Siebenhügel"-Spaziergang gestoßen sind (siehe S. 22) und deren schönstes unter der Apsis der Basilika S. Clemente zu besichtigen ist, oder jene neupythagoräische Basilika von Porta Maggiore zählt dazu und ist Zeugnis eines Kults, der sich im 1. Jahrhundert v. Chr. unter reichen Patriziern verbreitet hatte. Dieses erst 1917 beim Bau der benachbarten Eisenbahnlinie entdeckte sakrale Gebäude liegt 13 Meter unter der Erde und gehört zu den schönsten, aber auch mysteriösesten

unterirdischen Anlagen der Stadt. Noch immer rätseln Archäologen und Kunsthistoriker über die Gebäudeform und die innere Ausstattung.
Bei all den Höhlen und mystischen Kultstätten kann es an Geistern natürlich nicht mangeln. Noch heute erzählt man von jenem Ungeheuer, das einst unter dem Palatin nistete und arme Christenseelen verspeiste. Gedrängt von den Römern, die nicht länger als Monsterfutter dienen wollten, wagte sich schließlich Papst Silvester I. in dessen Höhle und besiegte es mit einem einfachen Wink seines Kreuzes. Dem Monster fielen, immer der Legende zufolge, beim Anhören der frommen Sprüche des Papstes die Zähne aus, und es konnte schließlich mit einem dünnen Wollfaden gefesselt und unschädlich gemacht werden.
Die Welt des römischen Untergrunds: Sie ist gchcimnisvoll und wird es wohl noch lange bleiben. Den Römern, die mit ihr, auf ihr und über ihr leben, ist sie zum Bestandteil des Alltags geworden, ein Element ihres Universums, das, unerkannt und unbeachtet, dennoch in einer Art von mysteriöser Präsenz ihr Schicksal bestimmt. „Wie viele Geister und Schatten bevölkern Roms Untergrund?", wurde einmal Alexander VI., der Borgia-Papst, gefragt, der darauf maliziös antwortete: „So viele, wie Rom untreue Ehefrauen hat!"

Restaurationsarbeiten: Warten auf die Ewigkeit

Wer aus den Ruinen des Forums über die Via Cavour zu der kleinen, aber berühmten Kirche S. Pietro in Vincoli auf dem Esquilinhügel steigt oder von Neros „Domus Aurea" ins Rione Monti und weiter zum Quirinal wandert, wird fast zwangsläufig auf die lange zweiteilige Treppe der Salita dei Borgia und der Via di S. Francesco di Paolo stoßen, die unter einem ehrwürdigen Palast der Familie Cesarini-Borgia hindurchführt.

Auf halber Höhe versteckt sich hier das ehemalige Ordenshaus der Paulaner-Minimen*, welches heute – zusammen mit dem Borgia-Palast – Sitz einer weltberühmten Einrichtung ist: das Istituto Centrale del Restauro, jenes staatliche Institut, das für die Restaurierung und Erhaltung von Italiens künstlerischem Erbe aus drei Jahrtausenden verantwortlich zeichnet.

* Von Franz von Paula 1435 gegründeter Bettelorden für Predigt, Unterricht und Askese.

Die unnahbaren Mauern, hinter denen einst Bettelmönche ihr asketisches Leben fristeten, beherbergen seit fast fünfzig Jahren, von der Öffentlichkeit weitgehend unbeachtet, unermeßliche Kunstschätze. Von Ausgrabungsfunden aus etruskischen Nekropolen über Fresken und Bauteile romantischer und barocker Kirchen bis hin zu Gemälden von Raffael, Cimabue oder Simone Martini reicht die Palette der Meisterwerke, die hier vom Zahn der Zeit und der Umwelt des 20. Jahrhunderts angenagt, unter fachkundigen Händen neuen Glanz annehmen.

Denn ewig sein und es zu bleiben, das weiß man heute, bedarf einiger Anstrengungen. Das Chaos städtebaulicher Fehlplanungen und Missetaten, die alles verpestenden Auspuffgase der Blechlawinen und der Wildwuchs von Beton und Asphalt haben in den letzten Jahrzehnten dafür gesorgt, daß die Metapher von der „città eterna", der Ewigen Stadt, mehr und mehr zu sentimentalem Wunschdenken verkam. Stickoxyde und Kohlendioxyd in teuflischer Mischung, unvermeidliche atmosphärische Begleiter des modernen Massenverkehrs, zerfraßen und zerfressen mit wachsendem Hunger den Stein jahrtausendealter Statuen, Tempel und Ruinen. Sie verwandeln Marmor in schnöden Gips.

Ein mittleres Erdbeben, so Roms oberster Denkmalschützer Adriano La Regina, könnte ausreichen, selbst den Koloß des Flavischen Amphitheaters ins Wanken zu bringen. Vielleicht läßt uns der größenwahnsinnige Anspruch jener alten Prophezeiung heute lächeln, die wissen wollte, daß Rom lebt und mit ihr die ganze Welt, solange das Kolosseum Bestand hat. Nachdenklich machen sollte sie im Lichte der Warnungen Reginas aber dennoch.

Mit einem Sondergesetz, der „legge Biasini", bewilligte das italienische Parlament im März 1981 für „dringende Vorkehrungen zum Schutz des archäologischen Erbes der Stadt Rom" Mittel in bis dahin unbekanntem Ausmaß. 180 Milliarden Lire, mehr als 250 Millionen Mark, wurden für die Restaurierung der wichtigsten Monumente der Ewigen Stadt bereitgestellt. UNESCO und private Sponsoren fügten das ihre dazu, und die Stadt begann sich mit Gerüsten und grünen Schutznetzen einzuhüllen, als hätten Horden von „Christo-Anhängern" sie zum Experimentierfeld ihrer Verpackungs-Wut auserwählt. Trajanssäule und Titusbogen, der Kastor- und der Saturntempel, die Säule des Nerva und des Phokas schienen zum Schauplatz moderner Happenings geworden zu sein. Doch der Eindruck täuschte. Statt künstlerischer, kreativer Entfaltung war wissenschaftliche Nüchternheit gefragt.

Wer hinter den hohen Fenstern und den eisernen Türen des Instituts an der Piazza S. Francesco di Paolo verträumte Künstler in farbstarrenden Jeans erwartet, Palette und Pinsel in der Hand und die Rotweinflasche zwischen den Lacktöpfen, kommt beim Rundgang durch die Ateliers, Lagerräume und Labors nicht auf seine Kosten. Weißbekittelte Laboranten und behelmte Techniker, die mit Zahnarztbohrern und Sandstrahlgebläsen hantieren, Computerspezialisten vor phosphoreszierenden Bildschirmen, auf denen wildgezackte Kurven ihr Unwesen treiben, Gruppen konzentrierter Studenten, die Steine, Keramiken und Holzfragmente bearbeiten, Glasschälchen voll merkwürdiger bunter Flüssigkeiten, rote, grüne, gelbe Lämpchen, die in perfekter Symphonie um die Wette blinken, pulsierende Plastikschläuche, Laserstrahlen, Äthergeruch, Giftflaschen, Pumpen und Gebläse bestimmen das Ambiente. Vom Künstleratelier ist wenig zu spüren, dafür um so mehr von moderner Hexenküche.

„Die Vorstellung, daß begabte oder gar berühmte Künstler die Werke ihrer Vorgänger restaurieren, gehört endgültig der Vergangenheit an", erklärt Michele Cordaro, der Spezialist für Gemälderestauration des Instituts. Noch unter Sixtus V., im 16. Jahrhundert, oder später unter dem Einfluß der Franzosen, waren zumeist große Namen wie Sansovino, Cellini, Montorsoli oder Lorenzotto mit der Wiederherstellung der Kunstschätze beauftragt. In großzügig verstandener künstlerischer Freiheit zerstörten diese mit ihren Interventionen allerdings oft mehr, als sie retteten. So Montorsoli, dessen wohlgemeinter, aber vollkommen mißratener „neuer" rechter Arm der Laokoon-Gruppe die Symmetrie und Harmonie raubte.

„Wir haben viel aus den Fehlern früherer Jahre gelernt", so wieder Cordaro, „als man mit Anspruch an das künstlerische Erbe ging, dessen ästhetisch vollkommenen Eindruck wiederherzustellen, der im Laufe der Jahrhunderte unter allmählichem Zerfall oder willkürlicher Zerstörung gelitten hatte. Heute ist uns klar, daß Künstler allzuoft mit ihren eigenen Maßstäben an die Werke der alten Meister gingen und dabei nicht selten die ursprüngliche Ästhetik und Aussage verfälschten. Was wir brauchen, ist nicht mehr der Restaurator-Künstler, sondern der Restaurierungs-Techniker oder noch besser der Wissenschaftler. Den Anspruch, sozusagen ‚neue Originale' zu fabrizieren, haben wir aufgegeben. Statt dessen wollen wir das ursprüngliche Werk in seiner von der Zeit gezeichneten Form vor weiterem Verfall bewahren."

Bevor mit der eigentlichen Arbeit an Statuen, Gemälden oder alten Webstücken begonnen werden kann, müssen oft erst in langwieriger Analyse die Zusammensetzung der Originalmaterialien, die Beschaffenheit und die Stabilität des Kunstwerks, die Ursachen seines Zerfalls, vielleicht auch Art und Technik früherer Interventionen und schließlich die Eignung der verschiedenen verfügbaren Werkstoffe in den biologischen, chemischen und physikalischen Labors untersucht werden, die in ihrer Gesamtheit einmalig in der Welt sind und den besonderen Stolz Cordaros und seiner Mitstreiter ausmachen. Phantasielose Restaurierungen waren auch in technischer Hinsicht schon oft der komplexen Materie nicht gerecht geworden, oberflächliche Arbeit hatte lange Zeit mehr zerstört als gerettet. Kunstharzlacke, die man so in den dreißiger Jahren auf Altar- und Marmorstandbilder auftrug, ließen deren Oberfläche nach kurzer Zeit in ein unansehnliches Grau-Braun kippen. Metallkerne, die marmornen Figuren und Tempeln Stabilität verleihen sollten, sprengten diese statt dessen von innen her auf. Vermeintliche Schutzschichten erwiesen sich gegenüber der zerstörerischen Kraft der vergifteten Atmosphäre als unwirksam.

All das bildet den weit gesteckten Aktionsrahmen der Wissenschaftler des Istituto del Restauro. In den Labors der Biologen werden in unzähligen Kulturen Pilze und Algen, von antiken Steinen des Forums abgekratzt, auf die Wirksamkeit von Giften getestet. Den Chemikern geht es darum, porös gewordenen Marmor gegen eindringendes Regenwasser zu schützen, dessen Salze die kristalline Struktur der harten Materie regel-

recht auffressen. Oder sie müssen schon eingedrungene Salze mit möglichst schonenden Methoden wieder auswaschen. Die Physiker ihrerseits analysieren in großangelegten Versuchsreihen die Stabilität von Ruinen und Bronzestandbildern.
Mit Spektralphotometern, Elektronenmikroskopen und Hochdruckchromatographen betreibt das Institut an Hunderten oder gar Tausenden von Farb-, Gesteins- oder Gewebeproben eine Grundlagenforschung, die nicht immer in die Arbeit an einem konkreten Objekt einfließen kann, aber manchmal hilft, längst vergessene Techniken – oft handelte es sich dabei um nicht dokumentierte, eifersüchtig gehütete Werkstattgeheimnisse – zu rekonstruieren und so einen Wissensfundus aufzubauen, der für zukünftige Arbeiten fruchtbar gemacht werden kann.
Daß dabei auch Wunderliches zum Vorschein kommt, darf nicht erstaunen. Wie jenes alte Mittel, von dem deutliche Spuren bei den Arbeiten an der nun endlich wiederhergestellten Trajanssäule – ihre Restaurierung dauerte übrigens länger als ihr Bau – entdeckt wurden. Kuhmilch und Kalk, so das Ergebnis der langen Versuche, hatten in wohlgewählter Mischung der Säule das ewige Leben erhalten. Eine Rezeptmixtur, so scheint es, die schon die alten Römer anwandten und die, regelmäßig verabreicht, dem ätzenden Zeitgeist Einhalt gebieten könnte. Noch sind aber die Geister geteilt, noch streiten sich zwei „Schulen" um das Verdienst der Aufklärung des Phänomens. Gilt den einen der Milchbrei als Wunderwaffe, so sprechen die anderen, die „naturalisti", eher von natürlichen chemischen und biologischen Prozessen, die die Schicht vorgeblichen Kalklacks im Laufe der Jahrtausende auf der marmornen Oberfläche abgelagert habe.
Kunsthistorische Schulen haben in der Vergangenheit schon für manchen Streich gesorgt, der den Restauratoren von heute die Haare zu Berge stehen läßt. Bis in die siebziger Jahre dieses Jahrhunderts hinein wurden von selbsternannten Stilpuristen systematisch alle Barockverzierungen romanischer Kirchen entfernt, um deren „ästhetische Reinheit" wieder zum Vorschein zu bringen. Gleich meterweise wurden Fresken abgeschlagen und nach ihrer Wiederherstellung in Museen zur Schau gestellt, ohne Rücksicht auf die Tatsache, daß damit die Fresken selbst, wie auch ihr baulicher Untergrund, der ästhetischen Einheit beraubt und sie so als Gesamtkunstwerk zerstört wurden.
Daß die Methoden der Restaurierung heute eher „homöopathisch" und „soft" geworden sind, dafür sorgte in den dreißiger Jahren der Kunstkri-

Gegenüberliegende Seite: Grüne Netze verhüllen periodisch Roms bekannteste Monumente, hier die Phokassäule auf dem Forum Romanum.

tiker Cesare Brandi, der Gründer des Istituto Centrale del Restauro. Ihm gelang es schon 1936, eine für ganz Italien zuständige Einrichtung ins Leben zu rufen, die Forschung, Lehre und praktische Intervention unter einem Dach vereinigte. Das zu einer Zeit, in der Restaurierung, wenn überhaupt, nur auf lokaler Ebene organisiert war, es ihr an Geld fehlte und sie meist von provinziellen und privaten Interessen bestimmt wurde. Brandi forderte Respekt vor den Werken der Meister und stellte den Leitsatz auf, nichts dürfe gegenüber dem Urzustand hinzugefügt werden, was dessen Sinn und Aussehen verfälschen könne. Immer sollte, auch bei wiederhergestelltem ästhetischem Gesamteindruck, näheres Hinsehen eine deutliche Unterscheidung zwischen Originalsubstanz und späteren Eingriffen erlauben. Nur Materialien, forderte er weiter, dürften Verwendung finden, die leicht wieder zu entfernen seien, denn in intelligenter Bescheidenheit ging er davon aus, daß die Entwicklung verfügbarer Techniken in nur kurzer Zeit noch schonendere, geeignetere Eingriffe ermöglichen könnte.

Cesare Brandi hatte mit seinen Vorstellungen einen schweren Stand, denn sie fielen in eine Epoche, in der delikates Umgehen mit Geschichte nicht eben Konjunktur hatte. Für Italiens „Duce" war die Antike nur Schauplatz, Rahmen für die Selbstdarstellung seiner eigenen Macht. Rücksichtslos hatte Mussolini ja die heutige Via dei Fori Imperiali als Aufmarschstraße für Prunkparaden durch die Substanz des mittelalterlichen Viertels zwischen Kapitol und Kolosseum schlagen lassen. Und rücksichtslos ließ er Relikte des alten Imperiums zu Legitimationskulissen seines eigenen aufbauen. Ließ seine eigene Kolossalarchitektur als seelenlose, aufgeblasene Imitation vergangener Macht über die historische Substanz der Ewigen Stadt stülpen.

Alberto Moravia (geb. 1907) italienischer Schriftsteller

Dabei hatte, wie Alberto Moravia einmal betonte, der Faschismus auf solcherart Vorgehen nicht etwa das Urheberrecht. „Die propagandistische Ausbeutung des antiken Roms begann", so schrieb er, „schon vor dem Faschismus. Mit dem Faschismus aber wurde sie mit bloßem Auge sichtbar, amtlich. Da er (Mussolini) mit dem antiken Rom allein nicht zufrieden war, bezog er auch das päpstliche Rom in seinen Triumphalismus ein."

Daß noch heute nicht restlos geklärt ist, was schonender Umgang mit Kunstgeschichte bedeutet, hat zuletzt die mehr als vehemente Diskussion um die Säuberung der Fresken Michelangelos in der Sixtinischen Kapelle offengelegt. Leuchtend helle Regenbogenfarben, stark kontrastierendes

Rot, Gelb und Orange kamen bei den Reinigungsarbeiten zum Vorschein, die mit Hilfe japanischer Sponsoren in den letzten Jahren im Vatikan durchgeführt wurden. Sie brachten, zum Entsetzen der Romantiker unter den Kunstfachleuten, ein liebgewonnenes Michelangelo-Bild ins Wanken, welches über Jahrhunderte hinweg als unanfechtbar gegolten hatte. Nicht nur Schmutz und spätere Übermalungen, so die Kritiker der radikalen Restaurierung, könnten unter den Eingriffen verschwinden, sondern auch Michelangelos eigene „velature", jene Farbschleier, die seine Figuren in Marmor- und Bronzetöne tauchten, und die vom Meister selbst nachträglich, und damit „a secco", auf die schon getrockneten Fresken, aufgetragen worden seien.
Wahrscheinlich haben sie Unrecht, denn im Lichte dessen, was man über Michelangelos Arbeitsweise weiß, über den Zeitdruck, unter dem er fast ständig durch seinen päpstlichen Auftraggeber stand und über die stilistischen Eigenarten der ganzen Epoche, wirken die grellen Farben des „a fresco"-Originals schließlich doch wie die echten, vom Künstler gewollten. Der gewohnte Anblick der von Millionen von Kerzen geschwärzten Fresken ist demnach nur Täuschung gewesen, optische und historische, wie es ja auch der weiße Marmor von Roms Siegessäulen ist, die ursprünglich bunt bemalt waren.
Auch der prominenteste derzeitige Gast des Istituto Centrale ist Gegenstand heftigster Auseinandersetzungen. Marc Aurels Reiterstandbild, das 1538 gegen den Rat Michelangelos als Symbol der Wiederherstellung der Macht des Vatikans über die Stadt auf dem Kapitol verankert wurde, weil es Paul III. Farnese für die Statue Konstantins hielt, mußte schon vor einigen Jahren höherer Gewalt weichen. Vom sauren Regen derart angefressen, daß es zusammenzubrechen drohte, wurde es in eine Außenstelle des Instituts im ehemaligen Hospiz von S. Michele auf der anderen Tiberseite geschafft und dort instandgesetzt. Was nun aus ihm werden soll, vermag niemand so richtig zu sagen. „Er darf nie wieder ins Freie", stöhnen die Fachleute, „das Original gehört ins Museum, um es vor weiterem Verfall zu schützen." „Keine Kopie kann je die Bedeutung des echten Bronzebildes für die Römer ersetzen", tönt es zurück, und Roms Politiker, die in ständiger Angst vor den nächsten Wahlen unpopulären Entscheidungen mit besonderem Geschick aus dem Weg gehen, fordern lautstark „ihren" Marc Aurel zurück aufs Kapitol. Haben sie Angst vor dem Ende Roms, das eine mittelalterliche Legende für den Tag vorhersagt, an dem der Reiter in neuem Goldglanz erstrahlt? Wahrscheinlich

wird, kann man den Projekten und Erklärungen glauben, das Standbild in einem der Säle des Senatoren- oder Konservatorenpalastes seine neue Heimat finden.

Der Werdegang des Kriegsherrn mit dem zivilen Antlitz war immer schon abenteuerlich gewesen. An dem Standbild, das ursprünglich vor dem Anwesen der Mutter, in der Nähe des heutigen Lateranspalastes stand, ließ Johannes XIII. einen Präfekten der Stadt aufhängen; der Antipapst Bonifazius VII. wurde dort an den Pranger gestellt.

Alle bisherigen Restaurierungsversuche hatten der Perfektion des Bronzegusses nicht gerecht werden können. Vor allem die Fusion der aus mehreren Stücken bestehenden Figur erforderte eine Schweißtechnik, die die alten Römer schon 500 v. Chr. beherrscht hatten, die aber in der Folgezeit in Vergessenheit geriet und von den Wissenschaftlern in S. Michele jetzt in mühseliger Kleinarbeit rekonstruiert werden mußte.

In S. Michele ist auch – in Erwartung eines späteren vollständigen Umzugs – ein Teil der Abteilung „Gemälde" untergebracht. In zwei großzügigen, hellen Sälen sind die Studenten des zweiten Ausbildungsjahres an der Arbeit. Mit Gasmasken, Lupen, Mikroskopen, Injektionsspritzen oder sogar mit Staubsaugern, mit Wattebäuschen, Lösungsmitteln, Klebern und schließlich doch auch Farbe gehen sie ihren Objekten an die Substanz. Grundsätzlich werden nur bildwichtige, ästhetisch unverzichtbare Bildteile ersetzt, ansonsten wird eine neutrale, farblich angepaßte, aber gestaltlose Bemalung direkt auf den noch vorhandenen Untergrund aufgetragen. Wo Bildteile regelrecht rekonstruiert werden, spiegelt die gewählte Technik am getreuesten die Lehre Brandis wider.

Nach vollendeter Reinigung der Gemälde bringt man auf die gänzlich fehlenden Stellen eine Unterlage aus Gips und Klebstoff. Anschließend wird diese Fläche mit Wasserfarben in senkrechten Linien bemalt, beginnend mit hellem Grau und dann, in dunkler werdenden Tönen der Farben des Originals, so lange, bis deren Sättigung das richtige Maß erreicht hat. Fast eine Stunde brauchen auch die Geübtesten für ein nur wenige Quadratzentimeter großes Stück, Monate können vergehen, bis eine Gruppe eine ganze Leinwand zur Zufriedenheit ihrer Lehrer fertiggestellt hat.

Zweifellos sind viele der Werke, die hier im Istituto Centrale restauriert werden, von so großer Bedeutung, daß niemand sie privaten Restauratoren anvertrauen würde. Die Raffael-Fresken der Villa Farnesina, die Fassade des Doms von Orvieto oder das Hochzeitszimmer im Palazzo Ducale zu Mantua gehören nicht umsonst zu den Stücken, die von den

Gegenüberliegende Seite: Geduldige Millimeterarbeit am historischen Erbe: Nur so bleibt die „urbs" wirklich Ewige Stadt. Das Steinlabor im Istituto Centrale del Restauro.

kompetenten Händen der Institutslehrer und ihrer Zöglinge bearbeitet wurden. Die Mehrzahl der Objekte werden aber nach didaktischen Gesichtspunkten ausgesucht. Absicht ist es, die Studenten an möglichst vielen verschiedenartigen und reichhaltigen Werken arbeiten zu lassen, um so, beim Abschluß ihrer Ausbildung, komplett geschulte Restauratoren entlassen zu können.

Das Ausbildungsprogramm der Schule stellt hohe Anforderungen. Schon in der Aufnahmeprüfung müssen Anwärter auf die nur 15 offenen Stellen, die im Jahr angeboten werden, beweisen, daß sie etwas von der Materie verstehen. Die meisten haben schon ein Kunststudium oder eine private Ausbildung hinter sich. Zeichnen, Kenntnisse der wichtigsten Techniken, Kunstgeschichte gehören dazu. In den drei Jahren der regulären Ausbildung werden dann neben den praktischen Fähigkeiten vor allem Grundlagen der Biologie, Chemie und Physik gelehrt. Auch hier beweist sich die Einzigartigkeit dieses Instituts.

Die strenge Ausbildung ist vonnöten. Sisyphus hätte den Stein schlicht rollen lassen, wäre er mit den Problemen der Cordaro, Colalucci, Zanardi und Gesellen konfrontiert worden. Deren wahre Sorgen sind dabei nicht einmal technischer oder wissenschaftlicher Natur. Die Unbeweglichkeit der staatlichen Bürokratie, das Desinteresse der Öffentlichkeit und die mehr als inkohärente Politik der Stadtverwaltung verursachen ihnen weit mehr Kopfzerbrechen.

Seit langem sind die Ursachen, die den desolaten Zustand der historischen Monumente Roms herbeigeführt haben und herbeiführen, bekannt. Die zerfressenen Fassaden berühmter Kirchen des 16. und 17. Jahrhunderts, S. Andrea della Valle, S. Carlo alle Quattro Fontane, S. Ignazio und wie sie alle heißen, Meisterwerke des Barock von Bernini und Borromini, sprechen eine deutliche Sprache. Erst 1984 wurde die komplette Restaurierung der Porta del Popolo abgeschlossen, die sich aber inzwischen rußgeschwärzt wie eh und je präsentiert. Es nütze gar nichts, so die Kritiker der Restaurations-Politik der italienischen Behörden, die Stadt periodisch einzupacken, die Monumente zu säubern und sie dann dem ätzenden Lauf der Zeit wieder auszusetzen.

Weil er das „Restaurierungs-Ballett", wie er es nannte, nicht mehr mittragen wollte, reichte ein ehemaliger Direktor des Istituto del Restauro vor einiger Zeit seinen Abschied ein. Meist fehlen, wie es Bruno Zanardi, der Leiter der Arbeiten an der Trajanssäule einmal ausdrückte, nach vollendeter Restaurierung die Mittel für elementarste Instandhaltungsar-

beiten, ohne die die getane Arbeit effektlos verpufft. Frisch „geputzte" Gemälde werden in Museen aufgehängt, denen selbst das Geld für notwendigste Dachreparaturen fehlt. Ganze 24 der 180 Milliarden Lire, die die „legge Biasini" von 1981 bewilligt hatte, wurden im übrigen für echte Restaurierungsarbeiten verwendet. Der Löwenanteil dagegen verschwand im tiefen Schlund der staatlichen Bürokratie. Die Forderung, das Kulturministerium gleich ganz abzuschaffen und dessen Kompetenzen, nach dem Vorbild von Eisenbahn und Alitalia, an staatliche Kapitalgesellschaften mit wirtschaftlicher Buchführung zu übertragen, klingt in diesem Zusammenhang nicht einmal überzeichnet.

Auch die Mode des „Restauro-Sponsoring" findet nicht ungeteilt Beifall. Eindrucksvoll ist es bestimmt, vor allem für Laien, wenn der Tritonenbrunnen auf der Piazza Barberini, die „Barcaccia" auf der Piazza di Spagna, der Trevibrunnen oder das Pantheon periodisch mit Wellblech dekoriert werden, auf dem in großen Lettern die Namen dieser Zeitung und jener Versicherungsgesellschaft, eines Autoherstellers – der Gipfel der Paradoxie – oder einer staatlichen Chemie-Holding zu lesen sind. Der Verdacht jedoch bleibt, daß nach den falschen Kriterien gehandelt wird. Nicht sinnvolle, wissenschaftliche Planung und Koordinierung der notwendigen Arbeiten steckt hinter der Objektwahl der publizitätsbewußten Reinemacher, sondern Effekthascherei, die Suche nach publikumswirksamen, werbeträchtigen Inszenierungen: eine Art, das Restaurierungs-Ballett immer von neuem anzuheizen. Dem Museum der Villa Borghese jedenfalls, das seit Jahren, über bröckelnden Höhlen und Kavernen gelegen, von Einsturzgefahr bedroht ist und in regelmäßigem Turnus ganz oder teilweise für Besucher geschlossen wird, hat das „sponsoring" bis heute noch nicht geholfen. Vielleicht liegt es einfach nicht nahe genug an den Trampelpfaden des Massentourismus?

Dem Institut geht derweil die Arbeit nicht aus. Die Qualität von Forschung und Lehre und das unbestreitbare internationale Renommee sorgen dafür, daß seine Zöglinge nach Abschluß der dreijährigen Ausbildung die Türen zur Arbeitswelt weit offen finden. Grüne Netze werden die Stadtlandschaft Roms noch lange verzieren. Der Dreck wird weiter am Erbe der Ewigen Stadt nagen. Und Rom wäre nicht Rom, wenn es das alles nicht dennoch überleben sollte.

Spaziergang V: „Struscio". Von der Via del Corso zur Via Veneto

Schleifen, streifen, abnutzen", sagt mein Wörterbuch unter dem Stichwort „strusciare", und das kommt der Sache sehr nahe. Die Sache, das ist der spätnachmittägliche, obligatorische Spaziergang, die Gelegenheit, sich mondän zu geben, Freunde zu treffen, sehen und gesehen zu werden, der „struscio" eben, wie man in Rom, aber auch in anderen Breiten sagt. Die Füße „schleifen" über den Boden, obwohl eine leichte Brise, „tramontana", die Hitze des Tages schon gemildert hat, die Sonne bereits hinter dem Monte Mario steht und kaum noch brennt. Gruppenweise flanieren sie, Männlein und Weiblein für sich, gegeneinander, miteinander. Die Kunst besteht darin, den anderen zu „streifen", kaum zu berühren, gerade, als ob nur ein Lufthauch vorbeigegangen sei. Aber auch plumpe Scherze fallen, es wird viel gekichert, und Anzüglichkeiten gehören dazu wie das tägliche Brot. „Anmache" würde man das Ganze bei uns wohl kritischer nennen, aber in Rom ist es ein Spiel, bei dem beide Seiten unter vollem Einsatz mitmachen. Das nimmt ihm die brutalsten Aspekte. Ob schließlich das „Abnutzen", das rituell-monotone des Immergleichen, zu den positiven Eigenschaften des „struscio" gehört oder nicht, habe ich nie herausgefunden. Tatsache ist, daß die Protagonisten diesen Aspekt nicht wahrnehmen, ihn eher noch durch uniformierte Kleidung und Gehabe unterstreichen.

Folgende Doppelseite: Die magischen Hände des ungekrönten Mode-Königs von Rom: Capucci.

In Rom ist der Schauplatz des „struscio" die Via del Corso. Man erlaubt sich einen Abstecher zur Piazza di Spagna, zur Via del Tritone, zum Pantheon auf der Suche nach überdimensionalen „gelati", aber im Grunde spielt sich alles auf den paar hundert Metern der alten, schnurgeraden Achse zwischen Porta del Popolo und Piazza Venezia ab.

Am Haus Nr. 18, nicht weit von der Piazza del Popolo, sagt eine steinerne Tafel: „In questa casa immaginò e scrisse cose immortali Volfgango Goethe", in diesem Haus erfand und schrieb der Dichter und Denker Unsterbliches. Das kleine Museum, das einst in seinen Wohn- und Arbeitsräumen eingerichtet war, ist schon eine ganze Weile geschlossen. Über sein Schicksal wird spekuliert. So bleibt uns nichts anderes, als den Corso entlang zu „schleifen" und zu „streifen", die Worte „Volfgangos" im Ohr, mit denen dieser den „struscio" zu Zeiten des römischen Karnevals beschrieb.

1 Goethes Wohnhaus, Via del Corso Nr. 18. Es soll angeblich ab 1991 wieder Museum sein.

„Das Römische Karneval versammelt sich in dem Corso. Diese Straße beschränkt und bestimmt die öffentliche Feierlichkeit dieser Tage. An je-

dem andern Platz würde es ein ander Fest sein; und wir haben daher vor allen Dingen den Corso zu beschreiben.
Er führt den Namen, wie mehrere lange Straßen italienischer Städte, von dem Wettrennen der Pferde, womit zu Rom sich jeder Karnevalsabend schließt, und womit an andern Orten andere Festlichkeiten, als das Fest eines Schutzpatrons, ein Kirchweihfest, geendigt werden.
Die Straße geht von der Piazza del Popolo schnurgerade bis an den Venezianischen Palast. Sie ist ungefähr viertehalbtausend Schritte lang und von hohen, meistenteils prächtigen Gebäuden eingefaßt...
Schon alle Sonn- und Festtage eines Jahres ist der römische Corso belebt. Die vornehmeren und reicheren Römer fahren hier eine oder anderthalb Stunden vor Nacht in einer sehr zahlreichen Reihe spazieren; die Wagen kommen vom Venezianischen Palast herunter, halten sich an der linken Seite, fahren, wenn es schön Wetter ist, an dem Obelisk vorbei, zum Tore hinaus und auf den Flaminischen Weg, manchmal bis Ponte molle. Die früher oder später Umkehrenden halten sich an die andere Seite; so ziehen die beiden Wagenreihen in der besten Ordnung aneinander vorbei. Die Gesandten haben das Recht, zwischen beiden Reihen auf und nieder zu fahren; dem Prätendenten, der sich unter dem Namen eines Herzogs von Albanien in Rom aufhielt, war es gleichfalls zugestanden.
Sobald die Nacht eingeläutet wird, ist diese Ordnung unterbrochen; jeder wendet, wo es ihm beliebt, und sucht seinen nächsten Weg, oft zur Unbequemlichkeit vieler anderer Equipagen, welche in dem engen Raum dadurch gehindert und aufgehalten werden.
Diese Abendspazierfahrt, welche in allen großen italienischen Städten brillant ist und in jeder kleinen Stadt, wäre es auch nur mit einigen Kutschen, nachgeahmt wird, lockt viele Fußgänger in den Corso; jedermann kommt, um zu sehen oder gesehen zu werden."
Was Goethe nicht sagt, ist, daß man im 15. Jahrhundert, zur Zeit Papst Pauls II., die Pferderennen in einer besonderen Weise ausrichtete. Zur Belustigung des römischen Volkes mußten Juden mit den Pferden um die Wette rennen, eine grausame Vorwegnahme der Diskriminierung, die im 16. Jahrhundert, der Zeit von Inquisition und Gegenreformation, mit der Einrichtung des Ghettos (siehe auch S. 75ff.) ihren Höhepunkt erreichte.
Nur ein paar Schritte sind es von Goethes Wohnhaus zur Kirche S. Giacomo und etwas weiter, zu einem merkwürdigen Laden mit Namen „Dakota". Sein Besitzer wollte eigentlich Jeans verkaufen, weil man damit in der Via del Corso am leichtesten Geld machen kann. Aber er hatte die

Rechnung ohne die Stadtverwaltung und die römischen Denkmalpfleger gemacht, die die Substanz historischer Bauten nicht noch mehr durch Neon und Ramsch verschandelt sehen wollten. Kaum hatten diese in der Geschäftslizenz eine alte Klausel entdeckt, wonach in dem Laden nur Antiquitäten gehandelt werden durften, mußte der Laden vorläufig schließen; deshalb werden hier heute antiquarische Objekte der fünfziger und sechziger Jahre verkauft, allen voran eine Sammlung von Jukeboxes. Im Hintergrund des Ladens wacht ein „leibhaftiger" ausgedienter Hubschrauber, der eigentlich einmal den Verkauf der Jeans ankurbeln sollte, über das ganze Geschehen.

Folgende Doppelseite: Im Garten des Palazzo Borghese, dem „Cembalo" am Tiberhafen von Ripetta.

Gegenüber dem unübersehbaren Hauptquartier der sozialistischen Partei biegen wir in die Via Vittoria ein, erholen uns von der Hektik des Corsos im kleinen Café auf der linken Seite oder flanieren weiter an der berühmten Musikakademie S. Cecilia vorbei bis zur Via Belsiana, die uns ins Herz der „alta moda" führt. Vorerst aber bleibt es noch ein wenig lukullisch. Die Via della Croce, in die wir nach wenigen Metern einbiegen, ist die Delikatessen-Straße des römischen Zentrums. Leider hat man das Geschäft mit den deutschen Spezialitäten geschlossen, aber warum nicht zur Abwechselung einmal italienische Köstlichkeiten probieren?

Fratelli Roffi Isabelli ist eine der elegantesten römischen „enoteche" und bietet in seinem noch traditionellen Ambiente eine bestechende Auswahl italienischer und „großer" französischer Weine. Gleich daneben gibt es „prodotti ecologici", Produkte aus ökologischem Anbau. In Richtung Corso stoßen wir auf eine Metzgerei, die in der Saison das beste Wild anbietet, und Delucchi ist der einzige „fruttivendolo", Obsthändler, von Niveau weit und breit.

Die Via Bocca di Leone, rechter Hand, führt uns zum Palast des Malteserordens und zu den Läden der Modezaren Ungaro, Yves St. Laurent, Trussardi und Versace. Die Via Condotti hat ihren Namen von mehr Prosaischem, von der Kanalisation, die schon in antiker Zeit den Thermen des Feldherrn Agrippa Wasser zuführte. Hier lohnt sich ein Abstecher in beide Richtungen, vor allem aber zum Corso, auf dem rechts das Hotel Plaza eine wunderschöne salonartige Halle, vielleicht die schönste der Stadt, und ein Café im Stil des ausklingenden 19. Jahrhunderts besitzt. Im Gegensatz zu so vielen anderen Hotels in Rom, bei denen man nur über die Türschwelle gelassen wird, wenn man Hotelgast ist, kann man hier ungehindert zum Café vordringen.

2 Piazza di Spagna. In der Via Condotti, nur ein paar Schritte vom Platz entfernt, liegt das berühmte Caffè Greco, einst Treffpunkt der deutschen Künstlerkolonie.

Das Antico Caffè Greco in der Via Condotti, das so heißt, weil hinter

seiner Theke ein Grieche den Kaffee auf unnachahmliche Art mixte, hätte im vergangenen Jahrhundert ohne weiteres auch „deutsches" oder „französisches" Café heißen können, denn es war eine Art Stammkneipe der deutschen – oder besser europäischen – Künstlerkolonie Roms. Schopenhauer wurde einmal vor die Türe gesetzt, weil er sein Vaterland als „dümmste Nation der Erde" tituliert hatte, was seinen eher patriotisch gesinnten Zeitgenossen sauer aufstieß. Auch der spätere König Ludwig I. war hier zu Gast, und Felix Mendelssohn-Bartholdy hat die Atmosphäre vielleicht am treffendsten beschrieben: „Das ist ein kleines, finsteres Zimmer, etwa acht Schritte breit, und auf der einen Seite der Stube darf man Tabak rauchen, auf der anderen aber nicht. Da sitzen sie denn auf den Bänken herum, mit den breiten Hüten auf, große Schlächterhunde neben sich, Hals, Backen, das ganze Gesicht mit Haaren zugedeckt, machen einen entsetzlichen Qualm (nur auf der einen Seite des Zimmers), sagen einander Grobheiten."

Wieder zurück auf der Via Bocca di Leone biegen wir am Hotel Inghilterra in die Via Borgognona ein, die ruhigste und schmalste der Mode-Straßen. Eigentlich sollte sie Via Fendi heißen, denn die Geschäfte der fünf Schwestern, die ihr Geld mit Mode, Parfum und Schmuck verdienen, monopolisieren hier fast vollständig das Geschehen. An der Ecke zur Via Belsiana biegen wir wieder nach links ab, gelangen zur Via Frattina und spazieren bis zum oberen Ende. Vor dem Palast der Inquisition „flüchten" wir über die Via di Propaganda nach rechts, bis an der Ecke zur Via della Mercede das Haus auftaucht, in dem der Baumeister und Bildhauer Gian Lorenzo Bernini lebte und starb.

3 Palazzo Propaganda Fide. Der Bau des Palastes geht auf Anregung von Papst Gregor XV. zurück. Hier residierte die Inquisition, die ihre blutige Herrschaft über das Abendland ausbreitete.

4 Berninis Wohnhaus. Gian Lorenzo Bernini war einer der beiden „Barock-Genies" Roms. Zusammen mit Borromini gestaltete er im 17. Jahrhundert das Bild der Stadt.

Bernini, das Genie einer Zeit, als die Stadt am Tiber noch einmal zur geistigen Hauptstadt Europas werden wollte, war Sohn eines Bildhauers neapolitanischer Abstammung. Der theatralische Tenor seiner Arbeiten hat weite Strecken der Stadt geprägt, und auch auf diesem Spaziergang werden uns noch mehrere Beispiele begegnen: der Tritonenbrunnen auf der Piazza Barberini, einer der schönsten Brunnen überhaupt, der Palast der Barberini, Büsten und Porträts in der Galleria Borghese und der kleine Bienenbrunnen in der Via Veneto. Man sagt, selbst Berninis Tod sei eine Inszenierung gewesen: Nachdem er die Stimme verloren hatte, kommunizierte er in seinen letzten Lebenstagen mit vorher studierter und festgelegter Mimik wie ein Pantomime.

Bei aller Aufmerksamkeit, die dem Architekten und Bildhauer gemeinhin zuteil wird, sollte man seinen großen Konkurrenten nicht vergessen:

Francesco Borromini, das zweite Genie des Barock. Die Rivalität der beiden hat unübersehbare städtebauliche Spuren hinterlassen. Borromini bleibt anfänglich, beim Bau des Petersdoms, im Schatten Berninis. Erst nach dem Tode des Baumeisters Carlo Maderna treffen die beiden in ihrer Arbeit am Palazzo Barberini wieder aufeinander. So ähnlich sind ihre Stile zu jener Zeit, daß es heute schwierig ist, die genaue Urheberschaft in jedem Detail zu bestimmen. Der Antagonismus zwischen den beiden wird hier zum Haß. Als an der Fassade des Petersdoms Risse auftreten, sitzt Borromini in der Kommission, die Berninis Arbeit zu begutachten hat und den Abriß eines Glockenturms anordnet. Im Jahr darauf läßt er die Kapelle des „Palazzo di Propaganda Fide" zerstören, die ebenfalls ein Werk von Bernini ist.

Bernini reagiert zunächst mit Sprüchen. Er erklärte, Borromini pflege einen „gotischen", deutschen – was in der Sprachregelung der Zeit hieß, einen häretischen, lutheranischen – Stil, und tönte, lieber ein schlechter Katholik als ein guter Häretiker sein zu wollen. Quasi in Opposition zum Spektakel seines Rivalen sind Borrominis Werke meist gut versteckt: Die Dreikönigskapelle und S. Ivo, im Hof des Palazzo della Sapienza, die Fassade von S. Maria dei Sette Dolori in einem Hof am Gianicolo, die Treppen im Palazzo Barberini oder die falsche Säulenperspektive im zweiten Seitenhof des Palazzo Spada.

Borromini hatte aus seinen Fassaden abrupte Felsformationen gemacht, die verlorene Landschaft Roms rekonstruiert. Bernini dagegen zeigte deren kontinuierliche Metamorphose, ersetzte Natur, statt sie zu imitieren. So unterschiedlich die Werke der beiden waren, so verschieden war auch das Lebensende dieser zwei Künstler. Borromini, der als Grund für sein Schaffen angab, er habe nur der Langeweile entkommen wollen, tötete sich – vom Leben verbittert – mit einem Säbel, einer „spada", wie der bedeutungsvolle Name eines seiner schönsten Werke lautet.

Vom Haus Berninis wandern wir bergauf, durch die Via Capo le Case, vorbei am „Santuario della Madonna del Miracolo" mit seiner häßlichen Außenhaut, die aber ein schönes Gärtchen „all' italiana" versteckt, und gelangen zur Via dei Due Macelli, dem Herz des römischen Pelz- und Lederviertels. Weiter geht es über das obere Ende der Via Capo le Case, links in die Via S. Francesco Crispi und dann rechts in die Via Sistina. In der Nr. 71 wohnte mal Goethes Freundin Angelika Kauffmann.

Die Piazza Barberini mit dem Tritonenbrunnen und dem Palast der Familie des Papstes Urban VIII., der hoch oben über dem Platz thront, sind

5 Tritonenbrunnen. Er ist einer der schönsten römischen Brunnen Berninis überhaupt und ziert die Piazza Barberini.

die nächsten Stationen des Spaziergangs. Der Platz hieß früher Grimana, nach der venezianischen Dogenfamilie, und war bei den alten Römern der Ort, an dem Spiele für die Göttin Flora, die Göttin des Frühlings, abgehalten wurden. Heute kann man sich hier inmitten der Autokolonnen und Steinpaläste eigentlich nichts Frühlingshaftes mehr vorstellen.

6 Bienenbrunnen. Ebenfalls von Bernini 1644 für Papst Urban VIII. errichtet.

Die Via Veneto, deren Anfang Berninis Bienenbrunnen ziert – die Biene war das Wappentier seines Gönners Barberini –, wirkt in diesem Teil gar nicht wie die Straße der „dolce vita“, als die sie durch Fellinis Film in die Geschichte einging. Zunächst empfängt uns eher Makabres: Im Museum der Kapuziner, in der Nr. 17, sind fünf unterirdische Grabkammern mit den Knochen von 4 000 verstorbenen Ordensbrüdern ausgestellt. Aber auch in dem höher gelegenen Teil, den verwegene Römer ihre „Champs Elysées“ nennen, ist von der Atmosphäre der Fünfziger und Sechziger nichts mehr zu spüren. Teure Cafés, Bars, Luxushotels und ihre snobistische Klientel haben der Straße den einstigen literarischen Charme geraubt. In einem gewissen Sinne war es ja genau der Film Fellinis, der der Straße den Gnadenstoß gab. Dem frisch von der Provinz in die Hauptstadt gekommenen Regisseur mußte dieser Treffpunkt der Künstler und Literaten wirklich wie eine Vision von Mondänität vorkommen. Dabei war die Via Veneto aber nichts anderes als eine hübsche kleine Straße, in der nicht die Szenerie, sondern der Geist das Besondere ausmachte. Der Zulauf derjenigen, die, angeregt durch den Film, hier ihre – meist dollarstarke – „dolce vita“ suchten, zerstörte den Charme und den Geist jedoch gründlich. Alles, was wirklich noch römisch gewesen war, mußte den Touristenmassen aus aller Welt weichen. Bis schließlich sogar die Großen der Mode das Weite suchten und Armani, Fendi, Bulgari, Missoni, Gucci und Valentino in Richtung Via Condotti verschwanden und der Nepp seinen Einzug hielt.

7 Villa Borghese. Im Haus Borghese kann man bedeutende Skulpturen und Gemälde bewundern. Der große Garten bietet unter alten Bäumen herrliche Erholung.

Verlassen wir diesen ungastlichen Ort und schließen die Promenade in der Villa Borghese ab, wo Rom einst in die Campagna überging! Die Villa Borghese ist nicht nur ein Park, sondern auch ein Beweis. Ein Beweis, daß auch Genies Banalitäten zum besten geben. Lesen wir bei Sigmund Freud: „Villa Borghese ist ein großer Park mit Schloß und Museum, der noch bis vor kurzem einem der römischen Fürsten gehört hat, jetzt aber Eigentum der Stadt und allgemein zugänglich ist, denn der gute Fürst hat sich verspekuliert ... In dem Teil, der der Privatgarten des Fürsten war, steht auch hie und da ein echtes Stück Altertum ... So vergißt man nicht, daß man in Rom ist.“

„Struscio": Von der Via del Corso zur Via Veneto

1. Goethes Wohnhaus (voraussichtlich ab 1991 Museum)
2. Piazza di Spagna
3. Palazzo Propaganda Fide
4. Berninis Wohnhaus
5. Tritonenbrunnen
6. Bienenbrunnen
7. Villa Borghese

„Roma-Capitale": Bauflut und Bauwut

Eigentlich hatte alles ganz harmlos begonnen. Als am 20. September 1870 die Piemonteser Truppen des vereinten Italiens mit einer mehr symbolischen Bresche an der Aurelianischen Stadtmauer die Ewige Stadt in Besitz nahmen, schien sich am gewohnten Lauf der Dinge hier nichts ändern zu müssen. Der Papst ging in sein vatikanisches Exil, und nur wenige teilten die düstere Ahnung des Gregorovius, der nach dem Einzug der neuen Herren schrieb: „Der Papst hat sich zum Gefangenen erklärt, Protest erlassen, durch Bulle das Konzil suspendiert. Rom wird die weltrepublikanische Luft einbüßen, die ich hier 18 Jahre geatmet habe. Es sinkt herab zur Hauptstadt der Italiener ... Das Mittelalter ist wie von einer Tramontana* hinweggeweht, mit allem geschichtlichen Geist der Vergangenheit. Ja, dies Rom ist ganz entzaubert worden."

* Kalter Nordwind in Italien.

Was dann kam, übertraf die optimistischsten und pessimistischsten Erwartungen zugleich. Seit den Bränden Neros und Attilas, seit den Plünderungen Karls V. und den Städtebaumaßnahmen von Papst Sixtus V. hatte sich das Bild der Stadt nicht mehr so einschneidend verändert wie in den Jahren nach der Eroberung der Porta Pia an jenem 20. September. Die neuangelegte Via Nazionale und der Kahlschlag des Corso Vittorio Emanuele II. formten die neuen Hauptachsen der Stadt. Die Via del Corso wurde renoviert, der Tiber reguliert, das Ghetto saniert, südlich von Rom entstanden Industriezonen.

In nur 50 Jahren verdreifachte sich die Bevölkerung auf fast 700 000 Einwohner, wuchs die Bausubstanz in schwindelerregenden Raten und wurden von den 1 400 Hektar Bodens innerhalb der alten Stadtmauer sage und schreibe 1 000 Hektar der Grundstücks- und Bauspekulation preisgegeben. Vor allem die Aristokratie, der Vatikan – über Strohmänner – und die großen Banken, die ja auch großenteils in vatikanischem Besitz waren, beteiligten sich an dem „Boom".

Eine nicht unwichtige Rolle spielte in der Tat der Vatikan „im Exil". Kaum war der italienische Staat in Rom eingezogen, beeilte sich die römische Kurie, ihre Besitzungen zu verstecken, fiktive Gesellschaften zu gründen, Grundstücke an Vertrauensleute zu übertragen.

Dennoch gingen viele Gebäude aus kirchlichem Besitz in die Hand des jungen Staates über. Doch auch sie reichten nicht aus, der anschwellenden Flut von Bürokraten Herr zu werden, die sich aus allen Teilen des Landes über die Neo-Hauptstadt ergoß.

Es entstanden vor allem neue Ministerien, aber auch der Palazzo dell' Esposizione, die Bank von Italien, der Palazzo di Giustizia, die Galleria d'Arte Moderna, neue Brücken, die „Schreibmaschine" an der Piazza Venezia, die Piazza dell' Esedra, heute „della Repubblica".

Die Inventuren der Jahre 1866, 1871, 1881, 1901 und 1920 verdeutlichen die enormen Veränderungen. Am Anfang waren die Ministerien des Kirchenstaates vor allem um den Campo Marzio angesiedelt, zwischen Pantheon und Tiber, ein paar auch um den Trevibrunnen. Es gab nur zwei Museen, das Vatikanische und das Kapitolinische. Dafür aber zahlreiche Bibliotheken und Theater. Industrieanlagen fehlten fast gänzlich. 1881 hatte sich die neue Hauptstadt schon in ihren Grundlinien geformt. Die Entscheidung für den Bau des „Vittoriano" war gefallen. Die vatikanischen Ministerien verschwanden, statt dessen entstanden die Verwaltungen des italienischen Staates, die sich zentrifugal vom Stadtkern wegbewegen. Porta Pia und Piazza Cavour sind ihre neuen Standorte. Neue Krankenhäuser, Museen, Theater und Bibliotheken wurden gebaut, von den elf Zeitungen aus der alten Zeit überlebten nur vier, aber 14 neue wurden gegründet: unter ihnen eine, die es zusammen mit dem „Osservatore Romano" und der „Gazzetta Ufficiale" heute noch gibt, der „Messaggero".

Viele private Gärten wurden zunächst für das Publikum geöffnet, nur um wenig später wieder geschlossen und gleich darauf von der Bauflut überrollt zu werden: Villa Albani, Barberini, Bonaparte, Dante, Ludovisi-Boncompagni, Mattei, Negroni und Patrizi. Der Öffentlichkeit blieben nur wenige erhalten.

Die „terza Roma", das dritte Rom, sollte noch einmal „exemplum" sein und seine neue Rolle durch die Architektur betont werden. Denkmäler wurden zum Ausdruck der gewandelten Politik. Die Bronzestatue des Giordano Bruno auf dem Campo de' Fiori, die anklagend in Richtung Vatikan blickt, ist der eklatanteste Vorstoß der Antiklerikalen in ihrem Kampf gegen die immer noch allmächtige Kirche, deren Herrschaft auch von der kurzweiligen Konjunktur für eine „Freiheit der Gedanken" nicht wesentlich angekratzt wurde. Die Standbilder Camillo Benso Cavours, Nicola Spedalieris und Ciceruacchios – letzterer hieß eigentlich Angelo Brunetti und war der Held der garibaldischen Befreiungskriege – gehören – wie auch der als skandalös empfundene Najadenbrunnen auf der Piazza della Repubblica – zu den Monumenten dieses geistigen Kampfes.

„Roma sparita" hieß es dann 1911: Das alte Rom war im Kahlschlag der neuen Straßenachsen, in der Aushöhlung der zentralen Viertel, in den rücksichtslosen Ausgrabungen zur Glorie des neuen, vereinten, monarchischen Italiens verschwunden.

„Rom ist das tragische Resultat einer historischen Katastrophe, ein Desaster, das aus dem Mißverständnis einer mythischen Posse entstand, die zu ernst genommen worden war", schrieb einmal Luigi Magni. Und der einstige Direktor des Deutschen Archäologischen Instituts, Ludwig Curtius, ergänzte: „Die großen Straßendurchbrüche mit ihren perspektivischen Effekten, die Platzregulierungen mit ihrer rationellen Geometrie vernichteten erbarmungslos in allen Teilen der Ewigen Stadt die Intimität des geschichtlich Zusammengewachsenen von antiker Ruine, mittelalterlicher Kirche und Palast oder Hütte, die den nur ihr eigenen Zauber ausmachte. Daß sich dabei ein großartiges Panorama ergab, wie der Blick auf die Kaiserfora und den Palatin von der neuen Via del Imperio aus, die vom Palazzo Venezia zum Kolosseum führt, war mehr Zufall als Plan."

Titusbogen auf dem Forum Romanum mit Blick auf das Kolosseum. Einst das Zentrum der Republik und des Imperiums war das Forum jahrhundertelang dem Vergessen anheimgegeben und wurde schnöde als Kuhweide und Steinbruch benutzt, bis es die Archäologen des 19. Jahrhunderts wiederentdeckten.

Ländliches Leben im Velabrum zwischen Kapitol und Aventin vor der Kirche S. Maria in Cosmedin mit der Piazza della Bocca della Verità.

Auf und ab im Pferdekarren auf der Via del Corso, wie auch heute noch ... zu Fuß oder mit der „Vespa".

Generationen und Jahrhunderte bauten am Marcellus-Theater zwischen Kapitolshügel und Ghetto aufeinander auf. Jede Epoche nutzte die Substanz, die ihr Vorgänger ihr hinterlassen hatte.

Die Via della Pilotta in der Nähe der Piazza Venezia war noch um die Jahrhundertwende Stadtrand. Hier lagen die Villen, die herrschaftlichen Landsitze, die sich an den Hängen der Hügel emporzogen.

Piazza di Spagna, Spanische Treppe und Trinità dei Monti vor der Jahrhundertwende und vor dem Ansturm des Massentourismus.

Der ungezähmte Fluß umspült die Tiberinsel. Jahrhundertelang sorgte er für zerstörerische Überschwemmungen.

Im Ghetto hat sich bis heute kaum etwas geändert. So wie diese Gassen stellen sich noch immer große Teile des römischsten aller Stadtviertel der Metropole dar.

Ausland in der Ewigen Stadt: Vatikan und Malteserorden

In Roms elegantester Straße, der Via Condotti, unweit des Caffè Greco, in dem sich schon Goethe und viele andere Literaten die Köpfe vom Tabakrauch vernebeln ließen, und eingerahmt von Nobel-Läden der Gucci, Bulgari, Valentino und Beltrami, die mit viel Talent die Geldbeutel der wohlhabenden Touristen schröpfen, fällt der Bau mit der Hausnummer 68 allenfalls durch seine Unscheinbarkeit auf. Nur ein überdimensionales Wappen, das die wasserspeiende Faunsmaske im Innenhof krönt, weist auf Besonderes hin.

Der strenge Zerberus, der „grimmige Wächter" am Eingang, der unerbittlich die allzu Neugierigen zurückweist, kann deshalb erstaunen. Doch müßte hier eigentlich, viel drastischer noch, ein großes Schild vor rotweißer Schranke die Grenzen setzen: „Sie verlassen jetzt den Boden der Republik Italien!" Der bescheidene Palast mitten im historischen Zentrum ist Sitz der Malteser, auch Johanniter, Hospitaliter oder Rhoditer genannt, oder genauer, der Sitz des „Souveränen Ritterordens vom Hospital des heiligen Johannes zu Jerusalem, genannt von Rhodos, genannt von Malta", des kleinsten und merkwürdigsten Staates der Welt. Zusammen mit dem Vatikan bildet der Orden von Malta eines der zwei selbständigen „Subjekte des internationalen Rechts" auf römischem Boden.

Ein anderes Bild, weder unscheinbar noch bescheiden, bietet der zweite Kleinstaat auf der anderen Tiberseite. Ein weißer Strich weist schon am Petersplatz auf die Grenze hin. Hohe Mauern, Pforten und Schranken, Flaggen und Wachmannschaften im Filmkostüm, aber auch die schwarzen Limousinen mit dem Kennzeichen „SCV" sprechen eine deutliche Sprache. Hier beginnt der „Stato della Città del Vaticano", der Staat der Vatikanstadt, und auch dem naivsten Besucher der heiligen Meile wird klar, daß er von nun an im Ausland ist; Ausland mitten in Rom.

Als Ein-Haus-Staat ohne Volk und ohne Land – sieht man von der prunkvollen Villa auf dem Aventin einmal ab – besitzt der Malteserorden doch staatliche Rechte. Er unterhält diplomatische Beziehungen zu fünfzig Ländern, vor allem zu Staaten der Dritten Welt, er darf Diplomatenpässe ausstellen, empfängt Staatsoberhäupter, verleiht Orden, ist Unterzeichner multinationaler Abkommen und Mitglied vieler UN-Organisationen und prägt, last not least, sein eigenes Geld.

Ähnlich und doch verschieden präsentiert sich der Vatikan: Hier gibt es ein Staatsgebiet, eine geschützte Grenze, eine Staatsangehörigkeit für die Bewohner, Armee, Polizei und diplomatisches Korps, aber auch eine Ei-

senbahn, eine eigene Post, eine Müllabfuhr, ein Elektrizitätswerk und eine Hymne – von dem französischen Komponisten Charles Gounod. Von den 30 000 „Einwohnern" des Vatikan sind über 5 000 Priester, Bischöfe oder Kardinäle, fast 20 000 Nonnen und 5 000 Laien, die hier die Arbeit verrichten. Aber nur gut 4 000 von ihnen besitzen wirklich die vatikanische Staatsangehörigkeit, und noch weniger leben permanent auf seinem Gebiet. Das muß verblüffen, ist aber leicht erklärt. Denn zum Vatikan gehören nicht nur die 44 Hektar hinter dem Petersdom, sondern auch die Hauptkirchen S. Giovanni, S. Maria Maggiore, S. Paolo fuori le Mura, die Verwaltungsgebäude wie das S. Uffizio am Petersplatz, der Palast der „Propaganda Fide" an der Piazza di Spagna sowie die Sommerresidenz des Pontifex maximus in dem Städtchen Castel Gandolfo. Sie alle genießen Exterritorialität. Hinzu kommen die Ordenshäuser und großen Ländereien in der römischen Peripherie: 200 Hektar am Meer und 550 Hektar landwirtschaftlich genutzte Fläche. Einzig in der Welt, gebietet der Papst über einen Landbesitz, der größer ist als sein eigentliches Staatsgebiet. Ein Viertel des römischen Bodens, so schätzt man, gehören der Kirche und ihren „Zweigstellen", den größten Grund- und Hausbesitzern der Ewigen Stadt.

Damit ist die Verwirrung nicht aus der Welt geschaffen. Denn wenn es heißt, der Vatikan habe Diplomaten, so ist das nicht ganz korrekt. Diplomatisch anerkannt ist nicht der Vatikan, sondern der Heilige Stuhl, die ideelle Macht, die über 700 Millionen Christenseelen in aller Welt herrscht. Der Vatikanstaat selbst ist ein Territorium mit Staatsangehörigkeit, aber ohne Diplomatie, sein Volk hat kein Recht auf den Paß, wie auch der Besitz des Passes kein Recht auf die Staatsangehörigkeit gibt. Wir sind im Königreich der Zweideutigkeit, wie es einmal ein verzweifelter Korrespondent der römischen, Verzeihung: der vatikanischen Auslandspresse, beschrieb. Italiens Juristen versuchen jedenfalls seit Jahrzehnten vergeblich zu definieren, wo die Souveränität des Vatikanstaates aufhört und die des Heiligen Stuhls anfängt.

Dieser Zwitterstaat – halb Nation, halb geistliche Gewalt – ist das Resultat des jahrhundertelangen Verfalls der weltlichen Macht derer, die sich Nachfolger Petri nennen. Hatte die Kirche, wie Gregorovius schreibt, aus dem Römerreich das System der Zentralisation und ihre kulturellen Werte geschöpft, so gab ihr die Verbindung mit der germanischen Welt Leben als reale Macht. „Die uralte Hauptstadt der Welt blieb oder wurde der moralische Mittelpunkt für das sich neu bildende Abendland." Rom

Gegenüberliegende Seite:
Via Condotti: Roms teuerste und luxuriöseste Einkaufsstraße. Aber auch Sitz des Malteserordens. Über allem thronen im Hintergrund die hohen Mauern des Vatikan.

Folgende Doppelseite:
An der Piazza dei Cavalieri di Malta auf dem Aventin liegt, für die Öffentlichkeit unzugänglich, die Residenz des Großmeisters der Malteser, alias Hospitaliter, alias Johanniter.

und die Kirche waren Synonyme, die Kirche, das war die Allianz mit den Kaisern und später der eigene, der Kirchenstaat. Da war der Papst noch weltlicher Herrscher über ganz Mittelitalien.

Als 1870 die italienischen Streitkräfte, die Piemonteser Bersaglieri, die Stadtmauer an der Porta Pia durchbrachen, zog sich der Papst in selbstauferlegte Gefangenschaft, ins Exil im Vatikan zurück. Erst die Lateranverträge von 1929 zwischen Mussolini und dem Heiligen Stuhl normalisierten die Beziehungen zwischen dem jungen Italien und dem gerupften Heiligen Stuhl wieder.

Bewegter noch war die Geschichte des Malteser-Staates, des Möchtegernstaates von der Via Condotti. Der im Jahre 1099 nach der Eroberung Jerusalems durch die Kreuzfahrer gegründete Ritterorden, dem schon im Jahre 1113 vom Papst Autonomie von der Kurie, der Verwaltung des Weltchristentums, zugestanden wurde, zeichnet sich seit seiner Entstehung durch militanten Geist und ein gutes Gespür für Macht aus. Von den ahnungslosen islamischen Herrschern in der Stadt geduldet, waren es die frommen Herren vom Spital des heiligen Johannes, die, als fünfte Kolonne sozusagen, dem Wüten der Kreuzfahrer vor der Stadt von innen die Bresche schlugen. Sie trugen so das ihrige zu einem Massaker bei, dem die islamische, aber auch Teile der christlichen Bevölkerung der Stadt zum Opfer fielen. Saladins Truppen, die Jerusalem 1187 zurückeroberten – jetzt gegen den militärischen Widerstand der Johanniter –, zahlten mit gleicher Münze zurück.

Da Jerusalem nun verloren war, mußten sich die Ritter nach Akkon zurückziehen, von wo aus sie nur hundert Jahre später wieder von den islamischen Truppen vertrieben wurden. Zypern und Rhodos, jene erste autonome territoriale Basis, von der sie noch heute das Recht auf staatliche Souveränität herleiten, waren die neuen Stationen der Ordensritter auf dem ständigen Rückzug vor dem islamischen Feind. Trotz der Niederlagen aber waren sie in der Zwischenzeit mit den geerbten Reichtümern des gebannten Templerordens und unter Ausbau ihrer militärischen Kraft zu wichtigen Stützen des Papstes und des christlichen Abendlandes geworden. Die Insel Malta, welche 1530 von Karl V. dem Orden zugeteilt wurde, entwickelte sich zum Zentrum der christlichen Piraterie gegen den osmanischen Herrscher Suleiman II. und war später, nach dem Verschwinden des „äußeren" Feindes, für die Qualität des „inneren" bekannt: Maltas Freudenhäuser galten lange als die besten des ganzen Mittelmeerraumes.

1798 war der Traum von der eigenen Nation ausgeträumt. Im Handstreich verjagte Napoleon die inzwischen moralisch geschwächten, korrupten Malteser-Truppen von der Insel und nach ein paar Jahren nahm der Orden in Rom Domizil. Staatschef in der Via Condotti und Hausherr in der Villa Malta auf dem Aventin ist heute der Großmeister, ein ähnlich dem Papst in geheimer Abstimmung gewählter Ordensbruder, der eine über 200 Jahre gesicherte adlige Herkunft in allen Linien des Stammbaums nachweisen muß. Der Großmeister wacht als spiritueller Herrscher über die noch heute weltweite Organisation von 10 000 Rittern, die in fünf Priorate, zahlreiche Subpriorate und nationale Verbände organisiert ist, über Krankenhäuser, Ambulatorien und Hilfswerke, Kindergärten und Altersheime. Heutzutage gibt es nur noch knapp 20 Ritter, die auf das hohe Amt hoffen können.

Die Herrschaft des Großmeisters ist nicht unumschränkt. Ein „cardinalis patronis", ein ihm Ranggleicher, aber vom Papst ernannter Aufpasser, sorgt für das Rechte. Denn die Beziehungen zwischen Vatikan und Maltesern waren nicht immer harmonisch. Schon 1236 wäre der Orden fast exkommuniziert worden, und noch in den fünfziger Jahren dieses Jahrhunderts versuchte die Kurie, seine Autonomie deutlich einzuschränken. Der Sieg in diesem letzten Konflikt lag jedoch – endlich einmal – bei den Maltesern, die ihre staatliche Souveränität – unter der Obhut des Papstes – erneut bestätigt fanden.

Solche Probleme des Konflikts zwischen staatlicher Souveränität und gleichzeitiger moralischer Subordination kennt der Vatikan nicht. Die letzte totale Monarchie der Welt wird regiert von einem Papst, der absoluter und göttlicher Souverän, Haupt der Kurie und Bischof der Schäflein in aller Welt ist. Er ist Legislative, Exekutive und Judikative in einer Person. Mit der Kurie und ihren Abteilungen, besonders aber dem IOR, dem Institut für die religiösen Werke, einer Art Nationalbank des Vatikans, regiert der Papst über das Weltchristentum. Der Peterspfennig, der Jahr für Jahr zwischen 50 und 100 Millionen Mark wert ist und mit dem die Gläubigen das Defizit dieser Bank finanzieren, aber auch der immense Kapital- und Grundstücksbesitz sorgen für finanzielle Stabilität. Über seine Società Generale Immobiliare, die Anfang der fünfziger Jahre noch fast neun Quadratkilometer Roms besaß, hat die Kirche im Bauboom der Sechziger an prominenter Stelle von der Zerstörung der Ewigen Stadt profitiert. Der Vatikan, das brachten die Skandale der siebziger und achtziger Jahre ans Tageslicht, birgt eines der Zentren von Weltpolitik und

Weltfinanz, geschützt vom Spiel der Exterritorialität und Immunität seiner Repräsentanten. Sagte Papst Johannes Paul II., der mit dem „Show-Talent", treffend: „Der Vatikan ist ein Fleckchen Erde, das für die Kirche sehr nützlich ist."

Noch verborgener wirken die Malteser-Herren. Briefmarkenserien für Sammler, blitzende Gold-, Silber- und Bronzemünzen mit nur symbolischem Wert täuschen nicht darüber hinweg, daß auch in der Via Condotti Macht konzentriert ist. Weltliche Macht. Nicht zufällig findet man unter den 10 000 „Rittern der frommen Gestalt" die Namen der Mächtigen dieser Erde: Italiens Christdemokraten Giulio Andreotti und Staatspräsident Cossiga, den Fiat-Boß Agnelli, Chrysler-Chef Lee Iacocca, den amerikanischen Politiker Alexander Haig und den Ex-CIA-Obersten Casey. Nicht zufällig auch behaupten sich mit Nachdruck Gerüchte einer Finanzierung der nicaraguensischen Contras über die Kanäle des Ordens. Sicher ist, daß dessen Kommunikationsnetze unter Ausschluß der Öffentlichkeit reger in Anspruch genommen werden, als man dies gemeinhin vermuten würde. Und das nicht immer zu wohltätigen Zwecken.

Und noch ein Nachtrag: Seit Jahren hält sich in Rom hartnäckig ein Gerücht, nach dem Giulio Andreotti, dem Dutzende von Skandalen bis heute nicht politisch das Genick brachen, bei jeder längeren Reise sein privates Archiv hinter die Mauern des Vatikans bringen läßt: ins sichere Ausland, mitten in Rom.

Trattoria, Osteria, Ristorante: Essen in Rom

Zum ersten Mal im Leben war der alte sardische Bauer in die Hauptstadt gekommen. Wohl fühlte er sich in der hektischen Atmosphäre der engen, heißen Straßen nicht. Schon zum zweiten Mal hatte ihn an diesem Vormittag ein Wachtmeister nach seinen Papieren gefragt. Nach Streit aber war ihm gar nicht zumute. So lenkte er mit Witz und all seiner Schlauheit die Unterhaltung aufs Essen. Wo man in der Stadt der Päpste denn essen könne, wenn möglich gut und billig, fragte er mit verschmitztem Gesicht den schon gar nicht mehr strengen Hüter der Ordnung.

Der Beamte schickte ihn in eine nahegelegene Trattoria. Zufrieden setzte sich unser Bauer zu Tisch, band sich, ungerührt von den erstaunten Blicken der anderen Gäste, die riesige Serviette um den Hals und lauschte gespannt der nicht enden wollenden Aufzählung von Köstlichkeiten, die der Ober mit theatralischer Mimik abspulte. Kaninchen als Hauptgang? Das sagte ihm zu.

Ungläubig schaute er wenig später auf den Teller, den ihm der Ober mit unnachahmlichem Hochmut mehr hingeworfen als hingestellt hatte. Ob er vielleicht einen Blick in die Küche werfen dürfe, das würde ihn schon interessieren, fragte er vorsichtig, immerhin gäbe es kein Lokal wie dieses in seinem Dorf. Kaum war ihm der Wunsch bewilligt, stand er, gar nicht faul, schon hinter dem Koch. Ein kurzer Blick reichte, um seine trüben Ahnungen zu bestätigen. Knurrend stapfte er aus Küche und Kneipe, nicht ohne, für Wirt und Gäste deutlich vernehmbar, sein Urteil zum besten gegeben zu haben: „Freßt ihr nur eure Katzen, ich fahr' nach Hause und eß meine Karnickel!"

Roms Küche ist sicherlich besser als ihr Ruf, der ihr aus Anekdoten und „wahren Erlebnissen" nachschallt. Angst um die körperliche Unversehrtheit braucht heute niemand zu haben, es sei denn, er zahlte die Rechnung nicht. Das heißt aber noch lange nicht, daß alles zum besten bestellt ist. Allzu oft wird die Suche nach gutem Essen in der Ewigen Stadt noch immer zur Resignation vor dem kleineren Übel.

„Spaghetti al sugo, Spaghetti al ragú, Spaghetti all' amatriciana, Spaghetti alla carbonara. Tagliatelle al sugo, Tagliatelle al ragú, Tagliatelle ..., Penne al ..." und ewig so weiter geht die immergleiche Litanei römischer Speisekarten. „Tauschte man in den Lokalen der Hauptstadt einfach die Köche aus", meinte Roms Gastro-Kritiker Milioni einmal, „würde es wahrscheinlich niemand bemerken, so öde und langweilig ist deren Angebot meist, so banal sind ihre Zubereitungen." Er löste mit seiner Polemik nicht einmal viel Wirbel aus, denn dort, wo um den ständigen Zustrom von Touristen sich niemand Gedanken machen muß, da kann man gastronomische Anstrengungen nicht immer erwarten.

Romantische Vorurteile vom Schlage des „pasta noch frisch mit Eiern zubereitet und morgens eigenhändig durchs Nudelmaschinchen gedreht", vom „Hauswein", der so genuin wie gut, so „ökologisch" wie unverfälscht sein soll, wie sie noch immer die Mehrzahl der Reisebücher und Hochglanz-Revuen verbraten, nimmt in der Ewigen Stadt ohnehin niemand mehr ernst. Oder läßt sie sich teuer bezahlen.

Was heißt überhaupt römische Küche? Nudeln und Pizza kommen aus Neapel, die Spaghetti „all' amatriciana" aus den Abruzzen, die Tortellini aus der Emilia und die hauchdünnen „Bresaola", getrocknetes Fleisch, Carpaccio und sonstiger Speck haben ihre Alpennatur nie ganz verleugnen können. Die „echte" Kochkunst der Ewigen Stadt, die hier herrschte bevor Piemonteser, Abruzzesen, Neapolitaner und Kalabresen in die neugegründete „Roma capitale" einfielen und ihre kulinarischen Sitten und Unsitten mitbrachten, ist heute fast vergessen. Plebejisch von Natur, solide, aber ohne Extravaganzen, hat sie sich in ein paar Lokale der römischen Peripherie verzogen, wo sie, von der Kundschaft der Pizzerien, Trattorien und „feinen Häuser" geschmäht, ein Aschenbrödel-Dasein führt.

Am Südrand der Stadt im Viertel Testaccio, unweit des protestantischen Friedhofs und der Pyramide des Caius Cestius, walten noch Hüter der Tradition. (Gleich gegenüber befindet sich übrigens der Portalbau des einstigen großen römischen Schlachthofs, der seit Jahren leer steht und einer Neubestimmung als „Beaubourg" Roms harrt, wie die Bürger der Stadt mit der ihnen eigenen Bescheidenheit betonen.) „Checchino dal 1887", mit dem Zusatz für Eingeweihte „al mattatoio", am Schlachthof, heißt das äußerlich unscheinbare Lokal, in dem die Brüder Mariani zusammen mit Mamma Ninetta das Lebenswerk ihres verstorbenen Vaters Francesco, alias „Checchino", weiterführen.

Testaccio, das Viertel um den berühmten Hügel, der Schicht um Schicht aus den zerschlagenen Ölkrügen entstand, die vom nahen Hafen des alten Rom, dem „emporium", hierhergebracht und aufgestapelt wurden, war schon immer die Heimat der römischen „osteria" gewesen, jener typischen Kneipe mit langen Tischen, an denen Wein aus dem Gebiet „Castelli Romani" ausgeschenkt und von kargen Imbissen begleitet wurde.

Als gegen Ende des letzten Jahrhunderts der Schlachthof entstand, füllte neue Kundschaft die alten Schänken. Die Schlachter und Metzger, die ihr Tagewerk noch nachts vollbrachten, wenn die Kühle das Fleisch nicht sofort verdarb, wurden zum Teil in Naturalien entlohnt. Meist waren das Innereien, die „armen" Reste von Rindern und Schafen, oder, wie man damals noch sagte, das „fünfte Viertel". Frühmorgens wurde es den Wirten der umliegenden „osterie" gebracht und man ließ es dort für die Feierabend-Vesper – die sie am Vormittag hielten – kochen.
„Insalata di zampe", einen Salat aus Kalbshaxen, wie man die „zampe" wohl bei uns nennen würde, eine delikate Vorspeise, mit viel Stangensellerie, Karotten und Kräutern leichtgewichtig gemacht, wird hier gegessen, oder „Rigatoni con pajata", die Nudeln mit der Soße aus dem Gedärm des Milchkalbs, jener „pajata", in der man oft neben der Muttermilch auch Strohreste, „paglia", findet. Hammel und Schaf, mit ihrem rustikalen, eindringlichen Geschmack, sind die bevorzugten Schlachtstücke des „pastoralen" Rom, das seinen mythologischen Gründungsort nicht von ungefähr nach Pales, der Schutzgöttin der Hirten, „Palatinus" nannte. Die „Coda alla vaccinara", der Ochsenschwanz, oder das „Abbacchio al forno" vom Milchlamm, das es nur auf Vorbestellung gibt, sind Gerichte, die hier wie seit Jahren bereitet werden, heute natürlich leichter, denn Publikum und Geschmack haben sich geändert, aber in der Substanz ist man doch den historischen Vorbildern treu geblieben.
Wem nach den Innereien von Lamm und Kalb, der „Coratella con carciofi" oder dem „Padellotto", das in der „padella", der Pfanne, bereitet wird, nicht zumute ist, der kann es mit einem verblüffend zarten „Garofolato di bue" versuchen. Verblüffend, weil das Gericht aus dem Fleisch von Arbeitsochsen bereitet wird, das lange auf kleiner Flamme weichgekocht und mit Nelken, „chiodi di garofano", gewürzt wird, um Geschmack zu bekommen. Das alles garniert man mit „römischem" Grünzeug, Erbsen, Artischocken und Salaten, vor allem aber mit der bitterlich-scharfen „rughetta", Löwenzahn, die im Norden „rucola" genannt wird. „Arme" Gerichte sind das, weil sie vom armen Rom gegessen wurden. An ihrer heutigen Zubereitung ist dagegen nichts mehr arm. Die Arbeit, die in der Zubereitung einer „Pajata" und „Garofolata" steckt, aber auch der enorme Gewichtsverlust vom rohen Stück Fleisch bis zum gesäuberten und gekochten Gericht, machen aus Roms traditionellen Gerichten teure Leckereien, und aus der „armen" eine „reiche" Küche.

Gegenüberliegende Seite: „Pasta fresca" wird in den seltensten Fällen wirklich von Hand am selben Tag zubereitet, wie hier bei „Piperno" auf dem Monte dei Cenci im Ghetto.

Die Gerichte von Elio und Francesco Mariani sind vor allem den Jahreszeiten verpflichtet. Ein Lamm ist ein Lamm und kein Schaf und wird folglich nur wenige Wochen serviert. Der „rughetta-Salat", der wilde Löwenzahn mit den kleinen regelmäßigen Blättern, wird von zwei, drei Kennern der Wiesen und Weiden handgepflückt, weil die großblättrige Treibhaus-Rughetta nicht annähernd soviel Geschmack und Aroma entwickelt. Die „carciofi", Artischocken, sind zart und müssen vom mittleren Trieb der Pflanze sein. Bohnen, Kräuter, Erbsen, Auberginen und „broccoletti" kommen nur dann auf den Tisch, wenn es die Natur erlaubt. Spektakulär ist der Schafskäse, der echte, milde „pecorino romano" in großen Formen, der wirklich vom Latium kommt und nicht, wie so oft, aus Sardinien, wo Tiere und Nahrung andere sind und der Käse salziger, was eine allzu zerstreute – oder interessierte? – Gesetzgebung leider erlaubt. Sehens-, vor allem aber in seiner reichen Auswahl genießenswert, sind die Weine aus dem Weinkeller der Brüder Mariani, unter historischem Grund in den Hügel aus Scherben römischer, griechischer, spanischer Ölkrüge getrieben. Was immer von Italiens Weinbergen kommt, kann man hier finden, und mehr noch: alte Sauternes, Elsässer „Grand crus" oder Wachauer Weiße ergänzen die Wahl der heimischen Flaschen und bilden zusammen den vielleicht besten Weinvorrat Roms.

Die arme plebejische Küche, die sich vom Mittelalter an durchgesetzt hatte, stand in deutlichem Kontrast zu den Gaumenfreuden der alten Römer. Festessen und Orgien, zu denen das Beste vom Besten aus allen Teilen des Weltreiches herangeschafft wurde, waren in der Antike fast täglich Brot. Wein aus Griechenland, Datteln aus Nordafrika, Gewürze, Früchte, Destillate bildeten den Rahmen eines herrschaftlichen Schlaraffenlandes, dem Lukullus, der Staatsmann, General und erster Gourmet aus dem 1. Jahrhundert v. Chr., der die Kirsche in Italien heimisch machte, seinen Namen lieh. Das Treiben wurde so toll, daß der Senat es im Jahre 186 v. Chr. verbot, nur um, kaum 14 Jahre später, dem Drängen seiner patrizischen Klientel nachzugeben und die Feste wieder zuzulassen.

Mit der Verarmung des Reiches verarmte auch die Küche. Zwei Welten entstanden, von denen eine die andere nicht kannte. Auf der einen Seite das Rom von Hammel, Schaf und Innereien. Auf der anderen der klerikale Hof, die reichen Familien der Kardinäle und Päpste, die ihre Köche, Gerichte, Rezepte von ihren Schlössern im Norden mitgebracht hatten. Die adlige Küche jedoch faßte im „wirklichen" Rom nie richtig Fuß.

Von ihren Künsten drang nichts über die Mauern der Paläste nach draußen, eher schon rochen und schmeckten die Herren auch einmal an den Schüsseln des Volkes und integrierten dessen Gerichte in den eigenen Menüplan.
Damals, erzählen die Mariani, herrschte die „cucina dei quartieri", die Küche der Stadtviertel. Nach S. Giovanni ging man, um Schnecken zu essen, ins Ghetto auf der Suche nach „carciofi alla giudia", den Artischocken auf hebräische Art. Zu den Castelli fuhr man für „fettucine", die breiten Bandnudeln, sowie fürs „pollo alla diavola", das „teuflischscharfe" Huhn, und in Trastevere waren „trippa", Kutteln, die Spezialität. Damals gab es noch die echte „minestra", Suppe, gekocht aus dem, was vom Vortag übriggeblieben war und mit Nudeln „verlängert", die man in Größe und Garzeit auf die einzelnen „Reste" abgestimmt hatte: „pasta e ceci", Nudeln mit Kichererbsen, „pasta ai broccoletti", „pasta con patate". Was fehlte, war die Tomate, die man nur als Konzentrat kannte und die erst in den fünfziger Jahren dieses Jahrhunderts frisch in der römischen Küche Einzug hielt.
Wie die alten Rezepte, deren oft arbeitsintensive Zubereitung mit den Erfordernissen moderner Restaurants nicht mehr Schritt halten konnte, verschwanden auch die Unterschiede zwischen einzelnen Typen der Lokale. „Osteria", die Weinkneipe, „Trattoria", das Familienlokal, und das feine „Ristorante" scheinen heute ein einziges, undefinierbares Wirrwarr, in dem für Spezialisierung kein Platz mehr ist.
Den Sprung von der „Osteria" zur „Trattoria" und später zum „Ristorante" vollzog schon vor zwanzig und mehr Jahren Papà Giovanni, Verzeihung, Renato Sentuti. Auch er übernahm von seinem Vater die ehemalige Osteria „Papà Giovanni", die in der Via dei Sediari im historischen Zentrum, gleich hinter der alten Universität Sapienza liegt. Auch er fand seine eigene, unverwechselbare Linie und blieb dennoch „römisch". Seine Philosophie erläutert er am liebsten beim Streifzug über den Markt von Campo de' Fiori, das Herz des alten Rom und Renatos ganz persönliche Quelle von Inspiration.
So wie bei Checchino das „fünfte Viertel" im Mittelpunkt des Repertoires steht, sind es bei Sentuti Gemüse, Salate und deren Zubereitungsarten. Oder die Art, etwas erst gar nicht zuzubereiten. „Die Erbsen", erläutert er und pflückt sie fein säuberlich aus der Schale, „müssen roh gegessen werden. Wer sie zuerst gekocht hat, hat die gute Küche ermordet! Aber es müssen die richtigen sein, die kleinen, süßen! Und diese Zuc-

chini! Die Wahl ist entscheidend! Unsere römischen mit ihren langen pelzigen Haaren auf der Schale sind weniger wäßrig als die glatten neapolitanischen und enthalten zudem mehr Vitamine. Die Spargel wild, die Tomaten klein, mit harter Schale aber süßem Kern und ohne die häßliche Säure, das Lammfleisch, das echte ‚abbacchio', von Weiden mit geeignetem Boden und Gras", fährt er fort und wühlt sich, probiert sich, schwatzt sich auf dem Markt von Stand zu Stand, von Freund zu Freund. Deren Namen findet der Gast dann später bei Tisch notiert: Sergio für die Blumen, Gabriella, die Sympathische, für das Gemüse, Toto für den Fisch und Paride, „il paino", der Schönste vom Platz, für das Obst.

Folgende Doppelseite: Der Markt auf dem Campo de' Fiori, dem Bauch von Rom.

Die Märkte, das lernt man beim Spaziergang mit Renato Sentuti, sind der eigentliche Lebensmittelpunkt der Stadt. Der Streifzug über den Großmarkt an der Porta Ostiense, das Stöbern in den Auslagen der Händler des Campo de' Fiori, das Feilschen auf der Piazza Vittorio Emanuele II., dem größten und billigsten, deshalb auch populärsten der Märkte, der leider wegen unhaltbarer hygienischer Verhältnisse jetzt geschlossen wird, aber auch der Besuch auf einem der kleinen Vorstadtmärkte gehören zum Sympathischsten, was Rom bieten kann.

Sentutis Credos sind Verdaulichkeit und reiner Geschmack. Manch einer der Neider hat ihn deshalb schon spöttisch „Diätkoch" genannt. Kümmern tut ihn das nicht, er schätzt die Chinesen und deren „Geschmackswahrheit", während er der römischen Küche vorwirft, den Eigengeschmack der Gerichte mit zu viel Gewürzen getötet zu haben. Auch er hat natürlich die „echten" Gerichte auf seiner Karte, die „trippa alla romana", die römischen Kutteln, „cosce di rana", Froschschenkel, und „pecorino", Schafskäse. Aber er bietet mehr: seine Spaghetti mit Kräutern, grünen Tomaten und Caciota-Käse sind von selten genossener Frische und Feinheit. Mit modischem Vokabular müßte man sagen, römische „nouvelle cuisine", aber damit täte man Sentuti nur Unrecht.

Nur wenige Schritte sind es vom „Campo" zum „Ghetto", dem Reich des „carciofo", der Artischocke, die in den Feldern des Agro Romano zu Hause ist. „Carciofo alla giudia", die in Öl gebackene, knusprige Blume, ist der wichtigste jüdische Beitrag zur römischen Küche. Das Ghetto ist aber nicht nur deshalb ein Hort römischer Tradition, weil seine Bewohner zu den wenigen „echten" Römern in fünfter, sechster oder zehnter Generation gehören, sondern auch, weil hierhin infolge jahrhundertelanger Isolation äußere Einflüsse nicht vordringen konnten.

„Uno" heißt ein neues, kleines Restaurant in der Nähe des „Portico

1000
1000
10
2000

500 kg
PATATE
1000
CAMPO
GELA

d'Ottavia", in dem noch jüdische Küche Bestand hat. Der Rabbi Elio Polacco kommt persönlich jeden Tag hierher und bereitet das Fleisch nach den Regeln der religiösen Tradition vor. Nach schmerzloser Tötung der Tiere und genauester Inspektion werden die Fleischstücke 45 Minuten gewässert und ruhen weitere 45 Minuten mit Salz bedeckt. Zweck dieser Behandlung ist es, ihnen alles Blut zu entziehen, dessen Verzehr den Juden nicht gestattet ist.

Die Regeln, die ein koscheres Lokal zu beachten hat, sind kompliziert und vielfältig. Weder Milch noch Milchprodukte dürfen benutzt oder serviert werden, da deren Verzehr zusammen mit Fleisch verboten ist. Der Wein muß aus koscherer Produktion unter Aufsicht eines Rabbi stammen und darf – was heute anachronistisch scheint – wohl mit allerlei Chemikalien, aber nicht mit tierischen Zusätzen versetzt werden. Fisch darf gegessen werden, vorausgesetzt, er hat Gräten, Flossen und Schuppen, was „frutti di mare" und „scampi" ausschließt. Kritischer noch wird es Ostern. Da werden die Küchen geschrubbt, Töpfe und Pfannen ausgekocht, oder sogar eigens für den Anlaß reservierte Gerätschaften benutzt, da wird besonderes, koscheres Geschirr und Besteck aus den Kellern geholt, das über das Jahr nicht in Gebrauch sein darf. Es wird nur gegessen, was direkt von der Erde kommt: Reis, Ei, Fleisch, Gemüse und Fisch, aber auf keinen Fall „pasta".

Unweit vom Ghetto, am Lungotevere Vallati, liegt die Trattoria „Evangelista", die, lange als Geheimtip gehandelt, eine Zufluchtstätte der scheueren Menschen des prominenten Rom war. Bis der Tip dann von Zeitschriften und Führern verbreitet wurde. Schmackhafte, unprätentiöse Gerichte, eine kleine, aber feine Auswahl von Weinen, Preise, die noch nicht vom Höhenkoller erwischt wurden, und vor allem die symphatische, aber diskrete Atmosphäre, ohne jene Anbiederei, die so viele Wirte der Hauptstadt mit Gastfreundlichkeit verwechseln, haben dem Ort seinen Charme bewahrt.

Danach werden gute Adressen schon rar: „Paris" auf Trasteveres Piazza S. Calisto oder das „Romeo" in der Via C. Alberto nahe der Kirche S. Maria Maggiore, wo Preis und Leistung – meistens – noch in gutem Verhältnis stehen. Empfehlenswert sind auch die beiden Lokale mit Namen „Cul de Sac", Sackgasse. Das eine, die „Enoteca" mit kleinen Gerichten und einer überwältigenden Auswahl von Weinen, liegt an der Piazza Pasquino, das andere im Vicolo dell'Atleta auf der gegenüberliegenden Tiberseite und ist ein junges, mit Begeisterung und Können geführtes elegantes, aber auch teures Restaurant. Ansonsten herrscht „menefreghismo", die typisch römische Art der Indifferenz gegenüber allem und jedem. Der „oste" jedenfalls, die traditionelle Figur des Wirts als Gastgeber, Unterhalter, Koch und Beichtvater, ist aus dem heutigen Rom fast völlig verschwunden. Verschwunden ist die Kunst, den Gast zu verwöhnen, ihn sich wohl fühlen zu lassen. Manchmal hat man den Eindruck, man müsse sich als Kunde einer besonderen Ehre bewußt sein, in dieser „trattoria" oder jenem Restaurant essen, und dann natürlich saftig zahlen zu dürfen. Denn das Kapitel der Preise ist eines der traurigsten. Der „conto", die Rechnung, übertrifft die schlimmsten Erwartungen. Zu Vorspeise, Hauptgericht und Dessert addieren sich noch die „versteckten" Posten: Gedeck, Beilagen, Extras, der Wein und der Kaffee und schließlich das Bedienungsgeld treiben die Summe leicht in schwindelnde Höhe. Wobei noch alles in Ordnung ist, wenn die Abrechnung wenigstens stimmt. Leider ist allzuoft nicht einmal das der Fall. Manchmal mit großem „lamento", meist aber nur hoheitsvollem Grinsen wird dann versucht, den Fremden glaubhaft zu machen, das alles sei natürlich nur ein bedauerlicher, ganz bedauerlicher Irrtum. Niemand kann allerdings erklären, warum dieser bedauerliche, wirklich sehr bedauerliche Irrtum immer zugunsten des Wirts geht.

Folgende Doppelseite: Eine „trattoria" im Ghetto. Im Einerlei der Trattorien und Restaurants, deren volkstümlicher Schein oft nur Fließbandabfertigung von Touristen verbirgt, gibt es zum Glück noch einige wirklich traditions- und qualitätsbewußte Lokale.

Der Kenner der römischen Szene wird hier vergeblich nach anderen Namen suchen, nach Roberto Minetti von der „Pianeta Terra", dem Planet Erde, oder nach dem bekannten „Tentativo di descrizione di un banchetto a Roma", dem Versuch der Beschreibung eines Banketts in Rom, wie es poetisch heißt, die sicherlich zu den besten Küchen Italiens gehören. Aber sie haben die traditionellen Rezepte längst durch „internationale" Gerichte ersetzt, die, bei aller Phantasie, bei aller Kochkunst und bei allem Talent für Innovationen doch immer ein wenig charakterlos daherkommen. Und dann bleibt da immer noch die Frage zu beantworten, ob dies denn wirklich Restaurants sind oder mehr Clubs? Keine Speisekarte hängt an der Tür, manchmal fehlt gleich jeder Hinweis, daß man hier essen kann. Die Chefs hinter dem Herd kochen nur nach Vorbestellung, und manche treiben es gar soweit, daß sie lieber ein leeres Lokal in Kauf nehmen, als hereinschneiende Kunden zu akzeptieren. Das heißt nicht, daß in den oft viel zu kleinen Räumen mehr „privacy" herrscht, sondern nur, daß ihre Besitzer Laufkundschaft hassen wie der Teufel das Weihwasser. Vergessen sollte man besser auch das Kapitel Fisch. Rom ist und war nie eine Stadt am Meer, auch wenn das die Geographie glauben macht. Das

36
35
TRATTOR

AMERICAN EXPRESS
Cards Welcome

heißt nicht, daß es keine guten Fischrestaurants gäbe. Es gibt sie, aber sie sind sündhaft teuer und bieten nicht immer die zurecht erwartete Leistung fürs Geld.

Preisgünstig ist fast nur der Wein. Aber auch hier liegt vieles im argen. Noch immer wird der ahnungslose Gast, kaum sitzt er am Tisch, mit der Frage überfallen „bianco o rosso?", weiß oder rot, egal was immer er essen will. Noch immer wird der Weißwein meist zu kalt, der Rotwein dagegen zu warm serviert. Und wer sich, um den Wein wenigstens ein wenig abzukühlen, zum Roten den nötigen Eiskübel bestellt, ist als Provokateur schon gebrandmarkt.

Nur langsam schaffen es die jungen „enotecari" und „ristoratori", ein Minimum von Weinkultur in der Stadt einzuführen. Das ist, trotz der langen Weintradition Roms, nicht ganz einfach. Lange Zeit waren ja Roms Restaurants, besser: Roms „osterie", in den Händen der großen Weinhändler aus den „castelli", die folglich alles und unter beliebigen Bedingungen an die Kunden brachten. Der berühmte Frascati, ursprünglich übrigens meist süß ausgebaut, war nicht viel mehr als ein „Pizzawein" fragwürdiger Qualität. Und gleiches galt für die offenen Weine, die die Neu-Römer aus ihren Herkunftsregionen bezogen, aus den Abruzzen, Molise und Kalabrien.

Das hat sich in den letzten Jahren ein wenig geändert. Kleine Produzenten wie Paolo di Mauro aus Fratocchie und das Weingut „Tenuta di Fiorano" aus dem gleichnamigen Ort begannen, mit teilweise untypischen Rebsorten Spitzenweine zu produzieren und hatten damit beachtlichen Erfolg. Nicht in Rom, versteht sich, sondern in London, New York und Hamburg. In Rom selbst trinkt man nach wie vor den dicken, süßsäuerlichen Hauswein oder „labt" sich an den modernen, anonymen „Galestros", „Santa Margheritas" und anderen „Sarmentos".

Aber genug der Klagen! Wer sucht, findet auch in Rom eine Gastronomie, die ihm zum leiblichen Wohl verhilft. Sollte dann immer noch etwas ins Auge gehen, bleiben Sie ruhig. Und vor allem, werfen Sie nicht aus Wut einfach die Abrechnung weg! Denn das kommt *noch* teurer zu stehen. Sechzig Meter nach Verlassen des Lokals muß der Gast in der Lage sein, den sporadisch kontrollierenden Beamten der Finanzpolizei eine ordnungsgemäße Quittung, die „ricevuta fiscale", vorzuzeigen. Diese Kontrolle richtet sich gegen den Steuerbetrug der Wirte, aber eine Strafe zahlen auch Sie!

Gärten und Parks

Folgende Doppelseite: Die Villa Aurelia auf dem Gianicolo ist heute Sitz der amerikanischen Akademie.

Öffentliche Grünanlagen fehlen!" Lakonisch bekräftigte noch vor wenigen Jahren ein großes deutsches Nachschlagewerk unter dem Stichwort „Rom" dieses liebgewonnene Vorurteil, das in Wahrheit seit langem seine Daseinsberechtigung verloren hat. Auch Antonio Cederna, Journalist und Roms bekanntester Umwelt-Streiter, wird nicht müde, sein grau-graues Bild zu malen. Er klagte kürzlich, die Ewige Stadt sei, was ihre öffentlichen Grünflächen pro Kopf der Bevölkerung betreffe, mit weitem Abstand Europas Stiefkind. Vier, allenfalls fünf Quadratmeter errechnete er für jeden Römer und stellte dagegen, daß in München, Amsterdam oder Stockholm immerhin vierzig, sechzig und 180 Quadratmeter pro Einwohner zur Verfügung stehen. Ganz anders sieht dagegen die Rechnung des Umweltverantwortlichen der Kapitolsregierung aus. Paris, so listete dieser auf, besitze 2 845 Hektar Parks und Gärten, Rom dagegen immerhin 3 300. Was schließlich ganz beachtlich sei!

Über Zahlen kann man streiten. Wie man zählt, ist die Frage! Ob Foren, Kaiserburgen und Thermen, ob Appia, Caffarella und der Foro Italico mit ihrer ausgedehnten Vegetation zum städtischen Grün gehören oder vielleicht „nur" zur historischen Substanz, ist Gegenstand widersprüchlicher Rechnerei. Sicher ist nur, daß es in Rom fast hundert Parks und Gärten unterschiedlicher Ausmaße gibt. Zu den größten Anlagen zählen die Gärten der Villa Borghese und Villa Pamphili mit 78 bzw. 180 Hektar.

Was viele nicht wissen: Die Ewige Stadt ist eingerahmt von immensen Grünflächen, gefleckt mit wunderbaren Gärten, gezeichnet von exotischen Parks und barocken Villen. Kaum eine andere Stadt des alten Kontinents wird so sehr geprägt vom Grün wie Rom mit seinen „parchi" und „ville". Viele von ihnen sind dem Mann von der Straße verschlossen. 54 der hundert sind in Privat- oder Ordensbesitz, 14 beherbergen Botschaften, und selbst von den restlichen, die der öffentlichen Hand gehören, ist längst nicht jeder zugänglich. Gegen alle Rechner hat deshalb Roms Zeitschrift „Espresso" recht, wenn sie betont, das Grün der Stadt sei deshalb einzigartig, weil es mit unvergleichlichem historischem Erbe gespickt sei.

Und wirklich, wo sonst in der Welt kann man sein morgendliches Jogging inmitten antiker Ruinen zelebrieren, die Kinder zum Spielen in

Schmuckgärten vergangener Jahrhunderte bringen und sich selbst im Schatten historischer Bauten weltlicher und kirchlicher Herrscher von brüllender Sommerhitze erholen? In Rom sind auch die Grashalme historisch, heißt es, und römische Parks ein getreues Ebenbild von Kultur und Geschichte der Stadt ... mit ihren Licht- und ihren Schattenseiten, versteht sich. Vom Grün der archäologischen Stätten und der alten Konsularstraßen, über die Landsitze der Päpste und Kardinalsfamilien aus Renaissance und Barock, bis hin zu den Schöpfungen des 20. Jahrhunderts formten und formen die Gärten Roms Bild und Roms Leben. Es gibt, wie könnte es anders sein, sieben Grünflächen, Gärten und Parks, in denen der ganze Charakter der Stadt zum Ausdruck kommt: der Park des Scipioni, die Valle Aurelia, die Villen Borghese, Sciarra, Doria Pamphili, Torlonia und schließlich den nie geborenen archäologischen Park.

*

In die Valle Aurelia gerät man nur zufällig. Kein Wegweiser hilft, niemand, den man um Rat fragen könnte. Kaum ein Pfad, kaum eine Straße führen hierher. Noch unverfälschte „macchia", der typisch mediterrane Bewuchs aus Sträuchern, Gräsern und verkrüppelten Bäumen, mit kleinen Wiesen voll pastellfarbener Blumen und wilder Beeren prägen ihr Gesicht. Nur ab und an unterbrechen das Blöken der Schafe, die auf höhergelegenen Hängen weiden, und das dumpfe Grollen von Flugzeugen, die irgendwo in der Ferne zu Start oder Landung ansetzen, die vollkommene Ruhe. Weiter oben thronen die mächtigen Pinien des Parks der Sacchetti, säuberlich in Reihen gepflanzt, ein Meisterwerk von Menschenhand.

Die Valle Aurelia liegt nicht im wilden Hinterland Sardiniens, nicht in den rauhen Bergen der Abruzzen und nicht in den Hügeln der Toskana, sie liegt mitten in Rom. Genauer gesagt, ein paar Schritte hinter den Mauern des Vatikans, zwischen den reichen Vierteln des Monte Mario und der berüchtigten Peripherie von Primavalle, dem einstigen Tummelplatz von Mafiosi und Rotbrigadisten. Die Valle Aurelia ist ein Symbol für Natur, für Natur in der Stadt. Ein Symbol des Spannungsrahmens, der Roms städtisches Grün bestimmt. Ein Symbol aber auch, das niemand kennt, das niemand zählt und niemand pflegt.

Überraschungen wie diese bietet die Stadt der Städte auf Schritt und Tritt. Es reicht, aus dem historischen Stadtkern herauszuschauen, und schon ist man umgeben von öffentlichem und privatem Grün. Kaum eine andere Stadt kann eine fast durchgängige grüne Lunge präsentieren, die von den

Tiberwiesen im Norden über Gianicolo und Palatin bis hin zu den weiten Ländereien der Via Appia und des Caffarella-Tals im Süden reicht, kaum eine andere Metropole hat auch eine so große Vielfalt unterschiedlichster Fauna und Flora zu bieten.

Folgende Doppelseite: „Orto Botanico" am Hang des Gianicolo. Wasser und Stein, Symbole von Leben und Tod, von der Herrschaft des Menschen über die Natur.

2 000 Jahre und mehr reichen die Ursprünge des ältesten Teils der Grünanlagen zurück, der von der Via Appia und ihrem innerstädtischen Appendix um Caelius, Caracalla-Thermen, Circus Maximus und Palatin gebildet wird. Nur ein winziger Abschnitt davon ist aber noch authentisches Relikt aus der Römerzeit. Der Parco degli Scipioni, im 3. Jahrhundert v. Chr. vom alten Geschlecht der Scipionen nahe der Aurelianischen Mauer bei der Porta S. Sebastiano angelegt, verschaffte schon damals Ruhe vor dem hektischen Treiben. Einfach, fast primitiv war die Anlage eines solchen Gartens, wie ihn viele der Patrizierfamilien ihr eigen nannten. Im Grunde gab es nicht mehr als ein Fleckchen Wiese, dicht umstanden von schattenspendenden Bäumen, mit unterirdischen Grabkammern, welche die sterblichen Reste der Ahnen beherbergten, und einem kleinen Denkmal zum Ruhme ihrer Heldentaten.

Was des einen Schlichtheit, war des andern Luxus und Pomp. Noch heute sind die prunkvollen Anlagen des lateinischen Dichters Sallust zwischen Quirinal und Pincio berühmt, ein großartiger Komplex von Gärten und Bädern, Tempeln und Säulen. Von ähnlicher Pracht sind die Gärten des Generals und Gourmets Lukullus, die „Horti Luculliani", die als früheste Monumentalgärten der Stadt gelten. Der Esquilin mit der Villa des Kunstfreunds Gaius Cilnius Maecenas (70–8 v. Chr.), das Marsfeld, der Gianicolo, der Hügel des Gottes Janus, und der Quirinal waren fast vollständig mit Anlagen und Wiesen bedeckt, und über all dem thronten das Grün der kaiserlichen Burgen des Palatins und die gleißende Verschwendung von Kunst und Natur in Neros „Goldenem Haus". Von diesen Anlagen findet sich heute kein Rest mehr. Die Geschichte vergaß sie oder beutete sie zum Ruhm späterer Herrschergeschlechter aus.

Gaius Cilnius Maecenas (70 v. Chr.–8 v. Chr.) Freund und inoffizieller Vertreter von Kaiser Augustus

Roms berühmtester historischer Park hat das Licht der Welt nie erblickt. Schon zu Anfang dieses Jahrhunderts empfahl eine königliche Kommission die Einrichtung eines „archäologischen Parks", der zwischen Forum Romanum und Via Appia Antica, oder weiter noch bis zu den Ruinen von Ostia, die historische Substanz in ihrer grünen Umgebung erhalten sollte. Wieder und wieder wurden die Pläne geändert, verworfen, erneut aufgegriffen und wieder verworfen. Auch die „rote" Verwaltung der siebziger Jahre grub die alten Pläne wieder aus, ein „erster Spatenstich"

wurde getan, neue Ideen wurden entwickelt. Es sollte kein steriler Museumspark entstehen, kein zweites Forum, sondern ein Gebiet, das sich mit Spazierwegen, Fußgängerzonen und Brücken in die umgebenden Viertel eingliedert. Man beabsichtigte, Museen, Theater und Konzertsäle in die vom behördlichen Staub gereinigten Hallen des Kapitols einziehen zu lassen und den Verkehr weiträumig ums neue Antlitz der Stadt herumzuführen. Das war eine wirkliche, konkrete Utopie von Menschlichkeit, wie selbst die „Frankfurter Allgemeine Zeitung" den Kommunisten in Roms Bürgermeisterei ungewohnt Beifall spendete.

*

An die einstige Idylle Roms, an die Auen und Felder, erinnern heute nur noch die Namen von Straßen und Plätzen. So zum Beispiel die Via Frattina, die Straße der „fratta", des Strauchwerks und Gestrüpps, die in ihrer kommerziellen Hektik nichts mehr von dem einstigen Bild ländlicher Ruhe weiterträgt. Unweit davon verläuft die Via Capo le Case, die bis in jüngste Zeit das Ende der geschlossenen Bebauung und den Anfang der römischen Campagna noch innerhalb der Stadtmauern anzeigte.
Ein Großteil des römischen Grüns verdankt seine Erhaltung mehr historischen Zufällen als bewußter Planung. So zum Beispiel das Tal der Caffarella entlang der Via Appia, das nur deshalb überlebte, weil die alte Konsularstraße vom 5. Jahrhundert an aus der urbanen Entwicklung ausgeschlossen wurde, als eine verarmte Adelsfamilie am Grabmal von Caecilia Metelli (siehe auch S. 194) Passierzölle erhob. Ein ähnliches Schicksal erlitten, wenn auch aus unterschiedlichen Gründen, fast alle „antiken" Teile des heutigen grünen Korridors, die die Stadt durchziehen. So strahlt der Aventin seine so „unstädtische" Ruhe und Ausgeglichenheit erst seit der Plünderung durch Alarichs Truppen im Jahre 410 aus, und die nahe Villa Celimontana auf dem Gipfel des Caelius „schuldet" es Robert Guiscard, daß sie seit 1084 von Bebauung verschont blieb.
Im Gegensatz zum „antiken" Grün geben die unzähligen Villen und Paläste, die vor allem in Renaissance und Barock entstanden, die Prunkherrschaft der Kardinalsfamilien und des Kirchenstaates noch fast unverfälscht wieder. Oft aus dem reichen Norden zugezogen, wo man schon früh prächtige Bauten und Parks errichtet hatte, sorgten sich die „Neuen" im Purpurgewand zuerst meist um standesgemäßes Wohnen. Für sich selbst und ihren zahlreichen Anhang mußten sie eine würdige Umgebung schaffen. So entstanden ab Anfang des 16. Jahrhunderts die

Villen des Kardinals Alexander Farnese, des späteren Papst Paul III. und seiner Sippschaft, die an fast allen Enden der Stadt kaufte und baute: den Palazzo Farnese, die Villa Farnesina, die Villa Aurelia (der Ex-Palast Farnese und heute Sitz der amerikanischen Akademie) sind die unübersehbaren Spuren, die sie hinterließen. Es entstand der Palast der Familie Corsini in Trastevere, die Villa Rospigliosi-Pallavicini am Quirinal mit ihrem einzigartigen, von filigranen Strukturen durchzogenen „hängenden" Gärtchen, die Villa der Familie Albani sowie der Palast der Ludovisi. Außerdem wurden die Villen von Papst Sixtus V. gebaut, die, wie noch fünfzig andere, im Bauboom um die Jahrhundertwende unter den Spitzhacken der „Urbanisierer" verschwanden.

Folgende Doppelseite: Die weiße Kuppel des Petersdoms ist so omnipräsent wie die Macht des Vatikans. Von weitem noch ist sie über die höchsten Hügel hinweg zu sehen, wie hier von der Pineta Sacchetti im Westen Roms.

*

Die Villa Borghese ist Hausgarten und Renommierstück der Stadt zugleich und einer der ganz wenigen römischen Parks, der Tag und Nacht geöffnet ist. Die Anlage geht auf die Initiative des Kardinals Scipione Caffarelli zurück, den Neffen Papst Paul V., der von diesem den klangvollen Namen Borghese übertragen bekam. Am besten erschließt sich die ausgedehnte Anlage vom Pincio her, wo schattige Wege, gesäumt von den Köpfen der Großen aus Antike, Mittelalter und Neuzeit, zur „Casina Valadier", dem bevorzugten Restaurant vieler Stars und „Möchtegern-Sternchen" aus Politik und Show-Busineß, führen. Zu den größten Attraktionen gehören die kleine Wasseruhr, 1867 von einem Dominikanermönch namens Embriago für die erste Pariser Weltausstellung gebaut, der Vogelkäfig von Carlo Rainaldi, der See mit seinen künstlichen Ruinen, die Hänge, die im Sommer mit Liebespaaren förmlich gesprenkelt sind, aber auch die Piazza Siena, der schönste Platz des Parks, der die Heimatstadt der Borghese ehrt. Das berühmte Museum, in dem Meisterwerke von Raffael zu bewundern sind, ist leider meistens geschlossen, da Gewölbe und Gänge im Untergrund die Stabilität seiner Mauern gefährlich untergraben haben.

Nach Jahren des Verfalls ist die Villa Sciarra, auf der anderen Tiberseite, hoch über dem Viertel Trastevere an der Aurelianischen Mauer gelegen, heute zumindest im oberen Teil einer der gepflegtesten römischen Parks, ein exotisches Gemisch von Bäumen, Palmen, Magnolien und jeder Art von Nadelbäumen. Einige Teile der Villa stammen aus dem 15. Jahrhundert, der Rest wurde Anfang des 20. in seiner jetzigen Form gestaltet. Die Villa gehörte einst der Familie mit dem vielleicht längsten Namen des römischen – oder besser des zugereisten – Adels: Principi di Cerbo-

gnano e di Nerola, Duchi di Bassanello e di Montelibretti, Marchesi di Corese. Fast hundert Brunnen, Statuen, Steinbänke, Amphoren, Kolonnaden und Säulen aus verfallenen und zerstörten lombardischen Villen kann man hier bewundern, die im 18. Jahrhundert aufgestellt wurden. Von ihrer letzten Besitzerin, einer englischen Lady, wurde die Villa dem „Duce" vermacht, der sie, weil er schon Villen im Überfluß besaß, an die Stadt Rom weitergab. Im unteren Teil ist sie leider noch immer streckenweise gesperrt, da akute Erdrutsch-Gefahr besteht. Auch die monumentale Freitreppe am Ende der Viale Adolfo Leducq ist schon seit langem von Gittern und Zäunen umgeben. Die höchste Ecke des Parks zwischen dem schönen Pavillon und der Aurelianischen Mauer gilt als beliebtester Treffpunkt der römischen Verliebten, eine Mini-Berg-und-Tal-Bahn weiter unten als das größte Vergnügen für die Kinder der umliegenden Viertel.

Unweit von hier liegt Roms größter Park, die Villa Doria Pamphili, deren neun Kilometer Umfang das gesamte historische Zentrum der Stadt umfassen würde. Auch Goethe kam des öfteren hierher. In seinen Notizen schreibt er: „Von da an schlichen wir, fast bei zu warmem Sonnenschein auf die Villa Pamphili, wo sehr schöne Gartenpartien sind, und blieben bis an den Abend. Eine große, mit immergrünen Eichen und hohen Pinien eingefaßte flache Wiese war ganz mit Maßlieben übersät, die ihre Köpfchen alle nach der Sonne wendeten; nun gingen meine botanischen Spekulationen an, denen ich den anderen Tag auf einem Spaziergange nach dem Monte Mario, der Villa Melini und Villa Madama weiter nachhing." Wieder war es ein Papst-Neffe, der sie schuf: diesmal Camillo Pamphili, der Neffe von Papst Innozenz X.

Ganz anders ist die Szenerie am Fuße des Gianicolo. Der „Orto Botanico", Roms botanischer Garten, gehört zur Universität, ist aber dennoch Teil des öffentlichen Grüns. Orchideenhaus, Kakteen, Tropenhaus und medizinische Pflanzen sind nicht unbedingt spektakulär, bilden aber den Rahmen zu einem der angenehmsten und erholsamsten Stücke des „Ewigen Grüns".

*

Eines der Problemkinder unter den Parks der Stadt ist die Villa Torlonia, knapp außerhalb der Porta Pia an der langen Via Nomentana gelegen. Sie wurde 1806 von Giuseppe Valadier im Auftrag der römischen Bankiersfamilie gestaltet und ist ein klassisches Beispiel architektonischen Eklektizismus. Unter dem Faschismus wurde sie von der Familie Torlonia dem

„Duce" als Residenz überlassen. Als die Gemeinde Rom den Flecken Grün dann zur öffentlichen Nutzung enteignen wollte, kam es zu jahrelangen gerichtlichen Auseinandersetzungen, die, in noch schwierigerer Form, heute um andere Villen und Parks toben. Trotz des Verfalls beeindruckt die Anlage mit ihrer Mischung aus geschichtlichem Ort und römischem Alltag: Familienleben, Kinderspiel, Picknick, Gezänk und Geschwätz.

Die Widersprüchlichkeit von Geschichte und Gegenwart wird zur Zerrissenheit, wo die Konzepte des 20. Jahrhunderts aufeinanderprallen. Die Anlagen aus der kurzen Zeit des vorfaschistischen Liberalismus, die vor allem in Verbindung mit sozialen Institutionen, dem Poliklinikum oder der Psychiatrie von S. Maria della Pietà entstanden und deren sanfte Schwingungen aus Wegen und Hecken, Brunnen und Wiesen die Härte ihrer Zweckbestimmung vergessen machen, stehen in krassem Kontrast zur Kälte und Unmenschlichkeit der Welt Mussolinis: dem Foro Italico, der für die Faschistische Akademie der Farnesina von 1938 bis 1939 errichteten Sportanlage, oder der Weltausstellungsstadt E.U.R. (Esposizione Universale di Roma).

Die Anlage von Parks als eigenständige öffentliche Kommunikationsräume hatte in Rom bis in die fünfziger Jahre dieses Jahrhunderts kein Gewicht. Das kann in einer Stadt nicht erstaunen, die trotz der alles verschlingenden Bauwut, der in zwei Jahrzehnten über 12 000 Hektar landwirtschaftlich nutzbaren Bodens zum Opfer fielen, noch immer Italiens größte agrarische Gemeinde ist. Bedenkt man, daß mehr als die Hälfte der Römer in erster oder zweiter Generation aus ländlichen – vor allem südlichen – Gefilden hierher zog, versteht man, warum der Bevölkerung, in altem Reflex, der Kräutergarten, die Rosen und Bougainvillea des eigenen Balkons weit mehr bedeuten als der gepflegte Park in der Nachbarschaft. „Die Römer hassen das Grün!", hat Antonio Spinetti, Architekt im Gartenamt, einmal überspitzt formuliert. Und daß Öffentliches in Rom ohnehin stiefmütterlich behandelt wird, begreift, wer seine sanitären Einrichtungen kennt: blitzsauber zu Hause, aber schmuddelig bis zur Ekelgrenze im öffentlichen Raum.

Viel Kohärentes hat die Park-Politik der Stadt in den letzten Jahren nicht produziert. Neben paradiesischen Plätzen wie dem Olivenhain der Villa Gloris, auf dem man sich in toskanischen Bergen glaubt, oder der himmlischen Ruhe des protestantischen Friedhofs, neben utopischen Projekten, den Großparks von Vejo, Aniene, Pineta Sacchetti und Caffarella oder dem Plan eines Maxi-Parks an der Magliana, mit Golf, Eisenbahn, Zoo und Residenzen, zeigen die römischen Gärten auch die Schattenseiten der Ewigen Stadt. Ständige Brände in den Parks von Monte Mario, wo einige gern ihren Beton vergießen würden, überall Berge frisch benutzter Heroinspritzen, ungepflegte Rabatten und verwilderte Dickichte, verfallene Pavillons und leerstehende Paläste bilden die Szenerie für das alltägliche Drama der Metropole, das auch den Rahmen der nächsten Jahrzehnte ausmachen wird.

Stetes Wasser: Römische Brunnen

Als Fellini seine üppige Anita für den Film „La dolce vita" im Trevibrunnen planschen ließ, spielte er mit einer uralten Symbolik von Vitalität, die den Kern römischen Lebensgefühls traf. Wasser nährt und beseelt die Welt, und Rom, die Weltstadt, ist im wahrsten Sinne des Wortes eine „Wasserstadt". An allen Ecken, auf allen Plätzen sprudelt und plätschert es. Einfache Mauerbrünnchen und monumentale Ornamentbrunnen spenden tagein, tagaus das kühle, lebenswichtige Naß. Fast unerschöpflich scheint der Strom. Wenn in der schlimmsten Dürrezeit Sardinien dürstet, Liguriens Wälder provinzweise brennen und die Lombardei statt Dünger im Wasser fast Dünger „pur" trinkt, rauscht für die Römer noch immer der kräftige Strahl aus den Wasserspendern, ohne die sie nicht leben zu können glauben. Keine andere Stadt der Welt erlaubt sich einen vergleichbaren Luxus ständigen, ungehemmten Wasserkonsums.

Dieser Reichtum, dieser Überfluß ist kein Geschenk der Natur. Erst jahrhundertelange planerische und architektonische Anstrengungen machten aus den Dörfern der Hügel im Tiberknie die Stadt der hundert, der tausend Brunnen. Im selben Rhythmus, in dem Republik und Kaiserreich sich zur Weltherrschaft aufschwangen, in dem das Dorf zur Stadt, die Stadt zur Großstadt und schließlich zur „Metropolis" wurde, war sie auf ständigen Zufluß von Wasser angewiesen.

„Roma quadrata", das primitive Geviert von Romulus Gnaden, konnte sich mit schmucklosen Tränken begnügen. Natürliche Tümpel hier und da oder kleine künstliche Becken gaben zusammen mit dem Tiber der Stadt den Lebensnerv. Fast 450 Jahre lang, von der mythologischen Gründung an gerechnet, genügten der Stadt die eigenen Reserven. Ihre Quellen und Bäche versorgten „Nymphäen", Brunnenhäuser, und Waschhäuser, die ersten Vorläufer der späteren gigantischen Thermen.

Quellen und Brunnen waren den Römern heilig. Sogar Abwasserleitungen hatten eine eigene Schutzgöttin. Die älteste und größte hieß „Cloaca Maxima", und entsorgte Rom vom Viertel Subura über das Forum bis hin zum Velabrum. Sie war von den Etruskern gebaut und von ihnen auch nach „Cloacina" genannt worden, jener Göttin – und das scheint eigentlich unglaublich –, die später mit dem Bild der Venus vereint „Venus Cloacina" hieß.

Mit dem wachsenden Reichtum der Stadt wurden die Brunnen aufgrund ihrer sakralen Bedeutung zu Objekten der künstlerischen Phantasie. Da aber hatte sich das Bild des ursprünglichen, natürlichen Überflusses längst gewandelt. Als die Quellen im Stadtgebiet nicht mehr ausreichten, die aufgeblähte Bevölkerungsmasse zu versorgen und mit dem anschwellenden Strom der Zuzügler aus allen Weltteilen Schritt zu halten, als das Tiberwasser durch das zu gütige Werk der „Göttin der Kloaken" ungenießbar geworden war, mußte Wasser vom Umland herbeigeschafft werden.

Es entstanden Aquädukte, die in ihrer architektonischen Kühnheit nur in den Konsularstraßen und den größten Monumentalbauten Ebenbürtiges hatten. Noch heute beeindruckt der Kreuzungspunkt aller von Süden kommenden Leitungen neben der Eisenbahntrasse bei Porta Maggiore jeden Betrachter. Elf dieser gigantischen Wasserschlangen von insgesamt 423 Kilometern Länge versorgten die Millionenstadt der Kaiser mit 1 000 oder gar 1 500 Litern pro Kopf und Tag, wogegen die heute mit Mühe erreichten 500 Liter beschämend ärmlich wirken.

1 352 öffentliche Brunnen, von denen mit Ausnahme der Mostra von Acqua Giulia auf der Piazza Vittorio und der Ruine der Meta Sudans vor dem Kolosseum alle Spuren verschwunden sind, wurden zumeist von diesen Aquädukten versorgt und verteilten das Wasser an alle Punkte der Stadt. Was nicht heißt, daß jedem das Seine zugekommen wäre. Auch die Verteilung des Wassers folgte streng dem hierarchischen Gerüst der römischen Gesellschaft. Wasser im Überfluß besaßen die Paläste und Villen selbst auf den höchsten der sieben Hügel, auf die das System der Leitungen ausgerichtet war. Ein Netz von Rohren, teils schon aus Blei, sorgte für kapillare Verbreitung in alle Ecken und Winkel der imperialen und senatorischen Prunkbauten. Wer hingegen in den großen Wohnblocks, den „insulae", von fünf, sechs Stockwerken lebte, mußte oft teilen. Denn weiter als bis in die untersten Lagen schaffte der von den Patriziern gebeutelte Wasserdruck die Zufuhr nicht, so daß die Armen ihre Tagesration über Stiegen und Leitern nach oben schleppen mußten. Für ausreichende Gerechtigkeit war allenfalls bei großer Knappheit gesorgt, denn dann wurden zuerst die privaten, erst später die öffentlichen Brunnen gesperrt.

Den realen, aber auch mythischen Stellenwert des Wassers in der Zivilisation der alten Römer unterstreichen, besser noch als Brunnen und Wasserleitungen, die gigantischen Badehäuser, deren Ruinen noch immer allgegenwärtig über die Straßen und Plätze der Stadt dominieren. Die

„thermae" des Caracalla, des Trajan, des Domitian und des Titus sind Ausdruck von Stärke und Schwäche zugleich, von Reichtum und Macht, aber auch von der Dekadenz einer Kultur.
Baden war im Kaiserreich zur Manie geworden. Ein Inventar des Jahres 315 v. Chr. zählt neben den elf Großbadehäusern, die Tausenden Platz boten, noch 926 öffentliche und private Bäder bescheideneren Zuschnitts. Den Reichen galt der fast tägliche Besuch der Thermen mit Sklaven und diversem Anhang als Beweis ihres sozialen Status. Sehen und gesehen werden war auch für sie schon Parole. Der Schriftsteller und Philosoph Seneca hat den Luxus dieser Bäder einmal mit flammenden Worten beschrieben und die Verweichlichung von Sitten und Moral beklagt: „Arm und gemein kommt sich jeder vor, wenn seine Wände nicht von großen und kostbaren Scheiben strahlen, wenn nicht der Alexandrinische Marmor mit Numidischem ausgelegt ist, wenn sich nicht ein kunstvoller, buntfarbiger Stein, gleich einem Gemälde, ringsherum zieht, wenn nicht die gewölbte Decke mit Glas getäfelt ist, wenn nicht Tasisches Gestein, einst selbst in dem einen oder dem andern Tempel ein seltener Anblick, die Bassins umgibt, in welche wir unsere durch vieles Schwitzen ausgetrockneten Körper versenken, wenn nicht silberne Hahnen das Wasser ausströmen lassen."
Um einen Zentralbau herum lagen, eingerahmt von Säulengängen, die eigentlichen Bäder dieser Thermen, das Caldarium, das Tepidarium und das Frigidarium, wo man warm, lau oder kalt badete. In anderen Sälen genoß man Schwitz- und Wannenbäder oder ließ sich massieren. Wer reich war, kam mit dem eigenen Masseur oder mit Badesklaven, die anderen nahmen die Dienste des vorhandenen Personals in Anspruch. Wieder in anderen Hallen trieb man Sport – Ringen und Fechten waren beliebt –, schwamm in der „natatio", im Schwimmbad, oder las in den verschiedenen Bibliotheken.
Die Thermen waren auch ein gesellschaftlicher Treffpunkt. Ab Mittag kam man hierher, schwatzte, sah von der halbrunden Zuschauerbühne, der „exedra", den Aktivitäten zu, aß in den Restaurants oder flanierte in großzügigen Gartenanlagen.
Anfangs standen die Thermen den Männern und Frauen gemeinsam offen, was manchen Skandal provozierte. Kaiser Hadrian, der Moralist, verbot das gemeinsame Baden und schickte die Frauen in die kleineren „balnae". Später wurde der Zutritt zu den Thermen für die Geschlechter gesondert geregelt, und nur die Rahmenaktivitäten durften gemeinsam stattfinden.

Folgende Doppelseite: Die Tiberinsel war Sitz des Tempels des Äskulap, des Heilgottes in Schlangengestalt. Heute steht hier das Krankenhaus „Fatebenefratelli". Links die Kuppel der Synagoge am Rande des Ghettos.

Lucius Annaeus Seneca (um 55 v. Chr. – um 40 n. Chr.) römischer Schriftsteller

War Wasser das Leben Roms, so kündete sein Ausbleiben vom Untergang. Als im Jahre 537 n. Chr. die Zuleitung zu den Thermen des Caracalla von den Goten zerstört wurde, war das Schicksal des „caput mundi", des Hauptes der Welt, besiegelt. Der alte Reichtum hatte sich in Abhängigkeit gekehrt. Was vorher schon Druckmittel und strategische Waffe gegen Rom gewesen war, wurde nun zu seinem Verhängnis. Das kleine Völkchen, das vom einstigen Weltreich übriggeblieben war, drängte sich am Westrand des Marsfelds im Tiberknie und versorgte sich noch einmal aus jenem Fluß, dem – Ironie der geschichtlichen Dialektik – die Magerkur Roms ganz wohl bekommen war. Was „Flußkuratoren" und „Uferpräsidenten", „curatores alvei et riparum tiberis", seit Augustus Zeiten nicht geschafft hatten – es sei nicht verschwiegen, daß ihre Aufmerksamkeit mehr der Schiffbarkeit und Zähmung des Flusses als seiner Genießbarkeit galt –, vollbrachte der Niedergang der imperialen Macht im Handstreich. Auf Jahrhunderte hinaus war der Tiber wieder die wichtigste Wasserquelle der Stadt der Päpste.
Lange galt, was ein Beobachter noch im 17. Jahrhundert schrieb: Der Tiber war „gemeinlich trüb und leimfarb", aber „sehr gesund zu trincken und behalt sich lange zeit ohn einiche corruption unnd bösen geschmackt", was wohl, wie man vermutete, mit dem Sand zu tun hatte, den seine Wasser in Mengen bewegte. Papst Paul III. – manche behaupten, es sei Klemens VII. gewesen – nahm seine tägliche Ration Tiberwasser sogar auf Wallfahrten ins ferne Frankreich mit, und Goethe, so schreibt er selbst, badete 1787 mit Genuß in den gelblichen Fluten: „Abends ward in der Tiber gebadet, in wohlangelegten sicheren Badehäuschen; dann auf Trinità de' Monti spaziert und frische Luft im Mondschein genossen."
In alten Zeiten war der Fluß in jedem Jahr viermal aus seinem Bett getreten, zerstörte oft das Marsfeld, löste Furcht und Panik aus und galt den Römern als ungezügelter Vorbote schlimmer Ereignisse. Damals war Roms „Hausgewässer" auch noch Verkehrsweg. Bis zum Jahre 1870, als Rom Hauptstadt wurde und Garibaldis Projekt einer Umleitung des Flusses mit Mühe verhindert werden konnte – nicht jedoch die Verbauung des gesamten Ufers innerhalb des Stadtzentrums –, brachten noch regelmäßig Fährverbindungen die Römer von einem Ufer und Viertel zum anderen.
„L'acqua ride", das Wasser lacht, sagt man in Italien, um seine glitzernde, kringelnde, sprudelnde Klarheit zu beschreiben, das sich in einem

Becken sammelt oder einem kleinen Lauf, von Stein zu Stein, von Biegung zu Biegung eilt. Roms Tiber lacht nicht mehr. 165 Abwässergräben, 175 Kanäle, 3 000 direkte Einleitungen und drei mehr schlecht als recht arbeitende Kläranlagen schicken in jeder Minute 16 Kubikmeter trübster Abwässer in den städtischen Teil des Flusses.

Die Lust am Wasser ist vielen Römern dennoch nicht abhanden gekommen. Zu Dutzenden liegen Pontons und Hausboote am Ufer vertäut. Ruderclubs, Sonnendecks, Cafés und private Diskos, Saunen, Eisenbahner-Clubs und Mini-Turnhallen bilden das Reich der „fiumaroli", der Männer des Flusses, die dem Dreck und Gestank seit Generationen trotzen und sich weder vom Schlamm noch vom Hochwasser vertreiben lassen.

Wenn Wasser Leben ist und der Stein Tod, dann symbolisieren Roms Brunnen die Herrschaft des Lebens über den Tod. Das Wasser macht sich den Stein untertan, der Mensch triumphiert über den Tod. Das kleine Wasserbecken im Tempel, die christliche Taufe haben das Wasser zum Element des Ritus und der Liturgie erhoben. Jede Kirche hat ihren eigenen Brunnen, den „càntaro", der mit archäologischen Fundstücken ausgeschmückt wird. Deshalb wundert es auch nicht, daß in der Zeit der Renaissance der Triumph des zweiten, des päpstlichen Roms mit dem Wasser beginnt.

Die Wiederentdeckung der Aufzeichnungen eines „curator aquarum" erlaubte in der Mitte des 15. Jahrhunderts die Wiederherstellung des ersten der alten Aquädukte, der Aqua Virgo Agrippas, nun Vergine genannt, der später den Trevi- und den Barcaccia-Brunnen versorgte. Sixtus V., der Papst, der fünf Jahre regierte und fünf Straßen, fünf Brunnen, fünf Obelisken und fünf Brücken errichten ließ, wie Roms Volkspoet Giuseppe Gioacchino Belli (1791–1863) es einmal ironisch formulierte – und später Paul V. –, waren die großen Brunnenbau-Päpste des Barock. Sie versorgten viele der neuen Schaustücke Roms, indem sie die wichtigen antiken Wasserleitungen restaurieren ließen: die Acqua Felice, nach Felice Peretti, dem säkularen Papst Sixtus V. benannt, die dessen Villa auf dem Esquilin und die neugebauten Stadtteile von „Monti" „benäßte", und die Acqua Alsietina, später nach ihrem Sponsor, Paul V., Acqua Paola genannt.

„Überhaupt sind für mein Empfinden das Allerschönste an Rom seine Brunnen. Der auf der Piazza Navona zum Beispiel wirkte auf mich so gewaltig, wie nichts auf meiner ganzen Reise. Die springenden Brunnen, denen man auf Schritt und Tritt begegnet, die Flüsse förmlich, die sich

Gegenüberliegende Seite: Zeugen des unversöhnlichen Künstlerkrieges: der Vierströmebrunnen von Bernini und die Fassade der Kirche S. Agnese von Borromini auf der Piazza Navona.

aus ihnen ergießen, sind noch erstaunlicher und erfreulicher als seine Bauten", schrieb der französische Schriftsteller, Historiker und Politiker Charles de Brosses im 18. Jahrhundert, als die Brunnenlandschaft Roms gerade ihr letztes fehlendes Glied, den Trevibrunnen, erhielt.

„Mostra", Schau, nennen die Römer die großen, prächtigen Brunnenanlagen, fast als ob die Reinheit und Qualität des ankommenden Wassers öffentlich unter Beweis gestellt werden solle. Die bekanntesten sind der Trevibrunnen, die Fontana dell' Acqua Paola auf dem Gianicolo und die Acqua Felice am Anfang der Via XX. Settembre. Das Becken der Acqua Paola war im übrigen als Schwimmbecken sehr geschätzt, bis dem Baden mit päpstlichem Erlaß ein Ende gesetzt wurde: „Es ist verboten, im Becken zu baden, mit oder ohne Hosen", hieß es von nun an lakonisch.

Die Brunnen mußten Darstellungen von Macht, Symbole der Herrschaft der Päpste über die Welt sein. Vier Flüsse, Nil, Ganges, Donau und Rio de la Plata, Sinnbilder der damals bekannten Welt, manifestieren deshalb im Zentrum der Piazza Navona den Universalitätsanspruch der Kirche. Pasquino, der anonyme Kritiker päpstlicher Macht, der noch heute von Zeit zu Zeit spukt, reimte, mehr praktisch gesinnt, daß ihm die versammelten Wasserwerke der Päpste noch besser gefielen, wenn sie statt Wasser aus dem See von Bracciano den Wein vom nahen Orvieto spendeten. Was sich die Päpste nicht zweimal sagen ließen. Als der Vierströmebrunnen vollendet war und seine Bezahlung anstand, erfand Papst Innozenz X. eine neue Weinsteuer, mit deren Hilfe das großzügige Honorar Berninis beglichen wurde. Anlaß genug, versteht sich, für neue sarkastische Sprüche Pasquinos: „Far pagare il vino per condurre l'acqua", den Wein bezahlen, um Wasser fließen zu lassen, spöttelte er.

Es sind vor allem zwei Namen, die sich mit den römischen Wasserspielen verbinden. Giacomo della Porta, der Michelangelos Pläne am Kapitol vollendete und von Vignola die Leitung des Petersdoms übernahm, war erster offizieller „Brunnenarchitekt" der Stadt. Von ihm stammen der Brunnen auf der Piazza Colonna, die ersten Entwürfe der beiden Randbrunnen der Piazza Navona, die „Suppenschüssel" im Verkehrsgewühl vor der Chiesa Nuova, die einst den Händlern des Campo de' Fiori als Abfallterrine diente und deshalb mit ihrem abscheulichen Deckel „geschützt" wurde (siehe S. 72). Er schuf die Brunnen von Aracoeli, von Piazza Campitelli im Ghetto und von Piazza Madonna dei Monti.

Unter dem – in chronologischer Sicht – zweiten großen Wasser-Magier, Gian Lorenzo Bernini, wurden die Brunnen zum wichtigsten städtebauli-

chen Element. Erste Werke von seiner Hand finden sich im Vatikan und auf der Piazza Barberini, wo er zu Ehren seines Gönners, Papst Maffeo alias Urban VIII., 1644 den Bienenbrunnen gestaltete. Urban VIII. war der Papst, von dem der Volksmund, in weiser Beurteilung des Raubbaus an antiker Substanz, die er veranlaßt hatte, wußte: „Quod fecerunt Barberini, non fecerunt barbari", was die Barberini vollbrachten, hatten selbst die Barbaren nicht geschafft. „Mückenbrunnen", titulierte ihn Pasquino und machte klar, wie lästig dieser Pontifex war.

Gian Lorenzo Bernini (1598–1680) italienischer Baumeister

Für Bernini wurde die Stadt zum Theater, zum Dekor für die wieder erstarkte Macht des Katholizismus nach der langen und schmerzhafen Krise des Protestantismus. Dekor, aber auch Schleier, falsche Festlichkeit, die über Inquisition, Folter, Intoleranz gedeckt wurden. Schon die „barcaccia" auf der Piazza di Spagna, im wesentlichen ein Werk des Vaters von Gian Lorenzo Bernini, Pietro, war Symbol für die neuerlangte Macht des Vatikans. Nur kurze Zeit vor ihrer Errichtung hatte die päpstliche Flotte französischen Häretikern bei La Rochelle die entscheidende Niederlage in einer Seeschlacht beigefügt. Und so sieht manch einer in diesem Boot, dessen Wasser aus den Kanonen fließt, ein Anklingen des päpstlichen Triumphs.

Waren die Brunnen der Renaissance von gesetzter Eleganz, integriert in die urbane Neugestaltung, so wurden die Wasserspiele des Barock zu eigenständigen Inszenierungen, zu Gesamtkunstwerken, in denen das Artefakt die Harmonie der Natur verdrängte. Das Wasser, so hat ein französischer Beobachter einmal bemerkt, ist für Bernini Metapher geworden, Allegorie seiner selbst. Es gilt für ihn nicht mehr, das Element in Szene zu setzen bzw. bewundern zu lassen, sondern dessen künstlerische Inszenierung durch den Menschen. Alles ist künstlich, der Mensch hat nicht nur den Tod besiegt, sondern die gesamte Natur gleich mit ihm. Verschwendet für päpstliche Macht, war fließendes, klares Wasser zur gleichen Zeit fürs Volk noch immer ein kostbares Gut. Die Zuteilung von regelmäßigen Quanten aus restaurierten Aquädukten war deshalb immer ein besonderes Privileg. Scipione Borghese bekam, so wird berichtet, von Papst Paul V. vierzig Unzen Wasser geschenkt, und Bernini selbst ließ sich für den Bau seines Tritonenbrunnens mit Wasser bezahlen, das er flugs auf einem belebten Schwarzmarkt für teures Geld verkaufte.

Mehr noch als Brunnen gibt es Legenden. Eine der schönsten rankt sich um den Schildkrötenbrunnen Taddeo Landinis, eines der Assistenten Giacomo della Portas vom Ende des 16. Jahrhunderts. Graf Mattei, dessen Paläste am Nordrand des Ghettos um die kleine, intime Piazza Mattei gruppiert waren, hielt, als er sich gerade einmal wieder im Spiel ruiniert hatte, um die Hand der Tochter eines neureichen Römers an, mußte sich aber ins Gesicht sagen lassen, daß diesem Krösus viel eher nach Geld als nach adligen Titeln der Sinn stand. Um zu beweisen, wozu ein Mattei noch fähig ist, auch wenn ruiniert, lud er den Vater der Hübschen zu einem üppigen Fest in seinen Palast; es dauerte die ganze Nacht. Bei Morgengrauen führte er ihn an ein Fenster, öffnete es, und zu dessen Erstaunen plätscherte draußen ein Brunnen, von dem vorher keine Spur gewesen war. Der Brunnen der Schildkröten! Ob Mattei die Hand der Tochter bekam oder nicht, verschweigt die Legende. Die Tiere selbst sind das Werk Berninis und wurden erst später angebracht. Ab und an verschwinden sie und werden dann auch mal von Bettlern im Müll wiedergefunden, wie das zuletzt 1944 geschah.

Noch eine andere Legende hält der Geschichte nicht stand. Bernini, so heißt es, habe seine vier Flüsse auf der Piazza Navona bewußt so gestaltet, daß keine der schönen Figuren die Fassade der Kirche S. Agnese in Agnone anschaut, voll Grauen über das Werk seines Konkurrenten Borromini oder schlimmer, in dumpfer Ahnung ihres drohenden Einsturzes. Immerhin stand aber der Brunnen schon lange, als Borromini seine Kirche baute, und die Figur des Nils hat den Kopf nur deshalb verhüllt, weil man zur damaligen Zeit seine Quelle nicht kannte. Dafür hat aber das Meisterwerk Berninis selbst ein paar nicht zu übersehende Schönheitsfehler, vor allem mißratene Proportionen, die man darauf zurückführt, daß mehrere Bildhauer, in erster Linie Schüler und Assistenten Berninis, die eigentlichen Urheber des Brunnens waren.

Steter Tropfen höhlt den Stein, das Leben siegt über den Tod. Den vielen römischen Brunnen bringt der ständige Fluß im Verein mit verschmutzter Luft kein ewiges Leben. Und so sind viele von ihnen periodisch geschlossen, umgeben von Metallzäunen und großen Gerüsten, verhängt mit grünen Netzen, und werden restauriert. Anita Ekbergs Bad im Trevibrunnen wäre aber nicht allein deshalb heute unmöglich. Trillerpfeifende und gestikulierende Wasserwächter in Uniformen der römischen Stadtpolizei weisen hier mit viel Geschrei und noch mehr Mimik und Gestik all diejenigen in die Schranken, die ihre Füße in das kühlende Naß tauchen wollen.

Wege nach Rom, Wege aus Rom: Konsularstraßen

Als der römische Zensor und spätere Konsul Appius Claudius Caecus, ein religiöser und sozialer Reformer aus altem Sabinergeschlecht, im Jahre 312 v. Chr. die ersten 132 römischen Meilen der nach ihm benannten befestigten Überlandstraße Via Appia ins tyrrhenische Anxur, das heutige Terracina, und weiter bis nach Capua entwarf, hatten wahrscheinlich weder er noch die Ingenieure und Architekten, die seinen Plänen Gestalt gaben, auch nur die leiseste Vorstellung von dem gigantischen Bauwerk, dessen historischen Grundstein sie gelegt hatten.

Roms 372 „Konsularstraßen", wie die Verbindungswege in die nahen und fernen Provinzen des Reiches bald nach ihren Initiatoren und Sponsoren genannt wurden, sollten in den folgenden sechs Jahrhunderten auf 53 000 „miglia", insgesamt mehr als 75 000 Kilometer Länge, anwachsen. Heerscharen von Legionären – „Ein sitzender Legionär ist ein verlorener Legionär", sagte Augustus – und Sklaven bauten fast ununterbrochen an einem dichten Netz von Kommunikationslinien, entlang derer die Republik und das darauffolgende kaiserliche Imperium ihre Weltmachtstellung aufbauten und zementierten. Sie errichteten Tausende von Herbergen und Pferdestationen, schlugen mehr als 2 000 Brücken, überquerten Sümpfe, legten Seen trocken und teilten Berge. Roms dauerhafteste Monumente, schrieb der Archäologe Viktor W. von Hagen einmal, seien nicht die Ruinen, die noch in großen Teilen Europas und Asiens zu finden sind, allen voran die majestätischen Bauten der Foren, sondern vielmehr die Straßen, deren Überreste zwischen schottischen Mooren, tunesischen Oasen und kleinasiatischen Bergtälern bis in unsere Tage überdauerten und auf deren Fundamenten noch immer, zumindest in Italien, große Teile des modernen Straßennetzes ruhen.

Als Cajus Gracchus, der Enkel des Hannibal-Bezwingers Scipio, der für seinen Einsatz auf Seiten der Plebejer von Roms Patriziern zum tragischen Selbstmord auf dem Aventinshügel gezwungen wurde, nach seiner Wahl zum Volkstribun im Jahre 123 v. Chr. das bestehende Netz der inzwischen 19 größten, sternförmig von und nach Rom führenden Konsularstraßen – „via consularis" oder „via praetoria" genannt – durch Meilensteine unterteilen ließ, war die Metapher „Alle Wege führen nach Rom" bereits ein geflügeltes Wort. „Geflügelt" waren damals auch die Depeschen, Karossen und Militärkolonnen, die auf dem nahtlos verlegten Basaltpflaster, das oftmals hundert und mehr Jahre ohne Ausbesserung überstand, von Meilenstein zu Meilenstein, von Stadt zu Stadt, von Garnison zu Garnison eilten und für ihre Zeit ganz unglaubliche Reisegeschwindigkeiten erreichten. Ein guter Reiter konnte, bei ordentlich organisiertem Pferdewechsel, bis zu 800 Kilometer in vier Tagen zurücklegen. Die reich geschmückten Meilensteine waren im übrigen wahre Propagandatafeln zum Ruhme der Konsuln und Imperatoren, die den Bau der Straßen finanzierten und organisierten.

Daß alle Wege nach Rom führen sollen, kann kein zeitgenössischer Römer so recht mehr nachempfinden. Nach Rom zeigen heute allenfalls die langen Schlangen vor den Mautstellen der Autobahn, führen Eisenbahn und Flugzeug, wenn sie nicht gerade von einem der zahlreichen Streiks paralysiert werden. Ansonsten weisen die Wege heute nur noch weg aus Rom, weg aus der Stadt des Chaos, der verschmutzten Luft, der endlosen Verkehrsstaus und der orangefarbenen Abschleppwagen, den hartnäckigsten Alpträumen der Nachfahren von Cajus und Claudius. Entlang dieser Straßen, die so zu Fluchtwegen einer Millionenbevölkerung aus dem Alltag geworden sind, bieten sich dem Rombesucher spannende Touren ins Umland der Ewigen Stadt, auf denen er, abseits der Pflichtstationen vorgefertigter Reiseprogramme, Spuren römischer und vorrömischer Geschichte, verträumte Panoramen und Gelegenheit zum Kontakt mit der ländlichen Bevölkerung finden kann. Ein paar Tage Zeit, eine gute Landkarte und viel Unternehmungslust sind die Voraussetzungen, um auf diese Weise eine der vielfältigsten und zugleich unbekanntesten Regionen Italiens kennenzulernen: das Latium, die herrliche Region am Tyrrhenischen Meer.

Da die Römer das Rad nicht erfunden haben, sind sie natürlich auch nicht die ersten Straßenbauer. Bereits um 3 500 v. Chr. wurden in Mesopotamien Radkarren benutzt, die den Bau von präparierten Pisten und Brücken notwendig machten. Auch die Perser wußten, welche Bedeutung die Straßen für den Zusammenhalt ihres Imperiums hatten, und Ägyptens fünf Hauptstraßen, von der dazugehörigen Hieroglyphe als flache Pisten dargestellt, die von hohen Papyrusstauden eingerahmt wurden, lieferten den römischen Baumeistern einen idealen Untergrund für ihre eigenen Projekte, die meist mit einfachsten Reparatur- und Ausbauarbeiten zu realisieren waren.

Viele der Straßen, die die Römer in der unmittelbaren Umgebung ihrer Stadt bauten, waren in ihren Grundlagen von den Etruskern ererbt. Die Verbindungswege zwischen deren Städten, die zwar weit voneinander entfernt lagen, aber dennoch in regen Handelsbeziehungen miteinander standen, waren im Gegensatz zu den Straßen Karthagos ungepflastert, aber dennoch breit genug, mit solidem Untergrund und von vielen Brücken getragen, um auch dem Gebrauch durch schwere Karren standzuhalten.

*

Der Gianicolo, Roms heimlicher „achter" Hügel auf dem etruskischen Tiberufer, ist Ausgangspunkt zu einer Rundfahrt ins Land der Etrusker, jener geheimnisvollen Bevölkerung, die schon um 1500 v. Chr. eine demokratische Bauern- und Händlergesellschaft errichtet hatte, und von deren Kultur nach dem inneren Zerfall und der Niederlage gegen die Römer im Jahre 510 v. Chr. viel ausgelöscht wurde. Hinter der Porta S. Pancrazio, direkt neben der wunderschönen Villa Aurelia, beginnt die Via Aurelia Antica. An Roms größtem Park, der Villa Doria Pamphili, vorbei führt sie stadtauswärts, um nach wenigen Kilometern auf die eigentliche Via Aurelia zu stoßen, jene im 2. Jahrhundert v. Chr. von unbekannten Familienmitgliedern der gleichnamigen römischen Familie erbauten Konsularstraße, die über Pisa und Genua bis ins weit entfernte französische Arles vorstieß.
Die Aurelia mit ihrem dichten, tobenden Verkehr hat uns geschluckt. Der Flughafen, die Ruinen von Ostia, der Hafenstadt des alten Rom, und die weniger antiken, aber nicht minder ruinierten Badeorte Fregene und Ladispoli, wo die Aurelia das Meer erreicht, bleiben links liegen. Erst Cerveteri, die heute noch in ihrer mittelalterlichen Form erhaltene Stadt mit einem Schloß der Orsini und einer berühmten etruskischen Nekropole, verspricht einen lohnenswerten Halt. Hoch über der Küstenebene gelegen und umgeben von Weinbergen, hat das Städtchen älteste Ursprünge. Caere Vetus, wie die Römer es nannten – und hinter dessen Bezeichnung sich vielleicht das sagenumwobene Hera verbarg –, war schon im 9. Jahrhundert v. Chr. ein industrielles und kommerzielles Zentrum des südlichen Etruriens.
Während die Stadt der Toten mit ihren charakteristischen Rundgräbern, die in den Tuffstein gemeißelte Imitationen von Wohnhäusern mit Tischen, Türen, Bänken und Holzbalken unter der Decke bergen, schon seit langem bekannt und Besuchern zugänglich war, ist das eigentliche Caere Vetus erst vor kurzem erforscht worden. Dabei kam unter anderem zum Vorschein, wie sehr die technischen Fähigkeiten der Etrusker entwickelt gewesen sein müssen. Schon im Jahre 520 v. Chr. besaß die

Stadt ein ausgereiftes hydraulisches zu- und Abwassersystem, ein Luxus, den sich Rom erst auf der Höhe seiner imperialen Entfaltung erlauben konnte.

S. Severa mit den Resten des einst bedeutenden Etruskerhafens Pyrgi, und S. Marinalla, das römische Castrum Novum, das ebenfalls eine Nekropole und ein Schloß, diesmal ein Anwesen der Familie Odescalchi beherbergt, sind mögliche Stationen auf dem Weg in die Industrie- und Hafenstadt Civitavecchia, aus der wir schleunigst den Weg in die Berge suchen. Hier oben, dem Getöse und Gestank der Stadt entronnen, haben warme Schwefelquellen die Zeiten überdauert. Für die Römer waren die „Terme Taurine" oder die Bäder des nur zwanzig Kilometer entfernten Cencelle ein beliebtes Kur-Ziel. Ganz Mutige wagen sich in klaren Nächten zu den „Terme delle Ficoncelle" in der Nähe der Autobahnauffahrt Civitavecchia Nord. Der Nebeldampf des warmen Quellwassers, der aus den kleinen Betondecken aufsteigt, das samtige Gefühl der Algen auf dem Körper, die gelben Lichter und der gedämpfte Lärm des nahen Hafens, die Stimmen der anderen Badenden aus den ins Dunkle getauchten benachbarten Bassins, schaffen eine unwirkliche Stimmung.

Bergauf geht es nun in Richtung Tolfa, durch eine rauhe Landschaft, die mit ihren Kuhherden und Blechhütten vor allem im Sommer und Herbst, wenn Erde und Pflanzen ein einförmiges grau-braunes Kleid zeigen, Wildwest-Atmosphäre aufkommen läßt. Nicht wundern sollte sich, wem die Weiden und Felsen so merkwürdig bekannt vorkommen: Unzählige Spaghetti-Western sind in diesen Bergen gedreht worden und haben deren Physiognomie fest im visuellen Gedächtnis der Kinogänger verankert.

Von Tolfa und seinem Zwillingsdorf Allumiere, Hochburgen eines traditionsreichen Lederhandwerks, schweift der Blick bei klarem Wetter vom Meer über die umliegenden Hügelketten im Süden und Norden bis nach Manziana am Lago di Bracciano im Osten. Auf kleinstem Raum zitiert die Natur hier Landschaften aus halb Europa: Mittelgebirgswälder wechseln ab mit nordisch wirkenden Latschen, Alpentälern und hispanischen Sierras. Wer schlechte Wege nicht scheut, fährt von Tolfa in Richtung Bracciano und biegt bei Rota von der ausgebauten Straße nach Norden ab. Über Civitella geht es nach Blera und durch die engen Gassen des Städtchens hinunter in die Schlucht des Fosso Biedano, wo sich zwischen den fast senkrechten Tuffsteinwänden die alte Via Clodia ihren Weg bahnt. Der Ponte del Diavolo mit seinen drei Bögen überquerte hier seit Römerzeiten den Fluß, aber nur wenig weiter, zwischen Dutzenden von

Folgende Doppelseite: Stein an Stein, nahtlos zusammengefügt, wie hier die Via Appia vor den Toren Roms, so zogen sich einst die Konsularstraßen über Tausende von Kilometern in alle Provinzen des Imperiums.

Etruskergräbern in der dichten Vegetation versteckt, kann man eine noch ältere Brücke der Etrusker entdecken.
„Tombaroli", Grabschänder, die auf die Schätze antiker Gräber „spezialisiert" sind – eine Art nationale Unsitte, die schon die alten Römer pflegten –, entdecken zum Leidwesen der italienischen Archäologen, denen die nötigen Mittel für ausgedehnte Grabungen fehlen, immer noch die Mehrzahl der ursprünglich reich geschmückten und reich bestückten Etruskergräber. So bleiben dem Forscher und Besucher meist nur die Betrachtung des nackten Steins und das Gefühl des Zuspätgekommenseins. Von der bunten Pracht, die diese Gräber einst schmückte, finden sich die besten Zeugnisse in Tarquinia, das wir über Monte Romano erreichen.

*

Die für Besucher erschlossene Nekropole der Stadt, noch mehr aber die spärlichen Reste der alten Etruskerstadt und die „Ara della Regina", die weiter landeinwärts und höher lagen als das moderne Tarquinia, dort, wo ein altes römisches Aquädukt heute die breite Nationalstraße streift, gehören zu den eindrucksvollsten Überresten der etruskischen Zivilisation des Latiums. Hier entstieg nach etruskischem Glauben der Gott Tagete einem gerade gepflügtem Feld und brachte den Bewohnern der Stadt seinen Glauben; hier wurde, wie der römische Geschichtsschreiber Titus Livius berichtet, dem Gott zu Ehren im Jahre 358 v. Chr. über 300 römischen Gefangenen die Kehle durchgeschnitten, eine Grausamkeit, in der ihnen auch die von etruskischen Königen geführten Römer in nichts nachstanden.
Die Via Cassia, die wir bei Vetralla erreichen, stammt aller Wahrscheinlichkeit nach aus den Zeiten der frühesten Beziehungen zwischen Rom und Etrurien und verband die Tiberstadt mit den nördlichsten Provinzen des – damals noch alliierten – Nachbarvolks. 187 v. Chr. von einem ansonsten unbekannten Konsul Cassius gepflastert, führt sie – auf einem besonders im zweiten Teil deutlich vom heutigen Verlauf abweichenden Weg – von Roms Ponte Milvio über Veio, Sutri, Chiusi und Arezzo nach Florenz. Bis Sutri, der Stadt mit dem berühmten in den Tuff gemeißelten römischen Amphitheater von vierzig bis fünfzig Meter Ausdehnung, bleiben wir der Cassia treu, biegen dann aber in Richtung Bassano ab. Mehr als fünfzig Regisseure fanden hier in den vergangenen Jahrzehnten im imponierenden Schloß der Familie Anguillara mit seinen freskengeschmückten Sälen einen idealen Drehort: Fellini für „La dolce Vita" und Rossellini für seinen „Pascal". Straßen des „süßen Lebens" blieben

die Cassia und ihr „alter ego", die Clodia, vor allem deshalb, weil hier im Mittelalter Roms weltlicher und geistlicher Adel seine Feste und Jagden abhielt ... während gleichzeitig die umliegende „campagna", der Argro Romano, von einer der reichsten Speisekammern der Ewigen Stadt zu sumpfigem Brachland und einem Hort für Malaria verkam.

Folgende Doppelseite: Die Stadt der Toten von Cerveteri: Zeugnis der einst überlegenen und von den Römern zerstörten Kultur der Etrusker.

Über Oriolo, Manziana und Bracciano erreichen wir Anguillara Sabazia am südlichen Ende des Lago di Bracciano. Hoch auf einem Felsen in den See hereinragend, mit einer schattigen Uferpromenade und guten Fischrestaurants ist der Ort eine erbauliche letzte Station vor der Rückkehr nach Rom. Vielleicht aber ist das mittelalterliche Städtchen auch nur erneuter Ausgangspunkt für einen weiteren Abstecher hinüber zur Via Flaminia und Via Salaria, der ersten römischen Straße, die einstmals den Stadtbereich verließ. Sie führte zum Campum Salinarum und weiter ins Land, erlaubte den sabinischen Händlern, mit dem begehrten Gut zu handeln, und garantierte dann die Versorgung Roms mit dem lebenswichtigen Salz der Adria, als Etrusker und Samniten die Salinen des Tyrrhenischen Meeres kontrollierten und monopolisierten. Von Anguillara ist es nur ein Katzensprung nach Ronciglione am kleinen und wenig besuchten Lago di Vico, einer Oase in dieser Weekend-Landschaft, oder zum Schloß der Farnese in Caprarola, einem seltsamen fünfeckigen Bau voller architektonischer und akustischer Überraschungen. Die einzige Zweckbestimmung dieses Meisterwerks des Architekten Jacopo Barozzi Vignola auf der Basis von Entwürfen des Baumeisters Sangallo d. J. war die Entfaltung von Phantasie und Traum, die Erweiterung des Bewußtseins, wie sie die Renaissance-Architekten perfekt beherrschten.

*

„Regina viarum", Königin der Straßen, nannte der römische Dichter P. Papinius Statius die Via Appia Antica, die im Süden der Stadt, an der heutigen Porta S. Sebastiano, durch die Aurelianische Stadtmauer in die Campagna der „Caffarella" führt. Sie war nicht – wie meist behauptet – die älteste der Überlandstraßen, sondern benutzte als Basis eine noch ältere Piste, die Via Norbana. 65 Jahre älter als die „Königin" war auch die Via Latina, die unweit von ihr über Tusculum und die Albaner Berge nach Süden führt. Aber sie wurde, wie auch die alte Via Salaria, erst lange nach der Appia gepflastert und konnte vor allem nie deren militärische, ökonomische und politische Bedeutung erreichen.

Die Via Appia, die anfänglich bis Capua, später dann weiter bis Bari und Brindisi führte, war besonders vor dem vollständigen Ausbau des Hafens

in Ostia der wichtigste Verbindungsweg des Weltzentrums Rom mit seinen Provinzen in Asien und Afrika, und sie war die Straße, auf der die Legionen in die Fremde zogen und später die immensen Reichtümer der unterworfenen Völker ins Maul des unersättlichen Molochs schleppten. Sie war aber auch die Straße, auf der das kulturelle Erbe der Ägypter, Perser und Griechen bis ins Herz des Imperiums vordrang. Als der römische Konsul Marcus Licinius Crassus sie auf der gesamten Länge zwischen Rom und Capua in regelmäßigen Abständen mit den abgeschlagenen und aufgepfählten Köpfen der Sklaven dekorieren ließ, war er sich der politischen Symbolik dieser Machtdemonstration durchaus bewußt.

Hier reist man am besten zu Fuß, auch wenn das erste, viel zu schmale Stück der Via Appia Antica zum Hindernislauf zwischen Autokolonnen und hohen Mauern zwingt. Erst am Kirchlein „Domine quo vadis", deren Name sich auf die berühmte Legende von der Begegnung des Kirchengründers Petrus mit Christus bezieht, beginnt ruhigeres Gehen. Auf einer zur „passeggiata archeologica", zum archäologischen Spazierweg, aufgewerteten Privatstraße geht es in Richtung der Katakomben des Papstes Kalixt I. und des heiligen Sebastian. Daß diese „coemeteria", diese Ruhestätten, wie sie die Römer nannten, zur Fluchtstätte der christlichen Märtyrer gar nicht taugten, hat sich mittlerweile herumgesprochen.

Vorbei am Grabmal des Romulus, des früh verstorbenen Sohnes von Kaiser Maxentius, und an der gut erhaltenen Pferderennbahn des Kaisers geht es zum Grabmal der Caecilia Metella, einem beeindruckenden Rundturm von 20 Metern Durchmesser, den die berühmte Familie der Metelli im 1. Jahrhundert v. Chr. errichten ließ. Goethe hat einmal gesagt, daß man an diesem zylindrischen Bau so richtig verstehen könne, was solide Bauweise sei. Die Einsicht muß schon jenen Mitgliedern eines verarmten römischen Adelsgeschlechts im Mittelalter gekommen sein, die ihrer akuten Finanznot dadurch beizukommen glaubten, daß sie das Bollwerk in eine Art Vorläufer der modernen Mautstationen des italienischen Autobahnnetzes verwandelten. Ihr Plan ging nicht auf, hatte aber langfristig durchaus positive Folgen. Die Via Appia Antica wurde in der Folgezeit mehr und mehr vom – ohnehin ausgedünnten – Strom der Reisenden boykottiert, eine parallele Alternativstraße gebaut, die Appia Nuova, und das ganze Tal der Caffarella blieb, derart vom urbanen Fortschritt geschmäht, in – fast – natürlicher Unberührtheit erhalten.

Man kann nun die gut acht Kilometer, die die „Domine quo vadis" von der Ringautobahn trennen, welche die Appia Antica brutal in zwei Stücke schneidet, zu Fuß zurücklegen oder aber, wieder motorisiert, an dem Grabmal der Caecilia links in die nach ihr benannte Straße abbiegen, um nach wenigen hundert Metern rechts auf der Via Appia Pignatelli die Appia Nuova zu erreichen. Knapp eineinhalb Kilometer hinter der Stadtautobahn führt eine kurze Stichstraße rechter Hand zum Reststück der Via Appia Antica, auf dem man die letzten Meter der ursprünglichen Pflasterung bestaunen kann – sofern sie zufällig einmal nicht unter dicken Schichten von Bauschutt und Hausmüll begraben ist, den die Römer hier mit Vorliebe abzuladen scheinen.

Diese Pflasterung war das eigentliche Wunder und die größte zivilisatorische Leistung der römischen Konsularstraßen, die sie fundamental von allen ihren Vorgängern unterschied. „Viam munire", sagten die Römer, Straßenmauern, und das ist durchaus wörtlich zu verstehen. In einem oft tief ins Gelände gelegten Graben wurde von Straßenbauingenieuren, die den Titel „architectus" tragen durften, das Straßenbett vorbereitet: eine festgestampfte Aufschüttung aus mehreren Schichten von Steinen, Kies und Sand. Darauf wurden die großen, fünf- oder mehreckigen, nach unten konisch zulaufenden Basaltblöcke gelegt, die von Sklaven in mühseliger Arbeit in den Steinbrüchen in Form gehauen worden waren. Das nahtlose Zusammenfügen des Basaltmosaiks erforderte geübte Hände, denn – so die Vorschrift der Sponsoren – das fertige Werk sollte mindestens hundert Jahre ohne Ausbesserungen überstehen können. An den Seiten leicht geneigt, um ein Abfließen des Regenwassers zu erlauben, wurden die „consolari" oft von einem Bürgersteig begleitet und hatten eine genormte Breite von 4,80 Metern. Bereits um 450 v. Chr., mehr als hundert Jahre vor dem Ausbau der Appia, war diese Norm im Zwölftafel-Gesetz für die Straßen der Stadt festgelegt worden, um das Passieren auch größerer Karren zu ermöglichen, und wurde dann auf die bedeutendsten Ausfallstraßen übertragen.

Von dem kurzen Abstecher in die Geschichte, und nun auf die Via Appia Nuova zurückgekehrt, geht es hinauf auf die Höhen der Albaner Berge, vorbei an den Villen und Palästen von Castel Gandolfo, dem einstigen Albalonga, das heute die Sommerresidenz des Papstes beherbergt, weiter durch Albano und Ariccia, immer umgeben vom Panorama der Weinberge, in denen der Weißwein der „Castelli" wächst, wie die Römer ihn kurz und bündig nennen. Castelli Romani heißen diese Orte, benannt nach den burgartigen hohen Mauern, die von ihren damaligen Besitzern zum Schutz vor Überfällen neidischer Nachbarn errichtet wurden. Rocca

di Papa mit seinen wunderschönen verwinkelten Gassen und Treppen, Grottaferrata, Marino und Frascati gehören zu diesen früheren Landsitzen des römischen Adels, von deren Villen und Parks bei klarem Wetter ganz Rom in einem Blick „begreifbar" ist.
Die Städtchen Velletri, Valmontone und Palestrina sind die nächsten Stationen der Erkundung dieser Landschaft zwischen Appia, Latina, Casilina und Prenestina. Palestrinas Franziskanerkloster, der imposante Palazzo Colonna-Barberini und seine noch imposanteren Fundamente, die Mauern des Tempels der altrömischen Göttin Fortuna, wo Römer noch heute um männlichen Nachwuchs bitten und den die Päpste zerstören und überbauen ließen, in der Hoffnung, auf diese Weise die tiefverwurzelten Reste heidnischen Glaubens ausrotten zu können, sind allesamt auf einen Vorposten der Prenestinischen Berge gebaut. So wurde es ermöglicht, den Paß von Olmata und damit die strategisch wichtige Via Latina auf ihrem Weg ins Tal des Sacco-Flusses zu kontrollieren.
Wir verlassen Palestrina und fahren auf einer schmalen Straße in Richtung Gallicano nel Lazio. Auf ihren letzten Kilometern ist die Straße zehn, fünfzehn Meter tief in den Fels geschlagen und erweckt unter dem Laubdach der Bäume den Eindruck eines überdimensionalen Tunnels.
Obwohl sie nur 23 Meilen lang war, hatte sie trotzdem zwei Namen: Bis zur alten Siedlung Gabii, deren Reste kurz vor Erreichen der Abzweigung nach Poli rechter Hand deutlich zu erkennen sind, hieß die Straße, auf der wir jetzt fahren, von Rom kommend „Gabina". Dabei hatte sie aber schon ein Stück des Weges mit der Labicana (der heutigen Casilina) geteilt und ging dann, um 47 Meilen über Praeneste (dem heutigen Palestrina) hinaus verlängert, gar sang- und klanglos in der Via Latina unter. Sie ist die besterhaltene der „consolari", zumindest im Umkreis der Ewigen Stadt, sowohl, was die Fülle der Baudenkmäler an ihren Rändern, als auch ihren Verlauf angeht, der noch immer weitgehend deckungsgleich ist mit dem historischen Vorbild. Residenzen von Cäsar, Tiberius, Hadrian und Augustus säumten sie. Augustus war es im übrigen auch, der um die Zeitenwende die erste komplette Karte der Konsularstraßen des Imperiums für den eigenen Gebrauch in vergoldete Bronze gravieren und Kopien davon, die sogenannten „itineraria", verteilen ließ. Auf den Zeichnungen waren Berge, Flüsse und Seen, Militärlager, „mansiones", die offiziellen Herbergen, und „mutationes", die Streckenposten, wo Pferde gewechselt werden konnten, verzeichnet, vor allem aber die genauen Distanzen all dieser Etappenziele.

Hadrian
(76–138 n. Chr.)
römischer Kaiser

Zu den bewunderswerten Leistungen der römischen Straßenbauer gehören die mehr als 2000 Brücken, die in ganz Europa über Schluchten, Flüsse und Sümpfe geschlagen wurden, um dem ungestörten Lauf der Reisenden freie Bahn zu gewähren. In ihrer Bedeutung wurden sie noch höher eingeschätzt als die Straßen und deshalb unter die direkte Kontrolle des obersten Priesters gestellt, dem der Titel „Pontifex" zukam, Brükkenmacher, ein Titel, den später die römischen Kaiser und christlichen Päpste, zum „pontifex maximus" aufgewertet, für sich selbst in Anspruch nahmen. Von der ältesten aller Steinbrücken stehen indes nur noch Fragmente. Die Ponte Emilio, besser bekannt als „Ponte Rotto", weil sie seit undenkbaren Zeiten nur als zerbrochenes Relikt existiert, hatte man schon im Jahre 179 v. Chr. in der Nähe der Tiberinsel im Zentrum Roms über den Fluß geschlagen. Nur wenig später wurde die Milvische Brücke, Pons Milvius, alias Molle, errichtet. Sie stand im Norden der Stadt, dort, wo sich die Via Flaminia von der Via Cassia trennt. Kaum ein anderer Ort außerhalb der engsten Grenzen Roms war über Jahrhunderte hinweg so sehr ein Kulminationspunkt von Geschichte wie diese Konstruktion der Milvischen Brücke, die gegen den Hintergrund des in faschistischer Großmannssucht protzenden Ponte Flamino fast zierlich wirkte. Konstantin schlug hier im Jahre 312 seine entscheidende Schlacht gegen Maxentius, und die nordischen Kaiser und päpstlichen Rückkehrer zogen im Triumphzug über sie nach Rom ein. 1870 ließ Garibaldi sie vor den drängenden Franzosen in die Luft sprengen, so daß heute nur noch die mittleren Bögen in Originalform zu sehen sind.
Von den Werken der römischen Brückenbauer sind in fast allen einstigen Kolonien – mit Ausnahme Deutschlands, wo lediglich in Mainz ein paar Fundamente überlebten – noch großartige Reste vorhanden. Frankreich, Tunesien, Syrien und Jordanien, die Türkei und Jugoslawien besitzen noch immer funktionstüchtige Zeugen der alten Ingenieurkunst. In Spanien und Portugal sind die alten Bogenbrücken über die Flüsse Tormes, Guadiana und Tago fast vollständig erhalten geblieben.

*

Ganz unscheinbar dagegen beginnt unsere letzte Rundfahrt auf den Spuren der „consolari", die uns in die rauhe Heimat Ovids, die Bergwelt der Abruzzen, bringt. Wir verlassen Rom auf der schnurgeraden Via Nomentana, die wie die Via Tiberina, die Via Tuscolana, Laurentina oder Ardeatina eine der sekundären und meist sehr kurzen Straßen von nur lokaler Bedeutung ist. Vorbei an zahlreichen Parks und über die antike

Ponte Nomentana erreichen wir den Autobahnring und biegen nach zwei, drei Kilometern rechts in die Via Palombarese ein. Über Santa Lucia erreichen wir Bagni di Tivoli und die Via Tiburtina, von der wir uns auf diese Weise die schlimmsten Streckenabschnitte durch Vorstadtbeton und trostlose Industrieviertel erspart haben.

Durchdringender Schwefelgeruch aus den warmen Quellen empfängt den Neugierigen, der einen Blick hinter die Tore der Badeanstalt von Bagni di Tivoli wirft. Hier wird nicht nur gekurt. Viele Römer verbringen in der Sonne ihre Mußestunden, vergnügen sich vor allem im Frühjahr und Herbst in den großen, nierenförmigen Schwimmbecken mit dem warmen Wasser oder bewundern das kleine Stück der alten, echten Via Tiburtina, das in der Nähe des Eingangs freigelegt worden ist. Wenig später, auf der Straße in Richtung Tivoli, dem antiken „Tibur", tauchen rechts und links der Straße die beeindruckenden Travertin-Steinbrüche auf, jenes römischen Marmors, der zwei-, dreitausend Jahre lang den Baumeistern der Ewigen Stadt den Stoff für Monumente, Villen und Paläste lieferte. Kurz vor dem Anstieg zur Stadt, an der Brücke über dem vom Sägestaub der Steinmetze milchig-weiß gefärbten Fluß Aniene, finden sich erneut die Spuren der alten Via Tiburtina. Die Villen der Römer (Hadrian) und der Kardinäle (d'Este) sind Pflichtstationen des Besuchsprogramms. Man sollte auch auf keinen Fall versäumen, einen Blick in die Villa Gregoriana mit ihrem 120 Meter hohen Wasserfall zu werfen, der einen Vorgeschmack auf die wilde Landschaft gibt, die auf uns wartet.

Via Valeria heißt die – 307 v. Chr. gebaute – jüngere Schwester der Via Tiburtina, die zugleich deren Fortsetzung in die Berge und hinüber zum Adriaufer nach Pescara ist. Ungezählt sind die Möglichkeiten, rechts und links über enge Serpentinen in entlegene Dörfer zu fahren, eine Mühe, die meist mit herrlichen Ausblicken belohnt wird. San Paolo, Licenza, Percile oder Castel Madama heißen die Dörfer, die nur mit Mühe auf den Kegelspitzen und an den steilen Bergwänden zu kleben scheinen.

Unten im Tal des Aniene lohnt ein Spaziergang durch Vicovaro mit dem Kleinod des Renaissance-Tempelchens S. Giacomo Maggiore. Weiter talaufwärts treffen wir auf das fast tausend Meter steil über dem Abgrund schwebende Dorf Saracinesco, im 19. Jahrhundert für seine schönen Männer berühmt, die den Malern Roms Modell stehen mußten. Anticoli Corrado, gerade einen Steinwurf weit entfernt auf dem nächsten Kegel gelegen, genießt einen noch größeren Ruf wegen der Schönheit seiner Frauen, wobei derjenige enttäuscht werden wird, der heute versucht, diesen Ruf auf seine Wahrheit hin zu überprüfen. Bei Saracinesco zweigt eine kleine Straße von der Via Valeria ab, die über Sambuci und Cerreto zu einer der schönsten Panoramastrecken des Latium führt. Subiaco, die Stadt der Benediktiner mit ihren zwei Klöstern und unzähligen Kirchen und Kapellen – und vielleicht Schauplatz von Umberto Ecos „Name der Rose" – ist nicht weit und lohnt einen eigenen Ausflug.

Folgende Doppelseite: Die Kuppel des Petersdoms im letzten Tageslicht.

*

Rom entgegen, zurück auf der Via Tiburtina, Valeria oder der Autobahn. Die Straßen führen uns aus der Flucht in die Vergangenheit und die landschaftliche Schönheit des Latiums zurück ins wirkliche, reale Rom, das seine Nähe mit immergleich-unmenschlichen Betonvorstädten und dem unvermeidlichen Verkehrsgewühl ankündigt. Roms Konsularstraßen haben mehr als alle anderen Monumente die Geschichte überdauert, schrieb Viktor W. von Hagen. Aber sind wir heute wirklich noch sicher, ob jener römische Zensor und Konsul Appius Claudius in seinen reformerischen Tagen statt eines zivilisatorischen Monuments vielleicht nicht doch nur die Grundlagen für einen Moloch geschaffen hat? Einen Moloch mit Namen Autoverkehr!

1 Ponte S. Angelo. Kaiser Hadrian ließ die Brücke über den Tiber schlagen. Die barocken Engelsstatuen schufen zwischen 1660 und 1667 Bernini und seine Schüler.

2 Engelsburg. Sie war einst das Mausoleum von Kaiser Hadrian. Später wurde sie zur Bastion umgebaut und im 13. Jahrhundert von den Päpsten in Besitz genommen.

3 Piazza S. Pietro (Petersplatz). Vor dem Petersdom öffnet sich der von Säulenkolonnaden umfaßte Platz, der 1667 von Bernini angelegt wurde. Von hier zur Engelsburg führte eine hohe Mauer, der „corridore", mit einem Laufgang auf der Krone, der den Päpsten die Flucht in die sichere Burg erlaubte.

Wir starten auf dem Ponte S. Angelo, der Brücke, die Hadrian zu seinem Mausoleum auf der vatikanischen Tiberseite bauen ließ, und die Bernini und seine Schüler in ihrer jetzigen Form schufen. Zehn Barockengel, gekrönt vom Mausoleum, der späteren Engelsburg, sowie ein großartiger Blick auf den Petersdom lassen vergessen, daß hier eine der Hinrichtungsstätten des mittelalterlichen und barocken Rom war.

Von der mächtigen Engelsburg stürzte sich einst die Sängerin Tosca, nach einer herrlichen Arie, versteht sich, und auch nur in der Oper Puccinis. Dieser alte Grabbau des Kaisers Hadrian, über Jahrhunderte hinweg zur fast uneinnehmbaren Festung der Päpste ausgebaut, war mit dem Vatikan durch einen verdeckten Mauergang verbunden und diente so bei jeder Belagerung als sicherer Fluchtort. So wichtig war den Päpsten diese Burg, daß sie sich bei der Rückkehr aus Avignon nicht die Schlüssel der Stadt, sondern die Schlüssel der Engelsburg feierlich überreichen ließen. In friedlichen Zeiten diente das mächtige Gemäuer als Gefängnis. Beatrice Cenci, Giordano Bruno, Giuseppe Balsamo Graf von Cagliostro und Benvenuto Cellini, dessen Autobiographie Goethe ins Deutsche übertrug, waren einige seiner berühmten Insassen.

Nach dem obligatorischen Blick von den Zinnen der Burg gehen wir ein paar Schritte weiter in Richtung Petersdom, biegen dann in die Piazza Pia ein und kommen zu der Fluchtmauer der Päpste, dem „corridore". An diesem wandern wir ein Stück auf dem Borgo S. Angelo entlang – die Straßen haben hier Namen ohne die sonst übliche Bezeichnung „Via", „Vicolo" oder „Viale" –, passieren die erste Unterführung und biegen sofort wieder links in den Borgo Pio ein.

Diese Straße und das gesamte umliegende Viertel haben ihren Namen von Papst Pius VI., der es von den Steuern aus Spiel und Prostitution erbauen ließ. „Borgo" leitet sich her von der deutschen „Burg". Es wurde dem Viertel, das auf den einstigen Gärten des Kaisers Caligula (37–41 n. Chr.) entstanden war, als Bezeichnung gegeben, weil hier im 7. Jahrhundert das sächsische Hospital mit seiner Kapelle S. Spirito in Sassia stand, mit dessen Einnahmen Papst Paul V. die Banco di S. Spirito, die Bank des Heiligen Geistes, gründete.

Borgo war schon früh so etwas wie ein inoffiziell exterritoriales Gebiet, auf das die römische Gerichtsbarkeit kaum Einfluß hatte. Heute ist es, obwohl so nah beim Vatikan gelegen, ein dichtbevölkertes Arbeiterviertel, während das benachbarte Prati, der „unrömischste" Stadtteil Roms, ein Beamten- und Angcstelltenwohnviertel von Piemonteser Ursprung und Stil geworden ist.

4 Quartiere Prati. Dieses Viertel wurde nach 1870 von den piemontesischen Herren des vereinten Italiens angelegt.

Vorbei an Sträßchen und Plätzchen mit malerischen Namen – Via dei Tre Pupazzi, Straße der drei Püppchen, oder Piazza del Catalone – gelangen wir zur Straße der Schirmmacher, der Via degli Ombrellari. In Nr. 25 wird Leder verkauft und hinter dem Laden in einer großen Werkstatt bearbeitet. Am Ende der Straße biegen wir links in die Piazza Amerigo Capponi ein und gehen geradeaus bis zum Borgo Angelico. Via del Falco und Vicolo del Farnone bringen uns wieder zum „corridore", und von hier sehen wir die Kolonnaden des Petersplatzes. Ein Abstecher in den Dom ist selbstverständlich und auch auf die Kuppel sollte man steigen, da sich von hier oben das „Borgo", aber auch die Stadt auf der anderen Tiberseite, in allen Details bewundern läßt. Die Vatikanischen Museen hingegen sollte man sich für einen gesonderten Tag aufsparen und schon frühmorgens an der Pforte stehen.

Den Spaziergang kann man beenden, indem man über die Via di Porta Angelica, rechts vom Petersdom, vorbei am gleichnamigen Haupttor des Vatikanstaates mit seinen Schweizergarden in historischer Maskerade, zur Piazza del Risorgimento läuft und von dort aus ins Viertel zwischen der Via Ottaviano und der Via Cola di Rienzo wie gute Römer einkaufen geht.

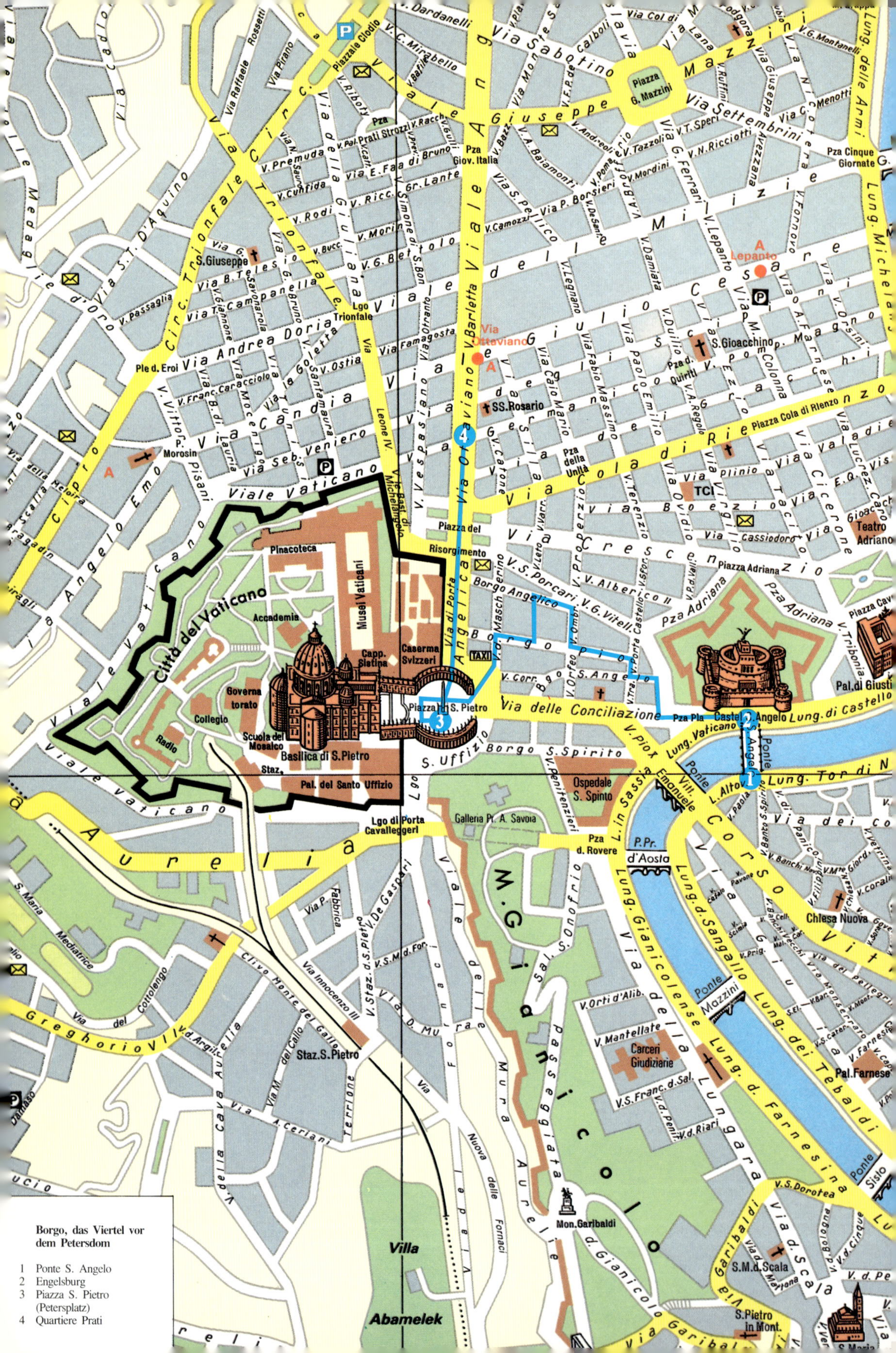

Borgo, das Viertel vor dem Petersdom

1 Ponte S. Angelo
2 Engelsburg
3 Piazza S. Pietro (Petersplatz)
4 Quartiere Prati

Von der Piazza Venezia kommend, gelangt man in nur fünf Minuten zum Ausgangspunkt dieser Promenade. Über die Via del Teatro Marcello, vorbei auch am großen Rundbau des antiken Theaters, erreichen wir vor der Kirche S. Nicola in Carcere ein kleines Ruinenfeld, in dem zwei einsame Säulen den Weg weisen. Hier geht es zur Piazza und Via di Monte Savelli. Vor der kleinen Kirche mit den hebräischen Inschriften am Eingang des einstigen Ghettos führt der Ponte Fabricio, die älteste erhaltene Brücke Roms aus dem Jahre 62 v. Chr., einst auch „Pons Iudeorum", Judenbrücke, genannt, zur „Isola Tiberina". Nur der Ponte Rotto, ein Stück tiberabwärts, ist älter, während der Ponte Cestio, die Verbindung der Insel mit dem anderen Ufer, ein paar Jahre später entstand.

Um 200 v. Chr. befand sich auf der Insel der Tempel des Äskulap, des Heilgottes in Schlangengestalt, der mit einem Schiff von Griechenland gekommen war. Nicht zufällig ist die Insel auch in unseren Tagen fast gänzlich vom Krankenhaus Fatebenefratelli „besetzt".

Trastevere auf der anderen Tiberseite präsentiert sich heute ein wenig anziehender, als es die Brüder Edmont und Jules Goncourt noch 1869 erlebten: „Ein verworfenes, am rechten Tiberufer isoliertes Viertel, voll wilden Pöbels, das Arbeiterviertel der Tabakmanufaktur, der Fabriken, die für die zahllosen Kirchen der Stadt Stearin- und Wachskerzen herstellen; ein zurückgebliebener, abgelegener und verlorener Vorort, in dem noch das Blut des alten Rom in den Händen seiner Männer, die so rasch zum Messer greifen, und in der schweren Schönheit seiner Frauen bewahrt ist; diese Vorstadt, in der es aussieht, als beginne hier die Wildnis eines italienischen Dorfes, wo sich Erinnerungen an die Antike mit orientalischen Eindrücken mischen ..."

Direkt gegenüber der Brücke liegt die Piazza in Piscinula, an deren rechter, hinterer Ecke wir in die Via Arco de' Tolomei einbiegen. An der ersten Querstraße geht es nach links und, nur wenig weiter, wieder nach rechts in den Vicolo dell' Atleta. Hier lockt abends ein kleines, neues Restaurant mit dem Namen „Cul de Sac", Sackgasse, was zum Ambiente dieses Vicolo, dieser Gasse, paßt. Ein paar Schritte weiter, im Haus Nr. 10, befindet sich der Laden „Lunadicarta", der allerlei schöne Objekte aus Papier verkauft.

Wir gehen die ganze Gasse hindurch und gelangen jetzt in die Via dei

1 Piazza Venezia. Der Platz wird beherrscht von dem bombastischen Monument Vittorio Emanuele II. und ist Ausgangspunkt der Promenade.

2 Theater des Marcellus. Der Bau wurde im Jahre 13 begonnen und innerhalb von zwei Jahren abgeschlossen. Hinter dem Theater liegt der Eingang zum jüdischen Ghetto.

3 Tiberinsel. Sie liegt wie ein großes Schiff im Fluß. Um 200 v. Chr. wurde hier der Kult des Äskulap, des Gottes der Heilkunde, gepflegt.

Gegenüberliegende Seite: Trastevere: trotz Touristenandrangs, trotz der Nepplokale noch immer eines der authentischsten Viertel Roms. Innen und außen sind verkehrt. Die Wäsche über der Straße hängt das Drinnen nach draußen, die Piazza wird ihrerseits zum privaten Lebensraum.

Folgende Doppelseite: Villa Farnesina am Tiberufer in Trastevere. Der Bankier Chigi ließ hier bei seinen rauschenden Festen Silbergeschirr in den Fluß werfen.

4 S. Maria in Trastevere. Dies ist die älteste Marienkirche Roms. Hier soll einer Legende nach 37 n. Chr. schon Öl aus der Erde gesprudelt sein, wahrscheinlich handelte es sich aber nur um eine verschmutzte Quelle.

5 Orto Botanico. Im Chaos der Stadt bietet der Botanische Garten eine Oase der Ruhe.

Genovesi, folgen dieser nach rechts zwei Straßen weiter bis zur Via della Luce, in die wir wiederum rechts einbiegen. In Nr. 21 bietet eine „Pasticceria da thè" jenes harte Gebäck an, das die Römer mit Vorliebe in ihren Wein tunken. Linker Hand gehen wir in den Vicolo del Buco und flanieren über die Piazza del Drago und die Via della Lungaretta zur Piazza Sonino, die wir überqueren, um den touristischeren Teil von Trastevere zu „erobern".

Immer geradeaus gehend, kommt man zur Piazza S. Maria in Trastevere, dem Hauptplatz des Viertels. Früher hieß dieser „Piazza della taberna meritoria", nach dem Altersheim für Kriegsveteranen, das sich dort befand. Hier soll 37 v. Chr. beim siegreichen Einzug Oktavians in die Stadt eine Erdölquelle zu sprudeln begonnen haben, behauptet die Legende: Texas in Rom, nur daß damals noch niemand mit dem Reichtum etwas anfangen konnte. Wahrscheinlich handelte es sich aber nur um eine dreckige Quelle, die ihre stinkende Flut hier in der Nähe ans Tageslicht brachte.

Über die Verlängerung der Via della Lungaretta, die Via della Paglia, gelangen wir zur Piazza S. Egidio, in der eines der unbekannten Museen der Stadt, das „Museo del Folklore", ein flüchtiges Studium der römischen Volkskunst erlaubt. Hier ist Roms „Quartier Latin" mit Bars, Restaurants, „pizzerie", „birrerie", Pubs, Musiklokalen und Jazzcafés. Über die Via della Scala gehen wir jetzt bis zur Porta Settimiana. In der Via della Lungara, knapp 200 Meter weiter auf der rechten Seite, hüten die meist verschlossenen Pforten der Villa Farnesina ein paar der Intrigen-Geheimnisse der Ewigen Stadt. Hier stand die Gartenlaube von Claudia Metello. Sie war die Geliebte von Catull und soll ihren Gatten, den einstigen Alliierten von Pompejus, vergiftet haben. Hier brachte Cäsar seine „Errungenschaft" Kleopatra unter, und hier feierte der Bankier Chigi wilde Feste, bei denen zu vorgeschrittener Stunde das Porzellan und das Goldbesteck von den betrunkenen Gästen über die Mauer und in den Fluß geworfen wurden. Natürlich hatte der Hausherr vorgesorgt, und von Dienern gespannte Netze fingen draußen die wertvolle Ladung wieder auf.

Gegenüber, im Palazzo Corsini, ist die „Galleria Nazionale d'Arte Antica" untergebracht. An seiner Seite führt eine Straße in Richtung Gianicolo, von dessen Höhen das Reiterstandbild Garibaldis grüßt. Der „Orto Botanico" am Ende der Sackgasse ist eine Oase der Ruhe und bietet uns Gelegenheit zur Verschnaufpause vor dem Anstieg auf den Hügel.

SENSO UNIC

Samstags und sonntags kann man durch eine Pforte am oberen Ende des „orto" direkt auf den Gianicolo steigen, ansonsten führt der Weg zurück zur Porta Settimiana, nach rechts in die Via Garibaldi und in der ersten Kurve geradeaus, über die Salita del Bosco Parrasio hinweg, auf die Via di Porta S. Pancrazio. Vorbei an der Spanischen Schule gelangt man über eine steile Treppe zum Eingang des Parks auf dem Gianicolo. Ein Abstecher zum Denkmal des Garibaldi oder zum etwas weiter entfernt liegenden Leuchtturm lohnt sich wegen des herrlichen Ausblicks auf die Stadt. Wenn wir der Via Garibaldi am Eingang des Parks bergaufwärts folgen, gelangen wir zur Porta S. Pancrazio. Rechts, in der Villa Aurelia, ist ein Teil der amerikanischen Akademie untergebracht, und hinter der Pforte, kaum 200 Meter stadtauswärts, beginnt die Villa Doria Pamphili, der größte städtische Park (siehe auch S. 170).

Wir begeben uns kurz vor der Pforte links auf die Via Angelo Masina und biegen an der ersten Kreuzung nach rechts ab. Die Via Pietro Roselli führt uns zum Eingang der Villa Sciarra, einem kleinen, romantischen Park, der zu den schönsten der Stadt zählt. Zurück an der Kreuzung zur Via Masina spazieren wir geradeaus in die Via G. Medici und zur „mostra" der Acqua Paola. In den städtischen Magazinen hinter dem Monumentalbau, die leider der Öffentlichkeit verschlossen sind, befinden sich Dutzende oder Hunderte von antiken Fragmenten, Brunnen und Figuren, die einst die Stadt schmückten.

Vorbei an dem faschistischen Denkmal für die Garibaldianer von 1870 erreichen wir die Kirche S. Pietro in Montorio mit dem Tempel des Bramante, der ein Musterbeispiel der Hochrenaissance schlechthin ist. Angeblich soll Petrus auch hier gekreuzigt worden sein. Dort, wo die Via Garibaldi eine scharfe Rechts- und dann Linkskurve macht, erreichen wir über eine versteckte Treppe die Via Agostino Bertani und gehen geradeaus zum Markt der Piazza S. Cosimato. Am linken hinteren Ende des Platzes biegen wir in die Via Luciano Manara ein und an der nächsten Kreuzung nach rechts in die Via S. Francesco di Ripa. Auf der anderen Seite des Viale Trastevere liegt die Piazza S. Francesco d'Assisi, auf der einst Garibaldi sein Hauptquartier aufgeschlagen hatte und die ein wenig wie ein süditalienischer Dorfplatz wirkt. Rechts, über die Via Jacopo de' Settesoli, kommen wir nun zur Via und Piazza di Porta Portese, wo bis auf weiteres sonntags der Flohmarkt abgehalten wird, sofern er nicht, was Roms Stadtväter immer mal wieder diskutieren und planen, endgültig geschlossen wird.

6 Gianicolo. Der achte Hügel Roms wird durch das monumentale Reiterstandbild Giuseppe Garibaldis bekrönt. Er hatte 1870 zusammen mit anderen Männern die Einigung Italiens erkämpft. Vom Gianicolo genießt man einen schönen Blick auf die Stadt.

7 Porta S. Pancrazio. Sie ist der Ausgangspunkt der Via Aurelia Antica und das Tor zum größten Park Roms, der Villa Doria Pamphili.

8 Villa Sciarra. Dies ist der beliebteste Park der Liebespaare der Ewigen Stadt. Er wurde von seinen Besitzern Mussolini vermacht und von diesem der Stadt Rom geschenkt.

9 S. Pietro in Montorio. Die Kirche wurde angeblich auf der Hinrichtungsstätte des Petrus errichtet. Den Auftrag gab der spanische König Ferdinand IV., der Baumeister war Baccio Pontelli (ab 1481).

10 Porta Portese. Auf der Piazza di Porta Portese wird (noch) sonntags der Flohmarkt abgehalten. Hier lag auch der einzige Hafen des antiken Rom.

Kurz vor der Tiberbrücke thront eine imposante Fassade. Sie gehört zum einstigen Stift, Jugendgefängnis und Heim für alleinstehende Frauen, S. Michele a Ripa, einem der längsten Gebäude der Stadt, in dem heute ein Teil des Kultusministeriums und des Istituto Centrale del Restauro untergebracht sind. Von der Brücke hat man einen schönen Ausblick auf den Aventin und auf die Villa des Malteserordens mit der Kapelle, deren Fassade Piranesi gestaltete. Rechts am Flußufer zeugen alte Gewölbe vom antiken Handelshafen, dem „emporium". Über die Piazza dell' Emporio auf der anderen Tiberseite und rechts über die Via Branca gehen wir jetzt bis zur Piazza S. Maria Liberatrice und nach links zum Markt auf die Piazza Testaccio. Wir überqueren den Platz und biegen dann nach rechts in die Via Galvani ein. An der Kreuzung zur Via Nicola Zabaglia erhebt sich der Monte Testaccio, der Berg aus den Scherben der Ölamphoren des alten Rom, dessen Name „testae" das gesamte Viertel benannte.
In den letzten Jahren hat sich in dem Viertel das entwickelt, was Eingeweihte das „Village" Roms nennen, ein wahrer Vulkan von Theatern, Jazzclubs, Kunstgalerien, Bars und Restaurants, Musikschulen und Kulturvereinigungen. Das waren natürlich radikale Veränderungen für die alteingesessene Arbeiterbevölkerung, die vom Rampenlicht des Teatro Vittoria, von den lauten Konzerten der Idole des Rock und der Folkmusik, von nächtlichen Jazzkonzerten in den Kellern und von den Autoschlangen vor den Kabaretts regelrecht überrollt wurde.
Gut essen kann man im Traditionsrestaurant „Checchino" direkt vor dem gelben Portal des einstigen Schlachthofs, der, wenn es die – politischen – Götter Roms wollen, irgendwann einmal zum Kulturzentrum ausgebaut wird. Den Namen dafür hat man einstweilen, nicht unbescheiden, schon gefunden: das „Beaubourg" Roms. Über die Via Zabaglia gehen wir jetzt zur Via Caio Cestio und zum „nichtkatholischen Friedhof". Hier liegen Antonio Gramsci, der Gründer der italienischen kommunistischen Partei, der deutsche Philosoph Wilhelm Waiblinger, die Engländer Shelley und Keats und Goethes Sohn August begraben. Früher mußten die Begräbnisse der nichtkatholischen „Häretiker" noch persönlich vom Papst genehmigt werden. Die Toten wurden nur nachts und unter Polizeischutz auf den Friedhof gebracht, da die katholischen Römer solche Leichen gerne auch in den Tiber warfen. Der Friedhof, der als einer der schönsten der Welt gilt, ist nur zwei Stunden am Vor- bzw. Nachmittag geöffnet und bietet mit seinen schattigen Alleen einen geruhsamen Ausklang unseres Spaziergangs.

11 Piazza Testaccio. Sie bildet den Mittelpunkt eines der volkstümlichsten Viertel Roms.

12 Testaccio. Dieser Hügel entstand im Altertum aus den Amphorenscherben, die vom nahen Hafen hier abgeladen wurden.

13 Schlachthof. Er stammt aus dem Ende des 19. Jahrhunderts und soll zum Kunstzentrum ausgebaut werden.

14 Protestantischer Friedhof. Hier liegen berühmte Ausländer begraben, u.a. Wilhelm Waiblinger und Goethes Sohn August.

Trastevere und Testaccio
1 Piazza Venezia
2 Theater des Marcellus
3 Tiberinsel
4 S. Maria in Trastevere
5 Orto Botanico, Palazzo Corsini
6 Gianicolo, Reiterstandbild Giuseppe Garibaldis
7 Porta S. Pancrazio
8 Villa Sciarra
9 S. Pietro in Montorio
10 Piazza di Porta Portese
11 Piazza Testaccio
12 Testaccio
13 Schlachthof
14 Protestantischer Friedhof
Corso Vitt. Emanuele
Pantheon
Rotonda
Pzo Madama
Chiesa Nuova
Sant Agnese
Piazza Navona
S.Agostino
Pza Montecitorio
Pza Colonna
Font. d. Trevi
S.Ignazio
S.M.Minerva
SS.Apostoli
Pzo Venezia
Piazza Venezia
Vittoriano
Foro Traiano
Foro di Cesare
M. Capitolino
Campidoglio
Teatro Marcello
Gesù
S.Andrea d.Valle
Pal.Farnese
Campo dei Fiori
Carceri Giudiziarie
Ponte Sisto
Ponte Garibaldi
Isola Tiberina
Ponte Rotto
Palatino
Piazza Bocca della Verità
Temp. di Vesta
S.M.in Cosmedin
S.Giorgio in Vel.
S.Anas
Circo Massimo
Mon.Garibaldi
Gianicolo
S.M.d.Scala
S.Pietro in Mont.
S.Maria in Trast.
Pta S.Pancrazio
Villa Sciarra
Manifat. Tabacchi
S.Cecilia
S.Francesco a Ripa
Ospizio di S.Michele
Minist. Pubblica Istruz.
Pta Portese
Ponte Sublicio
Pza Emporio
Lung. Aventino
S.Sabina
S.Alessio
S.Prisca
M. Aventino
Pza S. Mar. Liberatrice
S.M.Liberatrice
Fiume Tevere
Ponte Testaccio
Via Marmorata
Parco Cestio
Piazza Albania
Piramide Caio Cestio
Pta S. Paolo
Pza di Porta S. Paolo
Piramide Ostiense
Staz.Roma Lido
Cimit.Acattolico
Viale Trastevere
Via Portuense
Staz. Trastevere
Pza F. Biondo
Staz.Ostiense
Pza dei Partigiani
Via del Porto Fluviale
Ponte Industria

Rom ist die Hauptstadt der Illusionen und des Illusionismus. Wer ihr verfällt, verliert unwiderruflich jedwede Orientierung. Die selbstsüchtige, eitle „Urbs" wird mit ihrer ganzen Schizophrenie zum scheinbaren Maß aller Dinge. Ein wenig mußten auch die vorangegangenen Kapitel unter diesem Schicksal des Zweideutigen leiden. Gelegentlich werde ich von Römern gefragt, wie ich mich denn in ihrer Stadt fühle. „Nun ja ...", setze ich an, um meist sogleich wieder unterbrochen zu werden. „Ach ja, Haßliebe, wie bei uns allen. Das kennen wir gut!"

„Rom kann man auf tausend Arten sehen und jede von ihnen ist die richtige", sagte schon Richard Burton, seines Zeichens Filmrömer Hollywoodscher Provenienz. In jedem Rombild verschiebt sich aber nicht nur der Standpunkt des Betrachters, sondern gleich das gesamte geographische Koordinatensystem der Stadt um diverse ideologische, politische, religiöse oder auch schlicht emotionale Längen- und Breitengrade.

Im Grunde treffen aber dann doch immer nur zwei Haltungen aufeinander: die romantische und die zynische. Einen wirklichen Mittelweg zwischen den Leidenschaften gibt es nicht. Die Standpunkte sind bis heute so unversöhnlich, wie sie es im Jahrhundert von Goethe bis Nietzsche waren. Nur, letztendlich heißt „ROMA" doch für alle – rückwärts gelesen – „AMOR".

Heillos verloren sind die romantischen Rom-Fanatiker unserer Tage. Sie schieben meist einen Berg von – nett gemeinten – Vorurteilen vor sich her, hinter dem sie die wirklich schönen und auch die häßlichen Seiten der Stadt nicht mehr wahrnehmen. „Im Café am Morgen, mit Croissant und Cappuccino und der Zeitung in der Hand beginnt das Gemeinwesen Rom, hier beginnt das Tagesgespräch, das um Sport oder Politik kreist, ... kommentieren einander wildfremde Leute das Tagesgeschehen: skeptisch, bissig, humorig, zynisch, manchmal auch leidenschaftlich und gestenreich", schreiben solche ewigen Touristen dann für die, die nur gelegentlich in der Stadt auftauchen, und verkünden: „Die individualistischen Römer haben nichts übrig für Gruppen."

Wer dann am Strand von Ostia, Ladispoli oder Sperlonga einmal ein freies Plätzchen erwischt hat, wird feststellen müssen, daß sein Traum nur von kurzer Dauer ist. Kaum hat er das Badehandtuch ausgebreitet, sieht er sich schon umringt von Scharen junger und nicht mehr ganz junger Römer, von Paaren, Familien – die Kühlbox und das unermüdliche quäkende Radio immer dabei. Wie ein Magnet zieht einer den anderen an. Alleinsein ist eine Frage des Lebensstils und scheint den Römern nun wirklich nicht zu liegen.

Andere meinen, Römer seien Anarchisten. „Eine Stadt, die sich im Laufe ihrer Geschichte so vielen Machtansprüchen hat beugen müssen, um überleben zu können", heißt es, „kann nur gründlich Argwohn gegen jegliche Form von Herrschaft entwickeln und mindestens inneren Widerstand." Es scheint fast, als sei diesen Tagträumern noch nie einer jener urtypischen römischen Gockel in die Quere gekommen, die auf den geringsten Widerspruch, auf den kleinsten Unwillen, auf den zahmsten Protest mit einem zornig heraustrompeteten: „Lei non sa chi sono io!", Sie wissen wohl nicht, wer ich bin, reagieren (mit dreifacher Betonung des Egos). Sehr anarchistisch, sehr antiautoritär sind solche Sprüche, die zum täglichen Repertoire des römischen Egoismus gehören, nun wirklich nicht.

Man sagt, den Römern fehle das Talent zum Rassismus. Ob die Eritreer, Angolaner, Philippinen, Araber und Zigeuner der Stadt da zustimmen können, wage ich zu bezweifeln. Sicherlich war es für die Römer ein leichtes, in den letzten Jahrhunderten nicht rassistisch zu sein, da sich das Problem nicht stellte und die einzigen Fremden der Stadt, die ohnehin noch hochnäsigeren, aber immerhin großzügig geldspuckenden Nord- und Mitteleuropäer waren. „Früher hatten wir Sklaven, die uns die Arbeit machten", sagen die Römer, „heute haben wir die Mailänder!"

Rom ist ein „Völkergemisch ohne kosmopolitischen Stil", schreibt die römische Tageszeitung „La Repubblica", „halb Westen, halb Orient, ewig und provisorisch, ständig am Schwanken zwischen den Extremen. Rom hat aus dem doppelten Spiel eine Lebensregel gemacht, hat sich auf schizophrene Art und Weise gezwungen, zwischen Neurose und Fatalismus ohne Ausweg hin und her zu schwanken."

Und von Fellini, einem der genauesten, wenn auch sicherlich „befangensten" Betrachter von „Mamma Roma", stammt die vielleicht treffendste Beschreibung der Römer: „... Es ist wahr, daß in Rom wenige Leute neurotisch sind. Es ist aber auch wahr, daß, wie Jung sagt, die Neurose eine Vorsehung ist, weil sie dazu führt, sich selbst besser kennenzulernen, so wie man sich in eine Märchenwelt stürzt. Kindern hilft sie erwachsen zu werden. Rom tut das nicht. Mit ihrem planetengroßen Leib und ihrem mütterlichen Aussehen ist sie nicht neurosenanfällig, aber aus demselben Grund reift die Stadt auch nicht. Hier gibt es keine Neurotiker, dafür aber auch keine Erwachsenen. Es ist eine Stadt von Kindern, von lustlosen, skeptischen und schlecht erzogenen Kindern", schreibt der Filmemacher aus Rimini.

Dem ist nichts hinzuzufügen.

Die Gründung Roms:	
10.–9. Jahrhundert v. Chr.	Entstehung Roms auf dem Palatin und den umliegenden Hügeln. Die ersten Siedler waren indoeuropäische Italiker eines latinischen Stammes.
753 v. Chr.	21. April, Geburtstag Roms, an diesem Tag soll nach dem römischen Gelehrten Marcus Terentius Varro (116–27 v. Chr.) die „Roma Quadrata" von Romulus gegründet worden sein. Tatsächlich gab es im 8. Jahrhundert einen Etrusker namens Romulus in dem Gemeinwesen, das vom Palatin über den Esquilin bis zum Quirinal reichte.
Zeitalter der Könige:	Begründung des Königtums, das der Legende zufolge bis 510 v. Chr. Bestand hatte. Auf drei sabinische Könige, Numa Pompilius, Tullius Hostilius und Ancus Marcius, folgen drei etruskische Herrscher.
616–578 v. Chr.	Regentschaft von Tarquinius Priscus, der das Forum durch die „Cloaca Maxima" entwässern ließ.
578–534 v. Chr.	Unter Servius Tullius taucht erstmals der Name ROM auf.
Die Republik:	
510 v. Chr.	Ende der Etruskerherrschaft und Beginn der Republik, die bis 29 v. Chr. besteht. Es entstehen die ersten großen Verbindungsstraßen, Aquädukte und Tempel sowie erste primitive Formen des Staatswesens.
451–449 v. Chr.	Der erste Rechtskodex, das sogenannte Zwölftafel-Gesetz, wird geschaffen.
387 v. Chr.	Gallier dringen in Rom ein und stecken es in Brand. Nur das Kapitol kann – dank der legendären Hilfe der schnatternden Gänse – gerettet werden. Daraufhin wird der Bau der Servianischen Mauer in Angriff genommen. Die Stadt hat inzwischen fast 300 000 Einwohner. Jahrhundertelang ist Rom ein primitives Pfahldorf gewesen. Als im 4. Jahrhundert v. Chr. gerade die erste wehrtüchtige Mauer gebaut oder als 237 die erste gepflasterte Straße angelegt wird, hat die Stadt schon halb Italien unter ihre Kontrolle gebracht und kämpft um die Weltherrschaft. Zivilisation ist für Rom immer nur eine Konsequenz seiner kriegerischen Aggressivität. Was die Stadt an kulturellen Leistungen vollbringt, ist Kopier-Arbeit in großem Stil unter Einsatz seines enormen Sklavenheeres. Als schließlich die griechische Kultur in der Welthauptstadt festen Fuß gefaßt hat, löst sie mit ihren Werten und Prinzipien einen Konflikt aus, der zum Verfall des Imperiums beiträgt.
264–241 v. Chr.	1. Punischer Krieg.
218–201 v. Chr.	2. Punischer Krieg. Hannibal überquert die Alpen und schlägt die Truppen Roms am Trasimenischen See. Am

	2.August 216 v. Chr. vernichtet er bei Cannae ein Heer von 80 000 Römern und stößt 211 bis Rom vor.
200–168 v. Chr.	2. und 3. römisch-makedonischer Krieg, die mit der Herrschaft Roms über Griechenland enden.
149–146 v. Chr.	3. Punischer Krieg, Zerstörung Karthagos und Einrichtung der Provinz Afrika.
133 v. Chr.	Beginn der sozialen Unruhen, Reformen und Tod des Volkstribuns Tiberius Gracchus und später auch seines Bruders Gaius Sempronius Gracchus.
89–82 v. Chr.	Bürgerkrieg, Sullas Marsch auf Rom.
73–71 v. Chr.	Spartakus-Aufstand.
63 v. Chr.	Cäsar wird zum „pontifex maximus" gewählt.
60 v. Chr.	Triumvirat: Cäsar, Pompeius und Crassus. Ihr gemeinsames Ziel ist es, den Frieden zu festigen.
58–51 v. Chr.	Gallischer Krieg. Im Jahre 52 brennt Rom erneut.
49–45 v. Chr.	Zweiter Bürgerkrieg, Cäsar überschreitet im Konflikt mit dem Senat den Rubico („Die Würfel sind gefallen") und trifft im Jahre 47 in Ägypten Königin Kleopatra.
45 v. Chr.	Einführung des julianischen Kalenders, so genannt nach Julius Cäsar, der in geänderter Form bis heute gültig ist.
44 v. Chr.	15. März (Iden des März), Ermordung Cäsars durch republikanische Verschwörer, denen Cassius und Brutus angehören.
43 v. Chr.	Octavian, ein Großneffe Cäsars, bildet eine Allianz gegen dessen Mörder. Entstehung eines Triumvirats und Teilung des Imperiums in drei Machtsphären: Octavian erhält das Westreich, Antonius den Osten und Lepidus Afrika.
31 v. Chr.	Sieg Octavians über Antonius und Kleopatra bei Actium, Octavian wird 27. v. Chr. Alleinherrscher und nennt sich von nun an Augustus (der Erhabene).
Die Zeit der Imperatoren:	Am Ende der republikanischen Periode zählt Rom über 500 000 Einwohner. Menschen aller Erdteile wohnen hier: Syrer, Ägypter, Thraker, Griechen, Spanier und Gallier. Rom ist aber vor allem ein Paradies für Gauner, Prostituierte, Betrüger und Spekulanten. Im Zeitalter des republikanischen, mehr aber noch des imperialen Rom sorgte der Reichtum, der durch die Abgaben der Provinzen in die Hauptstadt floß, für eine enorme Bereicherung der aristokratischen Familien. Für die Plebs wurden demagogische „Versorgungsprogramme" organisiert. Das antike Rom war eine parasitäre Gesellschaft, die ihre Bevölkerung nicht mehr durch eigene Arbeit ernährte. Zur Zeit Cäsars waren von den 600 000 Einwohnern der Stadt 360 000 Müßiggänger. Im Jahre 353 n. Chr. gab es 200 Festtage im Jahr. An 175 Tagen wurden Wettspiele veranstaltet.

	Unter den Kaisern entstehen die großen Foren und die Burg auf dem Palatin, das Theater des Marcellus, das Pantheon, die Thermen und die großen Basiliken und Mausoleen. Das Römische Reich wird zum Weltreich.
29–19 v. Chr.	Vergil schreibt die Aeneis.
Zeitwende:	
15	Ein schweres Erdbeben zerstört die Servianische Mauer.
20	Brand des Theaters des Pompejus.
54	Nero wird Kaiser.
64	Rom brennt. Christenverfolgung.
80	Einweihung des Flavischen Amphitheaters, des Kolosseums.
98–117	Nach Vespasian, Titus, Domitian, alle drei aus der Dynastie der Flavier, und nach dem Kaiser Nerva wird Trajan zum Alleinherrscher ausgerufen.
117–138	Hadrian wird zum neuen Kaiser ernannt. Das Römische Reich erreicht seine größte Ausdehnung. Die Stadt Rom zählt ca. 1 500 000 Einwohner.
161–180	Regentschaft Mark Aurels. Nach ihm folgt eine lange Reihe von nur kurz regierenden Kaisern. Die bekannteren unter ihnen sind Septimius Severus und Caracalla aus der Dynastie der Severer.
258	Bei einem Erdbeben werden mehr als 1 000 Häuser zerstört.
270	Bau der Stadtmauer durch Kaiser Aurelian. Sie umschließt ca. 1 330 Hektar Land gegenüber den nur 132 Hektar des römischen London und den 34 Hektar von Florenz. Die Mauer ist noch heute zum größten Teil erhalten.
275	Tacitus ist Kaiser.
284–286	Herrschaft Diokletians.
293	Rom ist nicht mehr Hauptstadt des Reiches. Gründung der Tetrarchie durch Diokletian, der mit Galerius über das Ostreich herrscht, während Maximian mit Constantius das Westreich regiert. Neue Herrschersitze werden Nicomedia, Sirmium, Mailand und Trier.
311	Das Toleranzedikt von Kaiser Galerius stellt die Religionen gleich.
312	Konstantin schlägt Maxentius und wird Alleinherrscher im Westreich. In Rom zählt ein Inventar zu der Zeit 1 790 Einzelwohnhäuser und 46 602 ,,insulae'', große Mietblocks; außerdem zwei große Rennbahnen, zwei Großmärkte, drei Theater, zwei Amphitheater, fünf Naumachien* für Seeschlachten, 856 öffentliche Bäder, 36 Triumphbögen, 423 Tempel, 28 Bibliotheken, elf Foren und zehn Hauptbasiliken. Wahrscheinlich leben zu dieser Zeit 1,5 Millionen Menschen in Rom.

* Naumachien: Darstellung einer Seeschlacht in den altrömischen Amphitheatern.

313	Konstantins Edikt von Mailand legt den Grundstein für die Vorherrschaft des Christentums. Er schenkt der Kirche die Ländereien Neros an der späteren Lateransbasilika.
330	Konstantin erklärt Byzanz zur Hauptstadt des Römischen Reiches.
353	Offizielle Schließung der heidnischen Tempel in Rom, die antiken Religionen haben allerdings noch jahrhundertelang Anhänger in der Bevölkerung der jetzigen Stadt der Christen.
380	Mit dem Edikt von Thessaloniki wird das Christentum Staatsreligion.
395	Teilung des Reiches in Ost- und Westrom.
404	Verbot der Gladiatorenkämpfe.
410	Erorberung Roms durch die Westgoten unter Alarich.
455	Plünderung der Stadt durch die Vandalen unter Geiserich.
472	Eroberung Roms durch germanische Söldner Ricimers.
476	Ende des weströmischen Reiches. Die einstige Hauptstadt des Imperiums hat nur noch 25 000 Einwohner. Odoaker entthront Romulus Augustulus, den letzten Imperator Roms. 477 entstehen während eines Erdbebens schwere Schäden am Forum und Kolosseum.
Mittelalter:	Zwischen dem 4. und dem 14. Jahrhundert verliert Rom vollkommen seinen Charakter als Welt-Hauptstadt. Die ersten christlichen Basiliken, die ersten vier der Hauptkirchen – S. Paolo fuori le Mura, Petersdom, S. Giovanni in Laterano, S. Maria Maggiore – gefolgt von S. Lorenzo, S. Croce in Gerusalemme und S. Sebastiano, entstehen auf der Basis alter heidnischer Tempel oder Versammlungsorte. Das Zentrum der Stadt verlagert sich vom Forum zum Lateranspalast, der Sitz des römischen Bischofs wird. Die römische Kurie übernimmt auch die Kompetenz für die zivilen Angelegenheiten der Stadt. Die Kirche stellt von nun an mehr und mehr Machtansprüche auf der Ebene des weltlichen Lebens. Gebt dem Kaiser, was des Kaisers ist, gilt nicht mehr. Die Herrschaft über Kirche und Rom wiederum gehört gleichzeitig den alten Adelsfamilien, den Colonna und Orsini.
546	Eroberung Roms durch den Ostgoten Totila, zum letzten Mal werden im Circus Maximus Wettspiele veranstaltet.
552	Byzantinische Truppen belagern die Stadt.
568	Invasion der Langobarden in Rom.
756	Entstehung des Kirchenstaates: Pippin, König der Franken, schenkt Papst Stephan II. das Exarchat. Im selben Jahr findet eine vergebliche Belagerung Roms durch die Langobarden unter Aistulf statt.

800	Krönung Karls des Großen durch Papst Leo III. Bis zum letzten Moment, als der Papst schon die Krone über Karls Kopf hält, glaubt der einfältige Kaiser, er solle den Papst krönen und nicht umgekehrt.
849	Ein erneutes Erdbeben zwingt zur teilweisen Aufgabe der palatinischen Paläste.
896	Deutsche Truppen Arnulfs erobern die Ewige Stadt.
1075	Investiturstreit, der 1122 mit dem Wormser Konkordat beendet wird.
1084	Plünderung Roms durch den Normannen Robert Guiscard. Letzte und radikalste Zerstörung des antiken Stadtbildes, das seit Diokletian acht Jahrhunderte bestanden hatte. Die Einwohnerzahl ist inzwischen auf 15 000 geschrumpft.
1231	Ein Teil des Kolosseums stürzt ein.
1257	Der Senator Brancaleone läßt über 140 der mittelalterlichen Befestigungstürme der adligen Familien einreißen.
1303	Papst Bonifatius VIII. gründet die römische Universität Sapienza.
1305	Verlegung der päpstlichen Residenz auf Druck der französischen Könige nach Avignon.
1347	Ausrufung einer römischen Republik durch den Volkstribun Cola di Rienzo, der die alten Adelsfamilien, welche im Mittelalter mit ihren Fehden Rom verwüstet hatten, aus der Stadt verjagt und eine Verwaltungsreform in Angriff nimmt. Seine Bestrebungen, ganz Italien zu vereinigen, scheitern und er flieht nach Prag, wird von dort nach Avignon an die Päpste ausgeliefert und von diesen wiederum als Senator nach Rom entsandt. Das römische Volk steht ihm jedoch feindselig gegenüber.
1354	Kurz nach der zweiten Ausrufung der römischen Republik wird Cola di Rienzo erschlagen.
1377	Rückkehr der Päpste mit Gregor XI. nach Rom.
1378–1417	Das große Schisma, mehrere Päpste regieren während dieser Jahre gleichzeitig.
1417	Der Römer Martin V., ein Colonna, wird zum Papst gewählt. Er zieht 1420 in Rom ein und erläßt 1425 eine erste Bulle zur Regelung des Bauwesens in Rom. Zu diesem Zeitpunkt leben nur 17 000–19 000 Menschen innerhalb der Stadtmauern der einstigen Millionenstadt.
1455	Papst Nikolaus V. bestimmt, daß Rom „vom allmächtigen Gott zum dauerhaften Sitz des Papsttums und zum ewigen Ort der päpstlichen Heiligkeit bestimmt sei". Von nun an fließen dem Patrimonium Petri enorme Gelder von außen zu. Rom wird die Stadt, deren Adelspaläste die prunkvollen Bauten aller anderen Städte in den Schatten stellen.

Renaissance und Barock:	Im 15. Jahrhundert wohnen wieder 100 000 Menschen in der Stadt, unter ihnen mindestens 7 000 „Kuriendamen". Diese erhielten ihre Lizenzen vom Kardinalsvikariat, welches auch ihre „Arbeitsplätze" festlegt und die einkommenden Steuern für den Bau öffentlicher Gebäude verwendet. Das Renaissance-Zeitalter dauert etwa von 1450 bis 1550. In dieser Periode findet ein erster Umbau Roms durch Michelangelo, Raffael und Bramante statt. Die Bevölkerungszahl nimmt langsam wieder zu. Im Barock, etwa von 1600–1750, prägen Bernini und Borromini das Stadtbild. Dieses Zeitalter ist die propagandistische Antwort des Vatikans auf die Reformation.
1452	Nikolaus V. beschließt den Neubau vom „St. Petersdom". Mit Friedrich III. wird der letzte deutsche Kaiser in Rom gekrönt.
1471	Sixtus IV. della Rovere wird Papst und läßt nach 1 000 Jahren wieder eine Brücke, den Ponte, über den Tiber schlagen.
1492	Alexander VI. Borgia ist Papst.
1503	Julius II. della Rovere, der die Via Giulia bauen läßt, wird zum Papst gewählt.
1506	Grundsteinlegung für den Neubau des Petersdoms durch Papst Julius II.
1513	Leo X. Medici ist Papst.
1520	Päpstlicher Bann gegen Martin Luther.
1527	Söldnertruppen Karls V. dringen in die Stadt ein, die unter der Herrschaft der Medici-Päpste eine außerordentliche Entfaltung durchgemacht hat. Dies ist der letzte gewalttätige und systematische „sacco di Roma", die Plünderung Roms, wodurch aber die Bauwut nicht gebremst werden kann. Die Stadt verliert endgültig ihre politische Vormachtstellung in Europa.
1534	Michelangelo beginnt die Arbeiten am „Jüngsten Gericht" in der Sixtinischen Kapelle. Alessandro Farnese wird Papst Paul III.
1545	Beginn der Gegenreformation.
1554	Beginn der massiven Diskriminierung der Juden, Verbot des Talmud und im Jahr darauf Einrichtung des Ghettos.
1586	Papst Sixtus V. Peretti beginnt seine fünfjährige Regentschaft. In dieser Zeit läßt er einschneidende städtebauliche Projekte realisieren.
1600	Giordano Bruno, der, im Gegensatz zu Galilei im Jahre 1633, seiner Überzeugung vor dem Inquisitionsgericht nicht abschwört, wird auf dem Campo de' Fiori als Ketzer verbrannt.

1623	Maffeo Barberini wird Papst Urban VIII.
1626	Einweihung des Petersdoms.
Aufklärung und Neuzeit:	Das ausgehende 18. Jahrhundert erlebt den Zustrom der geistigen Elite Europas, die in Rom noch einmal den identitätsstiftenden Mythos der Hauptstadt der Welt sucht. Rom selbst hingegen verkommt banal zur Hauptstadt Italiens. Das Städtchen am Tiber hat kaum noch reelle Bedeutung, wird aber mit der Wahl zur Hauptstadt des Königreichs zum Gegenstand und Opfer einer wilden und alles zerstörenden Bauspekulation, die bis in unsere Tage anhält.
1748	Rom zählt wieder 150 000 Einwohner.
1755–1768	Winckelmann hält sich in Rom auf.
1772	Eröffnung der Vatikanischen Museen.
1786–1788	Goethes Romaufenthalt.
1798	Eroberung Roms durch die französischen Truppen Napoleons, Ausrufung der römischen Republik. Papst Pius VI. geht nach Valencia ins Exil, wo er stirbt.
1800	Wahl Papst Pius VII. in Venedig und erneuter Einzug der kirchlichen Autorität in Rom. Die Stadt zählt zu diesem Zeitpunkt 120 000 Einwohner und ist, verglichen mit London oder Paris, eine Kleinstadt.
1806	Mit Kaiser Franz II., dem letzten römischen Kaiser, endet das Heilige Römische Reich Deutscher Nation.
1812	Papst Pius VII. wird nach Savoyen und später nach Fontainebleau in die Verbannung geschickt (bis 1814).
1849	Ausrufung des „Dritten Rom" durch die Bevölkerung, die aber nur drei Monate später vor den französischen Truppen kapitulieren muß. Wie schon bei der Reformation, reagieren die Päpste wieder mit einem großangelegten Propagandamanöver auf die ideologische Gefahr der Aufklärung und der bürgerlichen Revolution: Die Doktrin von der unbefleckten Empfängnis Marias wird verkündet.
1856	Einweihung der ersten Eisenbahnlinie Rom–Frascati und Bau der „Stazione Termini".
1861	Vereinigung Italiens unter König Viktor Emanuel II. von Savoyen. Rom wird zur Hauptstadt erklärt, obwohl es noch unter päpstlicher Herrschaft steht.
1869	Das 1. Vatikanische Konzil wird einberufen und im Jahr darauf das Dogma der päpstlichen Unfehlbarkeit verkündet.
1870	Am 20. September dringen die italienischen Streitkräfte (bersaglieri) durch Breschen in der Aurelianischen Stadtmauer an der Porta Pia in die Stadt ein. Der Papst zieht sich in den Vatikan zurück und betrachtet sich bis zum Abschluß der Lateranverträge 1929 als Gefangener des italieni-

	schen Königs. Die Stadt hat jetzt etwa 200 000–250 000 Einwohner.
1922	Faschistischer „Marsch auf Rom", das inzwischen 700 000 Einwohner zählt.
1926	Mussolini wird Regierungschef.
1929	Lateranverträge. Konkordat zwischen Papst und Mussolini.
1950	Roms Einwohnerzahl überschreitet nach fast 2 000 Jahren wieder die Millionengrenze.
1957	Gründung der EWG durch Unterzeichnung der Römischen Verträge.
1960	Olympische Spiele in Rom.
1970	Die zweite Hälfte der siebziger Jahre sind die „anni di piombo", die bleiernen Jahre. Die Roten Brigaden wollen mit Waffengewalt den italienischen Staat stürzen. Zur gleichen Zeit verüben rechtsradikale Gruppierungen mehrere blutige Sprengstoff-Attentate auf bevölkerte Plätze und Reisezüge.
1978	Nach 453 Jahren Wahl des ersten Nicht-Italieners zum Papst. Der Pole Karol Wojtyla wird Johannes Paul II.
1990	Fußballweltmeisterschaft in Rom. Die Stadt zählt offiziell um 3,5 Millionen Einwohner, inoffiziell wahrscheinlich mehr als vier Millionen.

CIP-Titelaufnahme der Deutschen Bibliothek

Supp, Eckhard:
Rom / Eckhard Supp. - Hamburg: Ellert u. Richter, 1990
(Ein Reisebuch)
ISBN 3-89234-155-9

Text und Bildlegenden: Eckhard Supp, Offenbach
Lektoratsassistenz: Anke Balshüsemann, Bielefeld
Gestaltung: Hartmut Brückner, Bremen
Satz: Atelier Schümann, Grafik & Satztechnik GmbH, Hamburg
Lithographie: Rüdiger & Doepner, Bremen
Druck: C.H. Wäser, Bad Segeberg
Bindearbeiten: Paderborner Druck Centrum, Paderborn

Quellen
Seite 38
Gaither Stewart, „Mamma Roma", Originalbeitrag
Seite 61
Ders., Nach der Siesta, Originalbeitrag
Seite 37, 60, 80, 92/93, 125, 204, 212 (Karten)
© Verlag Hallwag AG, CH - Bern

Bildnachweis
Farbabbildungen:
Hans-Joachim Ellerbrock & Gerhard Schafft / Bilderberg, Hamburg, S.: 20/21
Milan Horacek / Bilderberg, Hamburg, S.: 24/25
Rudolf König / Transglobe Agency, Hamburg, S.: 32/33
Ben Simmons / Transglobe Agency, Hamburg: Titel
Kay Sommer / Transglobe Agency, Hamburg, S.: 49
Eckhard Supp, Offenbach, S.: 13, 16/17, 44/45, 53, 68/69, 76/77, 84/85, 88/89, 109, 113, 116/117, 120/121, 140/141, 149, 152/153, 156/157, 160/161, 164/165, 168/169, 176/177, 181, 188/189, 192/193, 200/201
Eckhard Supp / Transglobe Agency, Hamburg, S.: 208/209

S/W-Fotos:
Fratelli Alinari, Florenz, S.: 129-136
Bilderdienst Süddeutscher Verlag, München, S.: 50, 95, 98, 182
Interfoto-Pressebild-Agentur, München, S.: 9, 42, 70, 74, 163, 196
Eckhard Supp, Offenbach, S.: 56/57, 62/63, 87, 138, 207
Ullstein Bilderdienst, Berlin, S.: 10, 30, 67, 73, 96, 108, 175